U0464306

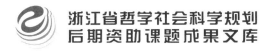

浙江省哲学社会科学规划
后期资助课题成果文库

意识科学的第一人称方法论

Yishi Kexue De Diyirencheng Fangfalun

徐怡 著

中国社会科学出版社

图书在版编目(CIP)数据

意识科学的第一人称方法论 / 徐怡著 . —北京：中国社会
科学出版社，2017.2
ISBN 978 – 7 – 5161 – 9284 – 9

Ⅰ.①意… Ⅱ.①徐… Ⅲ.①意识论 Ⅳ.①B016.98

中国版本图书馆 CIP 数据核字（2016）第 270781 号

出 版 人	赵剑英
责任编辑	朱华彬
责任校对	李 莉
责任印制	张雪娇

出 版	中国社会科学出版社
社 址	北京鼓楼西大街甲 158 号
邮 编	100720
网 址	http://www.csspw.cn
发 行 部	010 – 84083685
门 市 部	010 – 84029450
经 销	新华书店及其他书店

印刷装订	北京君升印刷有限公司
版 次	2017 年 2 月第 1 版
印 次	2017 年 2 月第 1 次印刷

开 本	710×1000 1/16
印 张	14.25
插 页	2
字 数	213 千字
定 价	55.00 元

凡购买中国社会科学出版社图书，如有质量问题请与本社营销中心联系调换
电话：010 – 84083683
版权所有 侵权必究

目　　录

导 论

意识科学与第一人称进路

在过去20—30年，认知科学对意识的强烈兴趣和全面回归①"已经引起了一个新的学科，即'意识研究'（consciousness studies），它将意识作为它的主焦点。'意识研究'是有关意识多学科研究的一个涵盖性术语，它涉及神经科学、心理学、哲学、人工智能以及语言学。尽管存在的时间很短，但这个领域已经变得非常广阔了"②。有时，"意识研究"也被称为意识科学（Science of Consciousness）。

在历史上，对意识现象本身的聚焦并不是在这一波"意识研究"中首次出现的。在东方，千年前佛教唯识学③体系中就出现了堪称对意识的第一次主题化和系统性的研究。在西方，近代意识研究的起源则被归于笛卡尔。笛卡尔对"我思故我在"的论证开启了近代西方哲学的主体性和认识论转向。在笛卡尔那里，"思维"是指一切有意识的心智（mind）活动。威肯（P. Wilken）在2006年意识科学研究协会（Association for the

---

① 例如巴尔斯（B. Baars）"我认为，二十世纪科学和人文分裂的一个原因是，科学完全无视人文学科关于意识的一切美妙的说法［詹姆斯·乔伊斯（James Joyce）就是一例］。情绪是另一个被忽视的主题。如今这两个主题正在以惊人的速度回归，我认为在未来十年内，我们将看到分裂的结束，看到一种极端分裂世纪的重新整合。"［详见 Blackmore, S. (2005), *Conversations on consciousness*, Oxford University Press, p. 22。]

② Velmans, M., & Schneider, S. (Eds.) (2008), *The Blackwell Companion to Consciousness*, Oxford: Blackwell Publishing, p. 1.

③ 大乘佛教派别之一，亦称瑜伽行派，中国传统称为有宗。以《解深密经》《瑜伽师地论》《摄大乘论》《唯识三十颂》《唯识二十论》和《成唯识论》等为主要经典。关于心识的本体、结构、功能和层次，唯识学提出了"三界唯心、万法唯识"、"八识"、"五位百法"、"四分"等学说。

Scientific Study of Consciousness，ASSC）第十届会议的致辞中就意识研究的发展列出如下大事年表。[1]

　　· 19 世纪 80 年代—20 世纪 20 年代：意识科学研究的第一个黄金时期；

　　· 19 世纪 20 年代：行为主义的诞生，意识研究的黑暗时代；

　　· 20 世纪 50 年代：计算机的诞生，认知革命；

　　· 20 世纪 80 年代：第一个 PET（正电子断层扫描）影像；

　　· 20 世纪 90 年代：第一个 fMRI（功能磁共振成像）影像；

　　· 20 世纪 80 年代后期到 90 年代初期：巴尔斯（B. Baars）在心理学，丹尼特（D. Dennett）在哲学，克里克（F. Crick）和科赫（C. Koch）在神经科学中分别开展了意识研究；

　　· 刊物和会议：1990 年 *Consciousness and Cognition* 创刊，1992 年 *Psyche* 创刊，1994 年 *Journal of Consciousness Studies* 创刊，1994 年第一届 Tucson 会议举办，1997 年第一届 ASSC 会议举办。

　　威肯认为 20 世纪 80 年代后期到 90 年代初期兴起的当代"意识研究"是意识研究的"第二个黄金时期"。

　　而当今神经科学、脑科学的发展无疑为意识研究的第二个黄金期（乃至诸种人文学科）注入了巨大推动力——人类自身内部对认识自我的终极追求和外部认知科学、脑科学的技术发展，都在推动着当代意识科学——哲学研究的不断向前，乃至收获颠覆性的研究成果。

　　在这热烈庞杂的景象背后，也存在诸多问题，首当其冲的反思应该来自方法论领域——在自然科学全面进入主体性领域，并雄心勃勃地旨在破解全部大脑密码以至于破解人类意识密码时，我们似乎遗忘了对主体性体验这一特殊研究对象，在方法论上早已有了否定之否定的百年纠缠：从 17 世纪的认识论将主体性意识立为世界基石；其后，机械论、行为主义将"主体性"视为不科学的成分，或者不能成为科学方法所研究的对象而排除出心理学的研究对象领域中；再到 20 世纪中叶，认知科学夺取了

_____

① Wilken，P.（2006），"ASSC-10 Welcoming Address"，In：10th Annual Meeting of the Association for the Scientific Study of Consciousness，23—36 June 2006，U. K.：Oxford.

行为主义研究人类心智的阵地，对意识体验的科学研究又从数十年的排斥中慢慢恢复了过来①；而认知科学伊始，心智的表征计算隐喻并未真正囊括心智的第一人称维度，直至 20 世纪 90 年代，对认知的具身隐喻与生成进路才试图弥合现象心智与计算心智之间的鸿沟，使主体性维度真正在认知科学中占有一席之地②。另外，认知科学对意识研究的解禁同时引发了哲学上关于意识"难问题"的形而上学论战，在这场论战中，物理主义各种版本的还原策略并未获得全面胜利，反而为人们留下了心智与物质之间难以跨越的"解释鸿沟"。

　　近现代意识研究进程中，心理学中行为主义的失败、哲学中形而上学的混战、新兴认知科学中认知观的发展都从不同侧面反映了意识研究中主体性维度的不可消除性与困难性。"不可还原"的现象体验（phenomenal experience）在生物领域中是一个重要的事实，这一现象学立场如今已成为探索心智的原则性共识。由此，第一人称维度的研究不仅是心智本性以及一个全面的意识研究所必需的，而且对意识的科学研究具有引导作用。但在脑神经科学技术手段日益发达的今日，我们对自身最亲密的领域的通达及其方法却依然与苏格拉底时代相差无多，甚至出于对主观性的批判，依然会否定科学的通达它的解释权。对意识的单面物理主义的研究进路显然是不能令人满意的；但另外，随着主体性维度的回归，反思研究第一人称的可能方法就成为了首要与必要的迫切问题。一个更为全面的意识研究，不能规避鲜活的第一人称维度，而对这一维度的关注，首要的难问题是构建、规范适合的方法论。

第一节　体验——作为心智本质的第一人称被给予性

　　作为意识研究尤其是第一人称进路研究的首要对象——我们的自身体

---

① Baars, B. J. (2009), "History of Consciousness Science", In *Encyclopedia of Consciousness*, edit. by B. P. Banks, Academic Press, pp. 329–338.

② 对这一主题的详细论述可参见 Thompson, E. (2007), *Mind in life: Biology, Phenomenology, and The Sciences of Mind*, Harvard University Press。

验，首先我们需要明晰它的定义。对于它，我们虽然再熟悉不过——第一人称可通达的、私密的、亲知的，却总是难以定义——就像"感受质"（qualia）这样的术语一经生造，对它的描述向来能在哲学语义的考量中引起纷争不断。

瓦雷拉等人对"体验"（experience）做出了以下定义：它是鲜活的、第一手亲证了、描述了我们的心智和行动的全部范围，重点不在于行动的内容而在于它的直接性和具身性（immediate and embodied），因此它和个人化是分不开的，是行动内容的本性。体验总是单个主体在一个特定时空中所经受的，对此他/她是以"第一人称"通达的。并且，特定主体的体验"当下是精确的、具体的和个体化的。它集中在特定的时空参量中，因而每一刻都是新的与不同的；同时，它又涵盖体验主体已经生活过了的和沉积了的全部生活"①（这意味着我们对体验的研究需要囊括心智有意识和无意识的范围）。由此，我们常常用"第一手描述"、"第一人称通达"、"内省"、"现象学数据"或"鲜活的体验"这些术语来指称它：

> 我们说"第一人称事件"（first-person events），指的是与认知和心智事件相关的鲜活体验（lived experience）。有时我们也用"现象意识"（phenomenal consciousness），甚至"感受质"（qualia）等这样的术语，但称它们为"意识体验"（conscious experience）或单纯叫"体验"更自然些。这些术语意味着（视觉、疼痛、记忆和想象等）这些被研究的过程表现为与一个能提供叙述的"自我"或"主体"相关联，并表现为他的显现；它们有一个"主观的"内在。
>
> 相反，"第三人称描述"（third-person descriptions）涉及与其他自然现象研究相关联的描述性体验。尽管在科学中总是由人类施动者（human agents）提供和创作各种描述，但是这些描述的内容（例如生化反应、黑洞或突触电压）却与提出它们的人类施动者没有明显或直接的联系。它们的定义特征指称了世界事件的属性，却没有体验—心

---

①　Depraz, N., Varela, F. J., & Vermersch, P. (Eds.) (2003), *On Becoming Aware: A Pragmatics of Experiencing* (Vol. 43), John Benjamins Publishing, p. 5.

智领域的直接表现；它们只能间接地关联这个领域（通过实际的实验室生活、科学交流的模式等等）。这种"客观的"（objective）描述的确具有一种主观的—社会性维度，但是这一维度隐藏在科学的社会实践之中。它明确的、直接的所指就是"客观的"、"外在的"、当今科学的内容（即我们如今所涉及的各种各样的自然现象，诸如物理学和生物学等）。①

反观我们的体验，有意识的现象体验首要的特征无疑是现象的感受性及其意向性结构特征。如果我们尝试着往自己的内心观望，这种感受性的特征无疑是丰富的——通常情况下它充满了言语思维，即充满观念、意象、创意、论断和自发地流经我们心里的问题解决。但是仔细观察一下，我们发现，心不只是它的念头，不只是不断变化的观念和意象流。它还包括思想过程周遭的广泛的心智状态和品质：感受、心境、直觉、本能，以及一个常被忽视但更重要的明显事实是有意识的觉知。对于我们丰富的心智活动，一个形象与常见的比喻描述就是它像一个宽广的舞台，各种心智内容作为演员不断地在其中穿梭，时而进入觉知的聚光灯下，时而隐没在舞台的黑暗处，或时而退出舞台。它的现象内容是如此丰富，以至于常常被比喻为不息的川流。对于感受性的品质的描述常常和主观性、私人性这样的词汇连接在一起：

　　"主观感受"已然是一个过于模糊的术语。然而，它却是常用的术语——甚至是在哲学家们相对技术性的讨论中——被用于理解从内部体验意识像是什么样的感觉。主观感受的例子就是：被感觉到的玫瑰的红、顺着脊柱的颤抖感、羊乳奶酪的味道。
　　我们每个人都在自己意识的"私密"中体验这样的感受，或者似乎如此。它们的"品质"对我们而言是透明的，尽管它不是我们能够轻易地与他人交流的东西；而且因为品质是如此重要，事实上它内

① Varela, F. J. , & Shear, J. （1999）, "First-Person Methodologies: What, Why, How?", in *Journal of Consciousness Studies*, 6 （2—3）, p. 1.

在于感受，哲学家们有时简单地把主观感受称为"感受质"（qualia）。没有人怀疑主观感受也有量的方面：例如，我或许能够告诉你一种红色感觉要比另一种红色感觉强烈两倍。但是我无法告诉你（如果你不曾知道的话）红的品质在哪里。①

无疑，体验的这种亲知特性也是我们再熟悉又难以言语不过的了。

其次，体验或意识的核心本质就是觉知（awareness）或知道（knowing），用现象学的术语来说就是自明的第一人称被给予性，而揭示这个被给予如何可能的问题正是现象学乃至整个意识科学、人类科学的核心问题。杰出的神经科学家达马西奥就对意识的自觉知特性好奇不已，他将它比作光，并且将意识之光何以可能的问题作为毕生探究的终极主题："当我们坐在观众席上等待时，通往舞台的门缓缓打开，一个演员步入光亮，在这个特定时刻，我总是会很好奇；或者，换一个视角，当一个演员在半明半暗之中等待，他看见同一扇门打开，这一刻灯光、舞台和观众都显现出来，对此，我也总是会很好奇。几年以前我认识到，无论一个人采取什么视角，这一刻的感人品质是一例新生的具体体现，是穿越某一阈限的具体体现，这个阈限把一个得到保护但有限的掩蔽所与一个超越的世界（world beyond ahead）的可能性和危险分离开来。然而，当我准备介绍本书时，当我对自己写过的东西进行反思时，我感觉到，进入光亮也是对意识、对有知道功能的心智（knowing mind）的诞生、对自我感（the sense of self）简洁而又卓越地迈入心智世界的一个强有力的隐喻。我们如何步入意识之光，这正是本书所要探讨的主题。我撰写的是关于自我感、关于从天真和无知再到知性（knowingness）和自我性（selfness）的转换过程。我的特定目标就是考察促使这一关键转换得以发生的生物学环境。"②

这里的觉知不同于意识的内容，它也不是一种表征的形式，由此较之

---

① Humphrey, N. (1999), *A History of the Mind: Evolution and the Birth of Consciousness*, Springer Science & Business Media, pp. 24-25.

② ［美］安东尼奥·达马西奥：《感受发生的一切》，杨韶刚译，教育科学出版社2007年版，第3页。

于意向性结构更为本质——觉知是生命的内在特征，这种自明的被给予性先于意向性，而后者则内在于表征的认知活动。另外，觉知是自觉知的（self-awareness），也就是说，有意识的心智无须另外一个心智活动来判定自己是有意识的，意识是自证自明的（self-evident）。在心理学伊始，威廉·詹姆斯（William James）就已经晦涩地将意识的这一本性描述成了一种必要的"功能"："我的意思仅仅是否认意识这一词代表一个实体，不过我却极端强调它确实代表一个功能（function）。我的意思是，并没有一种存在的原始质料或性质——它与由物质对象构成的东西截然不同，但却是构成我们对物质对象的思想的东西；但在体验中存在一种思想所行使的功能，而要行使这功能，就要援引存在的这个品质。那个功能就是知道（knowing）。为了解释事物不仅存在而且被报道和被知道这个事实，为此'意识'被假定为必要的。谁要是把意识这一概念从他的基本原理表中抹掉，他就仍然必须以某种方式让那个功能得以行使。"[①]

事实上，这种第一人称主体性的感受并非如此难以理解，它正是我们每个人都能捕捉到的体验——只要我们将我们的意识从对外部对象的注意拉回到对内在的关注中，闭上眼睛，你就将"无法怀疑"地知道自己是一个觉知者，并且你从来都不曾遗失这种觉知。

最后，本书坚持了体验的不可还原的现象学立场。对于体验的不可还原性，我们可以简单地介绍三点证据：

第一，要把体验看作一个可以探索的领域，就要承认生命和心智所包含第一人称维度是我们的正在进行着的存在（ongoing existence）的一个特征。剥夺对这种现象领域的科学审查就意味着等于截去了人类生活的最亲密的领域，或者否定了可以通达它的科学解释权。这两种情况都是不能令人满意的。

第二，主观体验指的是在日常实践中自己的认知、意图和行为的有权享有者（user）的水平。我知道我的运动是肌肉的一系列协调收

---

① ［美］威廉·詹姆斯：《彻底的经验主义》，庞景仁译，上海人民出版社 2006 年版，第2—3 页。

缩的产物。然而，动作计划在紧急情况下所运作的移动我的手臂的行为，对作为一个主动的施动——有权享有者（agent-user）的我来说，表现为一种动作意图（motor intentions），而不是只能从第三人称视角看到的肌肉的伸缩性。这种实践的维度是使得与第三人称解释的交互作用得以可能的第一步（它不是心智哲学中那为人熟知的抽象的空想描述）。

第三，人类实践中的体验是"变化"的特殊切入点，它可以被各种专业所干预，例如教育和学习、运动训练和心理治疗。所有这些领域都存在着大量的证据，不仅证明了体验领域对运用自身心智的人类活动和生命是必不可少的，而且证明了体验领域是可以被探索的，我们可以在规定设置（培训课程、运动辅导、心理治疗课程）的特定实践和人际互动所带来转变中看到这种探索。此外，我们需要质疑这样的假设：即严格的潜人格的和有意识的之间的界限是固定、一旦给出就永不更改的。作为一个基本维度，第一人称方法论包括两个主张：即界限是可移动的，并且在过渡地带有很多事情可以做。对前一反身的探索表明，存在丰富且大量未探索的信息和数据资源，并带来戏剧性的结论。①

在坚持体验的非还原论立场上，本文所要研究讨论的除了意识或体验的本性、现象结构之外，更要探讨获得体验报告的第一人称方法是否能够得到主体间验证，是否具有某种意义上的可公共观察性，换言之，不将体验还原为行为，我们是否能够如其所示的知道它并描述它？从而为意识研究的纯粹第三人称进路所遇到的困境给出回应。

第二节　主体性的禁忌与认知革命

机械论没落以来，几经轮转，在心理学对心智的研究中，行为主义思

---

① Varela, F. J., & Shear, J. (1999), "First-person Methodologies: What, Why, How?", in *Journal of Consciousness Studies*, 6 (2—3), p. 4.

想及其方法论思路又几乎主导了整个 20 世纪上半叶。随着心理学内省方法自身的混乱——内省方法的细节没有达成一致共识，各个实验室对意识及其元素种类的划分没有统一的定义与分类，主观体验及其报告具有私人性、难以证伪——人们开始一致否定内省方法转向"反应—刺激"模式的行为研究。行为主义的兴起本身就是对内省主义（最早的实验心理学形式之一）的反对与取代。由此，从 20 世纪 20 年代以来，主体性成为了实验科学研究的禁忌，而行为主义的影响则一直延伸、渗透到了当今各种版本的还原论思想中。

威廉·詹姆斯（William James）以将心理学锻造成一门自然科学的研究方法与研究对象为目标，而行为主义则更为激进地推进了"自然"这一风格——彻底采用"刺激—反应"的第三人称观测方法论纲领，排除对主体性意识的研究，将心理学的研究对象定位于人类行为。

> 美国心理学的另一名奠基者，詹姆斯·麦凯恩·卡泰尔（James McKeen Cattell）指出了大多数心理学在随后几年中采取的路径："通常不再需要心理学实验的被试是一名心理学家，就像不会要求被解剖的青蛙是一名生理学家一样。"心理学所追求的这一策略是尽可能地使心智客观化，心智或者作为行为操作、生理反应，或者随着控制论及随后认知科学的出现作为非意识的信息处理。"意识"成为一个禁忌性术语；内省作为研究心智的一种方式遭到拒绝；并且对于心理学家而言在心理生活的主观性中不再需要任何训练有素的、第一人称的专家。尽管在这种倾向中存在著名的例外，比如格式塔心理学和现象学心理学，但是这个"主观性禁忌"已经影响心智科学研究几十年了。[①]

这一进程在华生（J. B. Watson）清洗心理学词表的过程中得到了充分的体现。华生建议抛弃描述人类体验几乎三分之二的词汇："意识（con-

---

① Thompson，E.（2006），"Neurophenomenology and Contemplative Experience"，in *The Oxford Handbook of Science and Religion*，edited by Clayton，P.，Oxford：Oxford University Press，p. 228.

sciousness）"首当其冲，随后像"意志（volition）"、"注意（attention）"、"自我（self）"、"意象（imagery）"、"计划（planning）"、"思考（think-ing）"、"认识（knowledge）"、"内部言语（inner speech）"、"意向（in-tentions）"、"期望（expectations）"、"记忆（memory）"和"知觉（per-ception）"——这样一些指称不能被直接观察到的事物的词汇都被抛弃了①。从此心理学对心智的研究重新聚焦在它的外显行为和导致行为产生的生理刺激上，包括神经、肌肉、腺体等各种可观察的生理功能。心理学这一生物科学的进路一直延伸到今日的神经科学中。

强行为主义的方法论背后则承诺或支持了一个关于心智的存在本性的还原论命题，即对心智现象的"反应—刺激"解释是充分的，心智内容可以被还原为外显行为与生理刺激。这一策略在获得测量的可行性优势的同时却也招致了诸多讽刺："我们并不是从他人对我们的行为的观察或完全从我们对自己的行为的观察来间接地了解自己的愉悦和悲伤。我们仅仅是感受它们。"②

对强行为主义的狭隘局限的不满导致了心理学与脑科学中的"认知革命"，随着仪器与技术的进步，大量的高级认知现象如工作记忆、长时记忆等开始重新进入认知科学的研究视野，科学家开始根据各式各样信息的表征加工模式来理解心—脑。"意识"这一心理对象，更是重新成为了认知科学研究的目标对象。

认知科学虽然接纳了意识作为其研究对象，但60年代兴起的认知心理学则以功能主义的进路来理解心智和意识，即将心智视为大脑的功能，用神经网络语言或信息加工语言来解释心智现象（见图1）。心智或大脑内部的黑箱被解读为信息编码、加工、转换的过程：

---

① Baars, B. J. (2009), "History of Consciousness Science", In *Encyclopedia of Consciousness*, edit. by B. P. Banks, Academic Press, pp. 331–332.

② ［英］马克斯·威尔曼斯：《理解意识（第二版）》，王姝、徐怡译，李恒威校，浙江大学出版社2013年版，第60页。

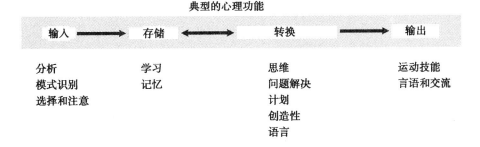

图1　典型的心理功能主义将人类心智理解为信息加工的过程
图中即表示了信息输入与输出的流程示意①

　　虽然功能主义的兴起赋予了意识研究以合法地位，但不幸的是，它对意识的解释仍然停留在第三人称的功能性解释上："多年来对如今被认为是与意识紧密相关的心智过程的认知解释几乎未提及意识。例如，选择性注意理论关注加工能力如何分配，关注决定刺激选择所发生的输入分析的阶段，以及关注前注意加工如何区别于焦点注意加工。短时记忆理论试图详细说明它的容量、统辖信息进入和消失于记忆系统的原则、所使用编码的模式等。尽管有理由相信人类的现象意识与注意加工和短时记忆关联密切，但是这种关联的本性却不是这类认知研究所讨论的问题。因此，它不会在这种信息加工的解释中得到详细说明。例如，上述模型中不会出现跨越第三人称的信息加工解释与现象体验的第一人称解释之间鸿沟的'桥接法'或'转换方程'。"②

　　50 年代后期，随着认知心理学的兴起，意识研究被合法地带回了实验科学的研究视野中，然而，近来越来越多的研究者认识到专注于认知功能、认知模型的认知科学是不完整的——它忽略了对第一人称主体性与意识的关注与解释：

---

　　①　图片转摘自［英］马克斯·威尔曼斯《理解意识（第二版）》，王淼、徐怡译，李恒威校，浙江大学出版社 2013 年版，第 60 页。

　　②　［英］马克斯·威尔曼斯：《理解意识（第二版）》，王淼、徐怡译，李恒威校，浙江大学出版社 2013 年版，第 74—75 页。

事后来看，显而易见的情形是：从传统哲学和心理学走向当代认知科学的过程中，我们错过了一些东西，直到现在人们才开始重新正视它们。概言之，我们缺少的是对主体体验（experience）的科学关注。早在 1892 年威廉·詹姆斯就正面地引用了乔治·查姆布尔·拉德（George Trumball Ladd）有关心理学的定义：心理学是"对意识这种状态的描述和解释"。意识被认为是心理学研究的主题，可是认知科学直到近年来才开始谈及它。①

为了回应这一研究现状，以及哲学中所提出的"解释鸿沟"难题，一方面认知科学需要在对心智的理解上改良表征隐喻或建立新的隐喻——如生成认知，来应对解释鸿沟，并将主体性体验真正纳入认知科学的研究中去。另一方面，无疑，我们需要转而深入地关注于开发意识的第一人称研究进路。

由于意识本身的特殊感受性特质，决定了需要人们重新开始接受向内自我观察的方法，并反思如何提高和确保内省的客观性，使之能更好地引导实验科学。于是人们绕了一圈之后似乎又回到了詹姆斯的起点——与实验的第三人称研究相比，在詹姆斯那里首要的肯定是第一人称的体验，詹姆斯在倡导实验研究的同时，仍认为："尽管科学态度的这种非个人性鼓励一种大度，但是我相信，那是极其肤浅的。现在我用三言两语说明我的理由：只要我们涉及宇宙和普遍，涉及的只能是实在的符号，但是，只要我们涉及私人的或个人的现象，涉及的就是完全意义上的实在。"② 詹姆斯把内省作为研究精神现象的一种必需的方法，并在一开始就深刻地思考了关于内省客观性的问题。内省是可错的，但更为重要的工作在于心理学家对保障其有效性的体系的建立，这样的一个方法论的体系是可探索与累积的，从而像避免科学方法中的观察误差一样，逐步避免内省观察所产生错误。

---

① ［加］埃文·汤普森：《生命中的心智：生物学、现象学和心智科学》，李恒威等译，浙江大学出版社 2013 年版，第 3 页。

② ［美］威廉·詹姆斯：《宗教经验种种》，尚新建译，华夏出版社 2008 年版，第 363 页。

　　另外，在行为主义的表面下，"内省"一词虽然由此长时间的从科学主义的心理学中隐身而去，但事实上人们只是不再使用"内省"这一字眼，但并不代表再也不使用内省这种向内自我观察的方法：格式塔心理学、精神分析、现象学、存在主义哲学等大量学派实际上都必须使用内省的方法来开展研究。① 内省的自我报告这一方法事实上在多个研究领域中从未真正停止过——"科学家使用关于意识体验的这类报告超过两个世纪，自心理物理学开创以来，具有高可靠性与实证效用。我们关于感觉性的脑所知道的几乎一切均依赖于这种证据。"② 并且，对历史的考察可以看到，内省最初的失败，并不能简单归咎于其自身方法论的缺陷，当时的心理主义思想、试图通过简单的实验变量控制获得简单的心理元素的方法论原则、实验研究中粗糙的实验设计与操作过程等都是导致心理学研究失败更为主要的原因。而如今需要的正是重新反思内省的有效性与准确性的问题。

第三节　意识研究中的形而上学混战与解释鸿沟

　　20 世纪末认知科学兴起了对高级心理活动的研究热潮，对心智的计算隐喻与表征认知的研究进路重新引发了哲学家对身心关系的形而上学探讨：约瑟夫·莱文（Joseph Levine）1983 年的著名论文，直陈了物理主义者在试图解释或消除心智的感受性时所面临的困难，他将如何揭示脑状态的物理属性与心智的感受属性之间的关系机制这一难题称之为"解释鸿沟"（Explanatory Gap）。内格尔（Thomas Nagel）的标志性的口号"what is it like to be"，则突出了体验的第一人称感受质属性。而查尔默斯（David Chalmers）则在"图森会议"上将"身心问题"这一传统形而上学问题的变形版本（计算状态与体验之间是什么关系）重新包装为意识的

---

　　① http：//www.britannica.com/EBchecked/topic/292131/introspection#ref213930，Encyclopedia Britannica，"introspection"词条。

　　② Baars，B. J.（2009），"History of Consciousness Science"，In *Encyclopedia of Consciousness*，edit. by B. P. Banks，Academic Press，p. 331.

"难问题"（Hard Problem），将其又一次推上了哲学舞台：

> 不容否认，某些有机体是体验的主体。但问题是，这些系统如何产生体验却令人困扰。为何当我们的认知系统参与视觉或听觉的信息加工时，我们就具有了视觉或听觉体验：深蓝色的品质，中央 C（音）的感觉？我们如何解释，为什么存在一个拥有心智意象所像是的东西，以及为什么存在一个体验到某种情绪所像是的东西？取得广泛共识的是这些体验的产生有其物理基础，但我们却不能很好地解释它们为什么以及如何产生的。为什么物理过程应该引起丰富的内在生活？似乎客观上并没有它应该如此的理由，可是它确实如此。如果任何问题有资格作为意识问题，那么就是这个。①

查尔默斯论述的重点在于，对心智活动纯粹采取第三人称的功能分析，是否能揭示拥有主观体验所像是的东西，以及能否解释主观体验为什么会产生？认知科学把意识现象纳入自然框架的研究进路中不可避免地迎来了笛卡尔式的挑战——由第一人称主观感受所构成的心灵质料和由大脑和身体所构成的物质质料，这两种完全不同的实体如何交互作用？如何解释这一交互机制？纯粹的第三人称术语解释是否充分？三四百年以来，笛卡尔的提问使无数哲学家尽折腰，对此笛卡尔自身就表达过他对解决自己意外打开的这个困境的无助感。

为解答难问题，哲学家循着搭建心智与自然实在这两个异质实体之间的通路这一思路，构建了多种认识论解题路径：例如，应该被抛弃却总是有市场的还原论（包括取消主义）认为可以通过还原为神经相关物的方法，把意识的复杂现象和难问题简化——用神经生物机制、特定功能神经细胞及其相关分子的复杂集体行为的解释替代现象解释，并最终把难题的引发与哲学的混乱归咎于人类有两套语言系统。功能主义则改良了还原论，将意识的感受体验替换成认知行为、命题态度等，通过寻找"认知能

---

① Chalmers, D. J. (1995), "Facing Up to the Problem of Consciousness", in *Journal of Consciousness Studies*, 2 (3), p. 201.

力的模块项，然后，建构出一个理论框架来将这些模块项集中在一起，以至于它们的统一性就等于对意识体验的解释"①。另一"不可解论"（Mysterianism）形而上学立场则认为，对身心难题的思考超出了人类的能力范围——在认识论上，由于我们获得关于意识属性的知识的通道唯有第一与第三人称两种通道，所以，我们的概念生产机制在原则上不能产生那样一个可以联结意识与大脑的概念，因此，我们关于意识的知识和关于大脑的知识，两者注定是隔绝的，我们不能获得大脑如何产生意识的知识，这两者之间的联结对我们来说必定是黑暗的。

如今，二元论的路径已经很少有市场：

> 二元论的麻烦在于它解释得既过多又过少，很少有哲学家对它感到满意。近来他们信奉各种形式的一元论。一元论主张实际上仅存在一种质料，心智和脑最终都由它构成。在它最极端的形式（即物理主义）中，它声称特定的主观感受实际上等同于特定的物理脑过程（其方式就如同闪电等同于大气中的放电）。
>
> 也几乎没有人对这种解释感到满意。这意味着，从一开始，只有像我们这样（拥有碳基脑的）碳基生命体才能够拥有像我们一样的有意识感受。一直以来哲学家们并不愿意预先拒绝其他拥有不同构造脑的生命形式拥有意识。退一步说，如下的假定似乎有些沙文主义：如果在一个遥远的星球上演化出类人生物，它们使用不同的元素作为建设材料，但这些个体根本没有我们所拥有的任何主观感受——无论它们表现得多么聪明和灵敏。确实它们可能没有主观感受，但这个事实并不是自明的。
>
> 无论如何，即使主观感受实际上等同于物理状态，这一事实依然急需解释。如果我们仅仅打算承认这个同一性，我们将无法消除它为何会如此的神秘感。闪电的类比也无助于事。因为闪电的例子实际没有什么神秘可言：任何有能力的物理学家都能够预言在大气中的一次

---

① ［智］瓦雷拉：《神经现象学：一个应对"难问题"的方法论救治》，陈巍译，李恒威校，选自《语言与认知研究》（第五辑），社会科学文献出版社2011年版，第80页。

放电能在适当的条件下产生闪光和巨响。相比之下，甚至没有人能够着手预言脑的电波活动能够产生品尝奶酪的主观感觉。①

单向度的物质主义还原进路显然是难以令人满意的，对它的批判也由来已久：早在 1759 年塞缪尔·约翰逊（Samuel Johnson）就在其著作《拉塞勒斯》（*Rasselas*）中写道："物质间只有形式、体积、密度、运动和运动方向上的差异：而这些无论是如何变化或组合，意识能够被附加于其上吗？圆或方，固态或液态，大或小，移动得慢或快，不管怎样都是物质存在的模式，所有这些都一样是不同于思考（cogitation）的本性。"② 内格尔则简明概要地总结出了物质主义失败的原因："物理主义试图通过对意识体验的现象特性的物理解释来达到维持自身的目的，但是由于它无法对我们所看到的意识现象的主体性作出解释，因此它看来无法达到它所期望的结果。原因在于，主体性现象与某个特定的视角有着本质的联系，而客观的物理主义的理论，则试图抛弃那种视角。"认知科学家、哲学家瓦雷拉（F. Varela）也反对消除心智现象学立场的物理主义理论，并坚持"要把体验看作一个可以探索的领域，就要承认生命和心智所包含第一人称维度是我们的正在进行的存在（ongoing existence）的一个特征。剥夺对这种现象领域的科学审查就意味着等于截去了人类生活的最亲密的领域，或者否定了可以通达它的科学解释权。这两种情况都是不能令人满意的"③。

当然，还有诸多非还原论版本的一元论（一元两面论）在为解答"解释鸿沟"做着形而上学的努力：泛心论、中立一元论、反身一元论等——心智和物理物质可能是某个更加根本的方面或安排，而它本身既非心智也非物质。

总而言之，这场形而上学的混战并未给意识研究带来巨大的实质性突破，却遗留下了现象意识与物理事件之间的"解释鸿沟"。形而上学的混

---

① Humphrey, N. (1999), *A History of the Mind: Evolution and the Birth of Consciousness*, Springer Science & Business Media, p. 26.

② Ibid., p. 27.

③ Varela, F. J., & Shear, J. (1999), "First-person Methodologies: What, Why, How?", in *Journal of Consciousness Studies*, 6 (2—3), p. 4.

战不仅突出了现象意识是心智的本性特征这一事实，而且促发了新的认知观革命：想要理解现象意识，即想要理解一个人或生命为何具有了某种现象意识的切身体验，必须要回归到生命体的水平来理解它；换言之，在研究心智的形而上学问题时我们必须保留现象学立场，而非单面的物理主义进路。因一方面，事实上，对意识的实证研究与第一人称探究，似乎纯粹的哲学概念语言游戏在这里贡献甚少，虽然这方面的文献数量正在以指数级增长。

第四节　以现象体验为意义基石的生成认知

以产生有关心智的科学知识为目标的传统认知科学，时常表现为一种遗漏了现象性和主体性的心智理论，这一现象在认知主义与计算隐喻的进路中尤为明显。这一进路的缺失在于一开始就抽离了认知的社会文化系统与具身性，从而招致了计算心智与现象心智之间各种版本的鸿沟："认知主义不仅没有缩小这一鸿沟，相反，通过打开一个在亚人的、计算的认知与主观的心智现象之间的鸿沟，它以一种物质主义的形式进一步延续了这一鸿沟。简单地说，就主体体验的意义而言，认知主义没有对心性做出任何说明。"[①]

在弥合认知与意识体验之间的鸿沟方面，生成进路所做出的贡献在于回归生命的层面来理解心智——生成进路试图通过解释内在于生命和认知者的自治性的角度，来说明自我性和主体性，从而揭示出生命与心智之间的深刻连续性；同时这种自治性与主体性密切相关：

> 生成进路与现象学对于生命或生命存在（living being）也具有共同立场。对于生成进路来说，自治性是生物生命的一个根本特性，在生命与心智之间存在很深刻的连续性，对于现象学而言，意向性是鲜活身体的基本特征。因此，生成进路与现象学有一个共同的主张：对

---

① ［加］埃文·汤普森：《生命中的心智：生物学、现象学和心智科学》，李恒威等译，浙江大学出版社2013年版，第5—7页。

主体性和意识的解释必须与生命的自治性和意向性相关联——这里的生命是在完整意义上而言的，正如我们即将看到的那样，它包含了有机体、主观上鲜活身体（subjectively lived body）和生活—世界（life-world）。①

由于生命自治与主体性生命体验之间建立紧密联系，与物质主义和观念论相互消除与排斥的方案相反，生成进路认为，构成意识的物理结构和外在功能并不足以在概念和逻辑上提供解释主观体验的充分性，作为生命体特征的"感觉能力（对活着状态的感受）"（或意识）的涌现是在其持有同一性的自治有机体基础上，为一种生命的内在性（即自我性和意义生成的内在性）所驱动的②。这种内在性使得环境与有机体之间的耦合重新构造了一个超越内外两极的内在面。而正是这种生命或有机体的活生生的"内在性"跨越了传统二元论和物质主义所设置的"内部"与"外部"之间的鸿沟：

> 生命的内在性是自我性和意义生成的内在性，是意识的内在性的先驱。一个有机体创生了一个由意义和效价为标志的环境。外在性被有机体和环境这两极之间的意义和规范的内在关系所超越。因此有一种生命的内在面，这个内在面摆脱了纯粹外在的概念。这个内在面构成了生命与心智的深刻的连续性的基础，同时它也是意识的涌现在其中得以被理解的情境。③

生成进路对心身关系的新理解无疑是对笛卡尔问题的一种形而上学解构——意识体验与外部事物与结构并非二元，它们的边界被生命或有机体的自创生的内在性所超越。而对这一思路的进一步推进，则要求我们对耦

---

① ［加］埃文·汤普森：《生命中的心智：生物学、现象学和心智科学》，李恒威等译，浙江大学出版社 2013 年版，第 186 页。

② 同上。

③ 同上。

合心智与环境的鲜活身体体验有一个更细致的了解——所谓的意义和效价，或者诸如"有机体"、"自创生"这样的概念和生物学解释只有对一个能切身体验其自身鲜活身体的主体才是可能的，生命体的"鲜活体验"或者更直白地说是"活着状态的感受"是其理论乃至于生命意义的基石：

> 正如梅洛—庞蒂在他的《知觉现象学》的序言中写的："整个科学的宇宙是建立在这个直接体验所是的世界上，并且如果我们想让科学本身经受严格的审查以达到对其意义和范围的一个精确评判，那么我们首先必须唤醒对世界的基本体验，而科学则是对这个体验的二阶表达。"一个批判的和反思的科学能够包含这个现象学视角，因为它明白通过以这种方式澄清科学的体验，科学本身就能恰当地被定位在与其他人类生活的关系中，并且因此在一个更合理的根基上受到保护。①

由该立场出发，这一进路认为"体验并不是一个副现象的附带问题，而是在任何对心智的理解中都处于中心地位，并需要一个仔细的现象学方式来研究它。"②

从而该进路在方法论上衍生出以弥合主体体验与神经生物学之间的鸿沟为目标，以对体验的现象学研究为根基，同时承认第一人称的现象学数据与对应的第三人称脑活动非线性动力学数据的神经现象学方法论纲领。

第五节　神经现象学与训练有素的第一人称方法

为了跨越意识的神经生物学解释和现象学特征描述之间的"解释鸿沟"，神经现象学从方法论的角度作出了一种补救方案——神经现象学（Neurophenomenology），意指以现象学哲学为资源，"将当代认知科学与人

---

① ［加］埃文·汤普森：《生命中的心智：生物学、现象学和心智科学》，李恒威等译，浙江大学出版社 2013 年版，第 137 页。

② 同上书，第 12 页。

类经验的一个训练有素的研究进路嫁接在一起的一种探索"①。其纲领性方法论策略就是将"体验结构的现象学解释与它们在认知科学中的对应部分，通过互惠约束（reciprocal constraint）而彼此关联在一起"②。

神经现象学循环

神经现象学认为，为了全面揭示意识的本性，为弥合意识体验与神经生物学之间的鸿沟，就必须同时承认和重视对意识的现象学和神经生物学的两种类型的分析。

神经现象学的主旨就是要建立第一人称现象描述与认知神经科学之间的互惠约束（见图2）的"神经现象学循环"——"全部结果都应该走向一种心智的整合的或全局的视角，在这种视角中，既不是体验也不是外部机制说了算。全局性视角因此要求明确建立一种相互的约束（mutual constraints），一种相互的影响与规定"③。

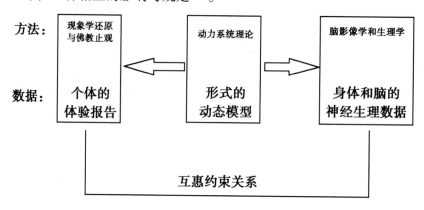

图2　神经现象学"互惠约束"关系模型图④

①　［智］瓦雷拉：《神经现象学：一个应对"难问题"的方法论救治》，陈巍译，李恒威校，选自《语言与认知研究》（第五辑），社会科学文献出版社2011年版，第75页。

②　同上书，第97页。

③　Varela, F. J. , & Shear, J. （1999）, "First-person Methodologies: What, Why, How?", in *Journal of Consciousness Studies*, 6（2—3）, p. 2.

④　［加］埃文·汤普森：《生命中的心智：生物学、现象学和心智科学》，李恒威等译，浙江大学出版社2013年版，第279页。

这个术语与方法论思路由瓦雷拉（F. Varela）所提出。他所说的"互惠约束"是指"现象学分析有助于引导和塑造科学对意识的研究，而科学发现翻过来也有助于引导和塑造现象学研究。这个进路的关键特征是动力学系统理论被认为在现象学与神经科学之间起了调节作用。因此神经现象学包含三个主要成分：（1）体验结构的现象学解释；（2）这些结构的不变量的形式动力模型；（3）这些模型在生物系统中的实现"。

这种现象学解释与认知神经科学之间的互惠，并不简单的等同于还原论或同一论中的体验和脑神经事件的简单关联。瓦雷拉列举了它们之间的不同：前者的训练有素的现象学解释不仅是神经科学的启示性信息，而且是转换认知观念之后的新神经科学研究思路中自身的组分要素。两种数据之间的联系需要随着研究的开展历史性地建立，而非必然。训练有素的现象学解释与科学结论之间的链接具有张力，不是同一论中"看上去像"式的链接，而是需要通过两者间的相互约束来建立。最重要的是，现象学解释来自与生活本身不相分离的活生生的原初体验本身，具有确证性、实效性和先验性。从而在超越难问题的主客分裂的基础之上，寻找体验和科学这两个不同现象领域的桥梁。①

神经现象学与训练有素的第一人称数据

我们可以从一个更大的认知科学基础来理解神经现象学的产生——即它是生成认知进路的一个衍生物。在生成取向的基础上，神经现象学以大尺度动态网络的脑活动模式来理解认知、意向性行为和意识如何从自组织神经活动中涌现出来的；而为了更准确地理解这一高度不稳定的大尺度动力学活动的第三人称实验数据，我们需要被试对其心理活动有一个第一人称的严格训练，而后能产生精确的第一人称描述。

在对"意识产生"问题的具体研究策略上，神经现象学从事于一种对意识的神经生理学研究的具身和大尺度动力学的路径；并结合严谨地使用关于主体体验第一人称数据的方法策略，以期给描述、量化意识的大尺

---

① ［智］瓦雷拉：《神经现象学：一个应对"难问题"的方法论救治》，陈巍译，李恒威校，选自《语言与认知研究》（第五辑），社会科学文献出版社 2011 年版，第 98—99 页。

度神经动力学研究带来启示，即以第一人称数据为基础，来理解大脑大尺度动态加工机制。这一方案在实际操作中卓有成效："通过心理训练产生的精确第一人称报告有助于探知和解释与意识相关的心理过程，比如神经集团中同步振荡活动的大尺度动力学模式。按照这种进路的实验研究已经理解了有意识视知觉、癫痫行为以及有关的主体性心理事件、疼痛体验的神经动力学，以及受过高级训练的藏传佛教修行者的冥想状态的神经动力学关联。"①

我们的研究者通常牢固地保持着一种"自然态度"：

> 意识的理论常常在现象学上是朴素的。理论总是代表了学者们对于其自身意识的本质的有限的个人理解。正如埃德蒙德·胡塞尔指出的，一个学者可能会没有觉察到他们将"自然态度"（natural attitude）[或"自然主题"（natural thesis）] 作为其自身意识状态的条件。意识科学领域内的很少有学者是具备成熟沉思能力的人，或是经过训练的现象学家，他们是站在一种完全的经验主义立场上来学习检验其心理活动的结构与属性的。②

然而，神经现象学与此相反，它要求第一人称方法对体验的直观能力有一个持续、严格的训练，以使体验者能训练有素地生成稳定、准确、精细的体验报告。尤其随着脑电等仪器在时间尺度上越来越精确，要求被试对体验在现象学上的描述和辨别的能力也将越来越高。③ 由于"个体作为自身体验的观察者和报告者，他们的能力是不同的，这些能力可以通过各种现象学方

---

① Thompson, E. (2006), "Neurophenomenology and Contemplative Experience", in *The Oxford Handbook of Science and Religion*, edited by Clayton, P., Oxford: Oxford University Press, p. 230.

② Laughlin, C. D. (1999), "Biogenetic Structural Theory and the Neurophenomenology of Consciousness", in *Toward a Science of Consciousness* Ⅲ: *the Third Tucson Discussions and Debates*, pp. 459 – 460.

③ Lutz, A., & Thompson, E. (2003), "Neurophenomenology Integrating Subjective Experience and Brain Dynamics in The Neuroscience of Consciousness", in *Journal of Consciousness Studies*, 10 (9—10), pp. 31 – 52.

法来加强。个体可以用一些训练有素的第一人称方法来增强自身对不同时间尺度内自身体验的敏感度"①。从而瓦雷拉指出神经现象学之后的难问题之难，在于"训练并稳定一种探索体验的方法是一项困难的工作"②。

然而，对体验的直观能力的训练可能超乎我们想象的困难，这种困难在以第一人称路径研究精神现象而闻名的现象学中也不例外：

> 无论什么样的探索而言都必须培养必要的心理状态，现象学也不例外。注意，现象学文献中充满了关于意识本质的朴素的哲学叙事。用现象学的话说，那类"正如我手里拿着笔向着书房窗外注视并感知到橡树"的哲学思考并不是太有成效的。胡塞尔最大的沮丧之一是他的许多学生无法在自我反思中发展出了必要的技能。而如果没有这种技能，那么想要对自身意识进行深刻的、富有洞察力的与持续的探索就成了空中楼阁。③

虽然在现象学中训练的细节依据现象学学派的不同而不同，但是几乎所有取向均在某种程度上依靠实践者通过学习进入到一个非常平静的深井中，从这口深井中，通过在散漫思维、幻想以及更活跃的大脑的自然倾向使得自由的操作开始变得畅通无阻。在大脑的意向性中，具有从一个客体跳跃到另一个客体的自然倾向。在东方，未经训练的心智有时类似于一只猴子一直拼命尾随一头暴怒的大象后面，而经过训练的心智可以被描述为是猴子坐在一匹平静的坐骑之上并为其引路。从一种深沉平静的有利位置来看，沉思能够将意向性的力量聚焦于某人希望检验的任何心智的属性与活动之上。用现象学的话说，聚焦的过程以及探索意识的属性被称为对那种属性的还原（不应于上文中提到的术语——

---

① ［加］埃文·汤普森：《生命中的心智：生物学、现象学和心智科学》，李恒威等译，浙江大学出版社 2013 年版，第 287 页。

② ［智］瓦雷拉：《神经现象学：一个应对"难问题"的方法论救治》，陈巍译，李恒威校，选自《语言与认知研究》（第五辑），社会科学文献出版社 2011 年版，第 102 页。

③ Laughlin, C. D. (1999), "Biogenetic Structural Theory and the Neurophenomenology of Consciousness", in *Toward a Science of Consciousness* Ⅲ: *the Third Tucson Discussions and Debates*, pp. 459 – 473.

"还原"这个词源自古老的词根，意指"回到开始"）。某些心智的操作比其他操作更容易还原，而某些操作比其他操作更富有技巧。对某些属性的还原要直至认识到其他属性后才能变得相关。[①]

普通内省与反思是粗糙的、随意的并带有诸多常识的偏见。但是"如果个体能够产生并维持某种特定的心智状态，并能以很高的现象学精度报告这些状态，那么他们就能够提供一个研究心智过程因果效应（心理过程如何改变大脑和身体的结构和动力学）的路径。按照神经动力学的观点，心智状态体现在大尺度的脑活动状态中，并且这些状态既涌现于分布的、局部的活动，也在全局上塑造和约束了局部的活动。因此，可以推测出，在意向生成的心理状态中，大尺度的脑活动从一个一致的全局模式转变到另一个，并由此产生局部的神经过程，因而能够意向地生成、维持和报告不同心理状态的人可以提供一种检验和发展这一观念的方法"[②]。认知科学在关注主体体验的同时，更需要通过扩展第一人称研究路径、改良第一人称研究方法、吸取高质量、有效的第一人称研究资源以用于作为认知神经科学研究的向导；并在第一与第三人称对意识的共同研究的不断互惠中，期望最终获得对意识难题的解答。

第六节　一个全面的意识研究与第一人称方法论

正如我们上文所论述的，一个全面、完整的意识研究不能忽略主体性体验的维度——无论从对意识的解释的充分性角度来说，还是从意识乃至生命的本性来说，它都是必不可少的。而一个全面的意识研究涉及多个维度或层次。我们可以将它归为四个维度：广义现象学、形而上学、实证科学与方法论（见图3）。

---

① Laughlin, C. D. （1999）, "Biogenetic Structural Theory and the Neurophenomenology of Consciousness", in *Toward a Science of Consciousness Ⅲ: the Third Tucson Discussions and Debates*, pp. 459 – 473.

② Thompson, E. （2006）, "Neurophenomenology and Contemplative Experience", in *The Oxford Handbook of Science and Religion*, edited by Clayton, P., Oxford: Oxford University Press, p. 230.

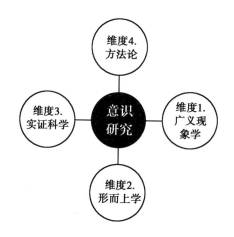

图3　意识研究的"四位一体"示意图①

　　由此，一种零碎地研究意识体验的神经关联物或纯粹的物理主义进路研究不能真正推进对"难问题"的有效回答，一个全面的意识研究进路，

---

　　①　维度1. 广义现象学：它的任务就是从日常的体验、内省和反思，从现象学的体验和反思，从东方禅修中的止观，乃至从病理学的体验—观察中澄清和界定"意识"的内涵、外延与结构；在意识与无意识的现象学对比中，凸显出意识在演化中的价值和功能。

　　维度2. 形而上学：心与身—脑相关，但心与身—脑的相关关系的本质是什么——是二元的还是一元的？是因果性？依赖性？随附性？相关性？相应性还是同一性？心—身关系是意识研究中最根本的形而上学问题，如果这个问题不能得到恰当理解，意识之谜就无望真正被解决或被理解。

　　维度3. 实证科学：它的最终目的是理解意识在所有这些层级——从神经系统，到神经元，到分子，到量子——上的机制。就目前而言，一些广为讨论的神经层面的问题有：意识神经相关物（NCC）或最小的充分必要条件是什么？无意识心智活动与有意识心智活动之间神经表征的差别是什么？为什么分布式的、时序上有先后的神经网络的活动会最终显现为一个统一的意识体验？

　　维度4. 方法论：不同的方法——第一人称的体验—反思、第二人称的体验—观察、第三人称的观察——将让我们注视到意识的不同方面。如何有效地、恰当地和综合地实施这些方法是意识研究不可忽视的方法论问题。正如德昆西（De Quincey）所归纳的，方法论问题包含了"视角问题：客体性、主体性或主体间性？心智能被客观地研究吗？科学包括主体性？在意识科学研究中，我们应该使用第一人称内省或冥想（观念论、现象学或灵性学科），或我们应该使用对人工类似物（analogs）的可观察的操作和行为的第三人称测量吗（物理主义、认知科学和人工智能）？主体间性是一种有效的第三视角吗？"等等。

无疑需要囊括以主体性研究为核心的多种维度——"我们需要转而系统地探索心智与意识之间的唯一联系：人类体验自身的结构"①。在这种全面的意识研究的框架之下，无论是方法论维度还是现象学维度的要求，甚至是形而上学的建构——抽象思维同样需要经验的支撑，乃至第三人称研究——需要第一人称研究的指引，都需要第一人称方法论上的改革和探索，即在神经现象学方法论纲领的基础上积极寻找优良的第一人称方法。

在此，瓦雷拉前瞻性地为意识科学的第一人称进路留下了三条重要的"指路牌"："（1）鲜活体验是不可还原的，即现象数据不能被还原或只来源于第三人称视角；（2）第一个第三人称方法之间存在一个必要的循环，这种循环要求两者之间建立一个明确的相互约束；（3）觉知到鲜活的体验是一种可以并应该被任何对提高自己对意识的科学理解有兴趣的人所习得并实践的技能。"②

首先，无论选择何种形而上学理论来回应解释鸿沟，我们在这里坚持一种现象学立场——即对体验坚持非还原立场：

> 需要牢记的是"意识"这个词是一个现象学的概念。我知道意识是因为我是一个具有自我反思能力的有意识的存在。看起来世界上最自然的事情是借助检验我们自身的意识过程回答有关意识的问题。但是迄今在某些科学圈子里仍存在着一种过时且下意识的拒绝：即否认将内省视为有关意识的合法信息来源。③

其次，觉知到体验的能力被认为是有差异并且是需要训练的，因为我们未经受训的常规体验总是习惯于沉浸在一种自然态度的状况中。而经过

---

① ［智］瓦雷拉：《神经现象学：一个应对"难问题"的方法论救治》，陈巍译，李恒威校，选自《语言与认知研究》（第五辑），社会科学文献出版社 2011 年版，第 76 页。

② Froese, T., Gould, C., & Barrett, A. (2011), "Re-viewing From Within: ACommentary on First-and Second-person Methods in the Science of Consciousness", in *Constructivist Foundations*, 6 (2), p. 254.

③ Laughlin, C. D. (1999), "Biogenetic Structural Theory and the Neurophenomenology of Consciousness", in *Toward a Science of Consciousness* Ⅲ: *the Third Tucson Discussions and Debates*, pp. 459 – 473.

训练，一种可控的关于体验的第一人称的准确观察与报告是可能的：

> 对内省的禁止是荒谬的，这将使我们无法发展出一种预期中完全
> 成熟的意识科学。当然，有关内省的抱怨在于其产生了有关意识本质
> 的软性的、不精确的、非客观的、非公开的以及在经验上不可确信的
> 陈述。我们的回应是任何范围内未经训练的观察在科学中均是略有作
> 用的。而增加训练，就能产生更精确与有用的观察结果。在科学哲学
> 的后库恩时代中，客观意味着可以转换成更多地包含一种交互主体性
> 上的一致——而这恰恰是经过训练的现象学家能够做到的。①

马克斯·威尔曼斯（Max Velmans）也认为：

> 存在第一人称研究可以被更加精致的第一人称研究方法提升的可能
> 性，正如第三人称研究可以随着更加精致的第三人称研究方法的发展而
> 提升。CP（批判现象学）同样理所当然地认为对心智的第一人称与第
> 三人称的研究可以相互结合，或者为彼此提供相互支撑的证据（trian-
> gulating evidence），或者在其他情况下彼此通报。例如，对脑和行为的
> 第三人称的观察有时能够印证并且或许改变对第一人称体验的解释
> （例如，在第一人称中的细微差别有时可能被证明在脑的伴随神经活动
> 中具有相当明确的、相关的差别）。类似的是，主观体验的第一人称的
> 解释可以印证对脑中正在发生事情的第三人称的解释——确实，如果没
> 有这种第一人称解释，就不可能发现既定意识体验的神经关联。②

著名神经科学家达马西奥（A. Damasio）同样认为：

---

① Laughlin, C. D. (1999), "Biogenetic Structural Theory and the Neurophenomenology of Consciousness", in *Toward a Science of Consciousness* Ⅲ: *the Third Tucson Discussions and Debates*, pp. 459 – 473.

② ［英］马克斯·威尔曼斯：《理解意识（第二版）》，王森、徐怡译，李恒威校，浙江大学出版社2013年版，第227页。

主观体验是不能科学地来理解，这个观点毫无意义。与客观存在（entities）一样，主观存在也要求：需要足够多的观察者根据相同的实验设计来进行严格观察；那些观察结果要在观察者之间获得一致检查，并且产生某种形式的测量。另外，从主观观察（也就是内省洞察）收集到的知识可以启发客观实验，而且同样重要的是，可以根据得到的科学知识来解释主观体验。有观点认为，通过研究与主观体验相关的行为就能有效地把握主观体验的本质，这种观点是错误的。虽然心智和意识两者都是生物现象，但是心智是心智，行为是行为。心智与行为可以联系起来，而且随着科学的进步，这种联系会变得更加紧密，但是从心智与行为各自的规范来看，它们却是不同的。很有可能这就是为什么除非你告诉我你的想法，否则我是决不会知道的，同样，如果我不告诉你，你也决不会知道我的想法的原因。①

我们的意识、体验，一方面，有一个涌现的神经生物过程；另一方面，直接联系着我们鲜活体验的现象学描述。为取得更大的进展，我们需要来自科学的最新技术和分析，并且为了研究本身的目的，我们也需要同样发展体验的现象学研究。为了培养训练有素的觉知体验的能力以及产生准确的第一人称报告，我们更需要不设界限地开放地寻找、吸纳可能的、适合的研究体验现象的种种方法——至此之后，难问题的难变成了寻找一种恰当的第一人称方法是难的②。一个全面的意识科学研究主体性体验的必要与其遭遇的困难都是不言而喻的，本书的目的就在于考察诸种第一人称方法，明晰其操作程序，并寻找其表达和可验证的方法：

在超过一个世纪的忽视之后，最近二十年见证了意识科学的显著

① Damasio, A. R. (2000), *The Feeling of What Happens: Body and Emotion in The Making of Consciousness*, Random House, p. 314.

② ［智］瓦雷拉：《神经现象学：一个应对"难问题"的方法论救治》，陈巍译，李恒威校，选自《语言与认知研究》（第五辑），社会科学文献出版社 2011 年版，第 102 页。

进步。这一旨趣的复苏在很大程度上是由日趋复杂的神经科学方法所推进的。但是，随着该领域的日益成熟，越来越明显的是，进一步的科学发展将不能只依靠大脑测量技术的改进来获得。此外，还存在两个需要解决的主要突出的挑战：我们依然需要一个更好的意识理论，来告知实验研究的设计与解释。并且我们还需要一个访问和测量意识的现象学，也就是我们的鲜活的体验的更为系统的方法。后一个挑战占据了一个特殊的位置，因为一种获取现象学数据的严密方法，可以证明对于作为整体的该领域是一剂强有力的催化剂。只有关于"成为有意识的是什么样的"（what it is like to be conscious）的口头报告越来越精确，我们才能随之有希望去更好地理解神经科学所提供的作为鲜活体验基础的复杂脑机制的详细数据，以及限定一种意识理论必须考虑的现象事实。①

心智科学花了整个世纪，而不只是几十年，才开始发现需要重回到詹姆斯关于心理生活科学的洞见，包括他的"宗教体验种种"，这使得实验心理学、神经科学和现象学整合起来。最近，一个较小但是在不断发展的认知科学家群体已经开始接受这样一个观点：如果不理解主观性和意识，那么就不可能有完整的心智科学，并且这种认知科学需要系统的利用有关主观体验的内省的、第一人称的报告。正如认知神经科学家克里思·弗里斯（Chris Frith）最近的声明："21世纪科学一项主要计划就是发现一种体验如何能转译为一个报告，从而使我们的体验能够共享。"②

为此，我们可以勾勒出这样一个以"体验"为核心的、关于第一人称方法论探究领域的大致轮廓（见图4）。

---

① Froese, T., Gould, C., & Seth, A. K. (2011), "Validating and Calibrating First-and Second-person Methods in the Science of Consciousness", in *Journal of Consciousness Studies*, 18 (2), 38, p. 38.

② Thompson, E. (2006), "Neurophenomenology and Contemplative Experience", in *The Oxford Handbook of Science and Religion*, edited by Clayton, P., Oxford: Oxford University Press, p. 229.

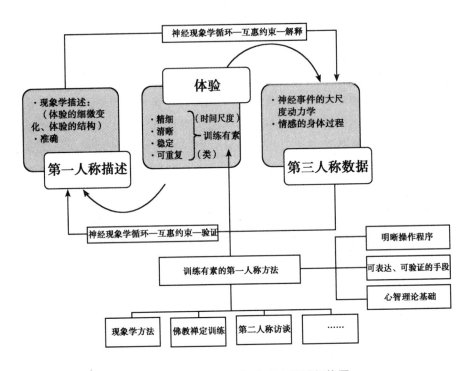

图4   第一人称方法论探究研究领域架构图

意识研究的第一人称方法论探究，悬搁形而上学，但坚持非还原的现象学立场，以体验为研究对象。在神经现象学方法论纲领的背景下，积极探索寻找优良的训练有素的第一人称方法。从而使意识的科学研究在实现第一与第三人称的互惠约束的基础上，收获有效的第一人称数据。对诸种第一人称方法的考察，需要探讨方法中的心智结构理论，并明晰该方法的操作程序与可表达、可验证的手段，使其符合科学方法的操作性、可重复性与可验证性。

第一章

意识结构的相关理论探讨

在寻找、探讨使第一人称数据更为准确的第一人称方法之前，我们需要回答的问题内省何以可能的问题——"知道"本身有什么样的结构，是什么样的意识结构使我们的主体性的被给予性得以可能，我们是如何"变得知道"的？我们是否有能力（或者至少在理论上得到辩护）准确地观察自身的体验？

对主体性的第一人称研究，存在诸多困难，这些困难不仅是形而上学上的笛卡尔式困境，还有来自主体性、内省（反思）方法自身何以可能的追问，关于这些问题，在意识哲学尤其是现象学领域中，早有无数哲学家为之付出了毕生心血：

> 对主体性作现象学探究的一项重要任务在于对其被给予性做出解释。主体性如何揭示或显示自身？倘若主体性与我们在世界中所遭际的对象不同，它恰是使得这类遭际成为可能的视角，那么对于直接的考察工作而言，主体性可能在多大程度上成为可通达的？任何探察都必然地将主体性作为体验对象且因而将其歪曲至面目全非吗？换言之，主体性能否被把握和描述，还是它只能从否定方面来接近？在这一传统的争论之中，一项关键议题在于反思究竟是否值得信赖。反思真的给予了我们对原初体验之维的通达吗，是否有理由怀疑体验在反思时已被彻底篡改？反思实际上只是一面改造一切显现之物的虚假之镜或望远镜吗？一些人论断道，反思是一个对象化的过程，它将那些反思之物转化为对象。倘若反思使我们觉知到了对象，那么它如何可

能使我们觉知到我们自己的主体性呢?①

对主体性和反思活动何以可能的研究，可以有第三人称路径的解题方式，但这显然是不充分的——对于主体性的研究必须探索第一人称的现象学研究领域。

而对反思何以可能的研究，在方法论上我们需要一种"元反思（meta-reflection）"的哲学思维方式：即追问反思本身何以可能，及其体验结构，而非研究反思的内容。

对元反思的研究是这样一种活动过程（见图5）：在 T1 时刻，我们经历了一个体验（例如，心理学实验中被试执行了一个任务），这个鲜活的体验就构成了反思活动的观察对象 L1，L1 即将作为后面活动的初始点。在第一人称研究中，我们需要被试描述自己的鲜活体验（即执行的某个实验任务 L1）。在这个描述过程中，他经历了另一个鲜活的体验 L2。这个 L2 即是一个对 L1 的反思活动，它使被试通达 L1，并能用言语描述他因此能意识到的东西。让我们顺便提一下，这个回顾性地指向 L1 的动作要求一个在现象学意义上的首次还原，即一个把我以自然态度的方式完成的活动转变为一个我注意的对象的所予模式（a mode of givenness），即反思对象。这个活动可以有第二人称中介的参与，即实验者作为引导者，通过各种访谈技巧，帮助被试完成反思活动。

接下来，为了知道内省活动本身的体验结构，被试要对 L2 进行一次反思活动，即将注意力聚焦到 L2 上："为了知道我为了意识到 L1 并描述它是如何获得对 L1 的通达的（这是完成 L2 的要领），我不得不产生一个新的还原/所予模式，这个模式在后面的 T3 时间中指向对 L2 的内省活动。L2 的内容就是已经过去的鲜活体验 L1，而 L3 的内容是过去我在 L2 中所完成的东西。为了进行 L3，L2 中必须发生这种活动。换言之，人们必须（在 L2 时）就必须先实践了内省，为了能把它作为一个研究对象，并且

---

① ［丹］丹·扎哈维：《主体性和自身性：对第一人称视角的探究》，蔡文菁译，上海译文出版社 2008 年版，第 90 页。

实践对内省的内省。科学研究的内容中却从来没有做过这种简单的事。"①

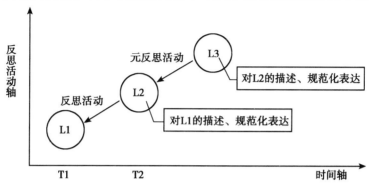

图5 反思活动与元反思活动

这种元反思的活动并非要导向一种无穷倒退，而是想表达这样一种哲学思维方式，即如胡塞尔所反复声明的现象学区别于心理学一样，在这里我们所要讨论的是一种关于内省体验本身的意识结构。

为了完成这一任务，我们需要考察"反思"、"自觉知"等诸多现象学概念，同时也把关于意识结构的理论拓展到一些佛学理论范围中去，从中吸纳关于意识结构的洞见。在此基础上，我们试图回答是否存在一种意识结构能够支持观察无误的内省活动。

第一节　内省的困难

在对内省的批评中，关于内省面临无穷倒退的困境与能否自一觉知的困难是最为核心的问题。前者是意识的各种高阶理论都无法避免的；而后者则源于意识哲学中这样一个由来已久［为孔德所提出（Comte），被纳托普（Natorp）所强化］的关于反思的困境：

"（1）觉知是一种主体（作为体验者）与对象（作为被体验者）之间的关系。

（2）如果主体要觉知到它自身，它就必须把自己当作一个对象。

---

① Vermersch, P. (1999), "Introspection as Practice", in *Journal of Consciousness Studies*, 6 (2—3), p. 33.

（3）如果主体觉知到了一个对象，它就觉知不到自身。

（4）真正的自—觉知是不可能的。"①

纳托普坚持体验或主体性不能将自身作为对象，而对反思的运用则会扭曲事物的本来面目："我们反思地探索的主体性并不是原初的主体性了，而是一种被反射的影像或派生的表象。"② 纳托普针对主体性研究或内省如何可能（换言之，也就是针对现象学反思的方法论何以可能）的两大致命批判主要可以总结如下：

> 1. 现象学宣称她描述和分析活生生的主体性自身，并且为了做到这一点，它引入了一种反思的方法论。然而，反思是一种内知觉。它是一种包含了对象化过程的理论态度。正如纳托普随后所质问的，这一对象化的过程如何使我们达到活生生的主体性呢？2. 现象学的目标在于描述那处在理论前的直接性之中的体验结构。每一种描述都必然涉及对语言、对概念及归类概念的使用。由于这一原因，每一种描述和表达都包含了一个中介的和对象化的过程，这将必然使我们远离了主体性本身。③

根据纳托普的诘难，对于第一人称方法的困境我们可以归结出：（1）分裂的不可能④。这一批评自孔德以来就没有停息过：为了观察自己，我们如何能够"把自己一分为二"？我如何能够在愤怒的同时观察愤怒的自己？一个思维着的个体不能把自己分裂成"两个人"——一个思维着，同时，另一个观察着前者的思维。观察者和被观察者是同一个个体，这种观察活动的发生是如何可能的？

① Zahavi, D. (1999), *Self-awareness and Alterity：A Phenomenological Investigation*, Northwestern University Press, p. 16.

② ［丹］丹·扎哈维：《主体性和自身性：对第一人称视角的探究》，蔡文菁译，上海译文出版社 2008 年版，第 91 页。

③ 同上书，第 95 页。

④ Petitmengin, C. (2009), "The Validity of First-person Descriptions as Authenticity and Coherence", in *Journal of Consciousness Studies*, 16 (10—12), p. 365.

据此引申出的灾难性结论是意味着（2）直观是不可能的。直指当下现象意识是一个美好的愿景，而当下呈现的体验却是"前反思"①。人们认为内省不准确的本质原因来自事实上内省不是即刻的，而是一个需要时间差的对意识的反思、观察、推理过程，从而容易产生错误观察。以心理学内省为代表，像"你用一种方法来探索体验，你怎么知道实际上你不是在改变或甚至创造你体验到的东西"这样的问题从一开始就没有停止过。现象学以对现象的直观描述而著称，却没有在方法论上真正给出"反思的直观"真正如何可能的说明，相反，现象学自身就受困于"直观的不可能"："现象学描述基于反思，但是，反思通常被认为是一个主题化的和对象化的过程。反思以捕捉前反思的运作的主体性为目标，但它是否总是到达得太迟呢？"②

这种"分裂的不可能"与"直观的不可能"的后果就是内省所使用的反思活动实际上是一种在观察时间上滞后的活动：

> 所以把内省构想成是一种与被观察的体验同时展开的观察活动似乎是非常成问题的。但是如果我们有可能引导自身回顾性（retrospectively）朝向我们的体验，难道这些问题还不能解决吗？但事实上，大多数时候我们不能在体验发生的那一刻观察到它们，正如斯图尔特·密尔（Stuart Mill）所指出的，只能是后天的（a posteriori）。③

由于观察时间上的延迟，可能造成更多的观察上的失真：当二阶的反思意识使之进入"有意识的"范围之时，前者已经被对象化、固定化，换言之，事实上反思活动必须通过内省中断而实现，从而带来了内省在内

---

① "来自胡塞尔的现象学传统中的'前反思'指的是一种没有完全觉知到自身的体验，由此这种体验不能被言语报告直接通达。"转引自 Froese, T., Gould, C., & Barrett, A.（2011），"Re-viewing From Within: A Commentary on First-and Second-person Methods in the Science of Consciousness", in *Constructivist Foundations*, 6（2），p. 259。

② ［丹］丹·扎哈维：《胡塞尔现象学》，李忠伟译，上海译文出版社 2007 年版，第 96 页。

③ Petitmengin, C.（2009），"The Validity of First-person Descriptions as Authenticity and Coherence", in *Journal of Consciousness Studies*, 16（10—12），p. 368。

容上失真，等等。

"对象化"意味着，在内省活动中，主体将自己视为一个对象，那么他所观察到的已不再是原初的主体了，而是一个被对象化了、不再是主体的主体："如此，个体显然从未在其自身中把握过主体性。相反，为了科学地领会它，个体被迫剥去了它的主体性特征。人们为了剥析主体性而杀死了主体性，并且相信灵魂的生命会在讨论的结果中显现！"①

"固定化"与对象化类似，强调了内省活动的"冻结"特征：体验之流原本是动的，无数细微的念头总在川流不息，但为了能够观察体验的内容与波动，主体除了固定和石化体验，似乎就别无他法了，这就意味着我们可能会使它失真或至少错过很多鲜活的细节：

> 内省上要看到所传递的部分真正是什么是非常困难的。（……）思维的湍流是如此之急，以至于几乎总是在我们能够让它停下来之前就已经把我们冲带到了结论跟前。或者，如果我们的意志（purpose）足够灵敏，并且我们能够捕捉到它，它就可以立即自己停下来。（……）在这些情况中分析内省的企图实际上就和为了看清旋转的陀螺而去抓住它一样，或者就像是为了看清黑暗长什么样而打开燃气一样……"②

这种对象化、固定化打断了体验之流：

> 对冯特来说，这种中断的效果主要能在复杂的思维活动中感受到，而对詹姆斯来说则主要是在身体活动中能够感受到这种中断："如果我们没想到我们的脚是走在什么位置上的话，我们能在横梁上一直走得很好。"对梅洛－庞蒂来说，反思意识阻碍了自发的身体活动的自然流，这种身体活动是非反思的，它不用反观自身—意识。一些体验表明，反思意识改变了愉悦感，"内部观察"甚至可能简单地

---

① Petitmengin, C. (2009), "The Validity of First-person Descriptions as Authenticity and Coherence", in *Journal of Consciousness Studies*, 16 (10—12), p. 366.

② James, W. (1890/1983), *Principles of Psychology*, MA: Harvard University Press, p. 237.

摧毁它的对象：

如果一个人处在想观察自己内部的愤怒的情况中，那么这时愤怒一定已经多少有点减弱了，所以他原先想观察的对象已经消失了。其他所有的情况也会出现同样的不可能。我们永远不能将我们的注意力集中在内部知觉对象上，这是一条普遍有效的心理学规律。①

反思并不始终逗留于实际的生活体验中，相反，它从其中抽身以便获得一种必要的距离，使得意向的凝视能够向回弯转并将体验转变为反思的对象。反思的行为打断且停止了鲜活的体验流，并夺走了被反思体验的本己之物，即它活生生的"实行性"（Vollzugshaftigkeit）……②

由于中断可能带来多种偏差，最终（3）语言描述对原初体验来说可能是一种再创造。另外，在体验与语言的关系上，更深层次的，柏格森一开始就道出了体验与语言之间的极端关系——任何语言描述都是对体验的破坏："直观所得到的知识（或许某种意义上不能称之为知识）根本无法表达。"柏格森在原初体验与语言之间划出了一道鸿沟，这一被冠以"非理性主义"或"直觉主义"的思想的影响是深远的，詹姆斯据此提出了先于概念思维的"纯粹体验"，胡塞尔则认同了某种无论是通过反思还是还原都永远无法取消的"构成性的主体性"的"匿名"状态特征，并强调了语言的根本不足。纳托普同样认为反思与语言对体验造成了一种中断："在意识表达自身时，它遗弃了自身的领地并进入到了对象的疆域之中"；以及语言表达会将意识外在化和对象化：

如果某人自己试着（如果这是可能的话）完全如其所是的那般去

---

① Petitmengin, C. (2009), "The Validity of First-person Descriptions as Authenticity and Coherence", in *Journal of Consciousness Studies*, 16（10—12），p. 367.

② ［丹］丹·扎哈维：《主体性和自身性：对第一人称视角的探究》，蔡文菁译，上海译文出版社 2008 年版，第 109 页。

把握直接体验的内容——远离任何表达、判断和意向——那么他难道不会被迫去限定这一直接体验，将其从体验之网中唤醒，无论它伴随着手指的指示或是眼睛的一瞥；他难道不会被迫去人为地停止和打断内在生命借以呈现自身的持续的生成之流，孤立个别的发现，用心灵的隔绝作用固定下它，使它变得贫瘠，如同解剖学家对待标本那般？但他难道不因而使体验与被体验之物、与主体性分离了吗，他难道不是将体验变作一个对象了吗？最终，显然他将永不能把握主体性自身。相反，为了科学地把握它，人们被迫剥去了它的主体性特征。人们为了解它而毁灭了主体性，甚至相信心灵的世界在解剖的过程中会展示出来！①

为回应内省的诸多诘难，我们需要考察"反思"、"自觉知"等现象学概念，同时也把关于意识结构的理论拓展到一些佛学理论范围中去，从中吸纳关于意识结构的洞见。

第二节　反思与前反思

在本节中我们需要考察"反思"这一现象学术语的两个方面——（1）在现象学中，"反思（reflection）"是一个含义丰富的术语，其次，它通常被认为是一种通达主体性体验的方法——现象学反思。（2）与反思相对应的，"前反思的（pre-reflective）"概念仍然来源于胡塞尔的现象学传统，它指经历到一种没有充分地觉知到自身或充分地反思地自觉知的体验，因而这种体验不能被言语报告所通达②；与之相反，通过反思活动，现象能被有意识地觉知到，在这里"反思"则意味着体验的有意识的部分，并能被言语报告所通达。

其次，让我们来看一下在反思的第二种含义下，由于对前反思是否能

---

① ［丹］丹·扎哈维：《主体性和自身性：对第一人称视角的探究》，蔡文菁译，上海译文出版社 2008 年版，第 93 页。

② Froese, T., Gould, C., & Barrett, A. (2011), "Re-viewing From Within: ACommentary on First-and Second-person Methods in the Science of Consciousness", in *Constructivist Foundations*, 6 (2), p. 259.

是有意识地通达，换言之，即是否能为言语报告所通达的不同理解，可以区分出不同的意识概念。

意识的"浅概念"和"深概念"

据此，认知科学家区分了三种维度的心智状态：亚人层面上（物质层面上）的无意识，在任何情况下都是无法被言语报告的；反思的意识，是可以被言语报告所通达的；前反思的维度，有可能可以转换成反思的维度，但在当前状况下是不能被言语报告所通达的①。鉴于这样的分类，诸多第二人称方法的作用就是要引导和训练被试将体验的前反思维度转变为反思维度。

根据前反思的维度是否被认为是有意识的，我们可以区分两种意识概念：意识的"浅概念（shallow concept of consciousness）"和意识的"深概念（deep concept of consciousness）"（见图6）。

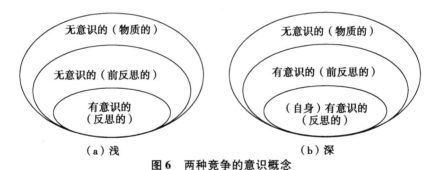

（a）浅　　　　　　　　　　（b）深

图6　两种竞争的意识概念

（a）在一些研究传统中，术语"意识"指直接在自反思中体验到的现象（因此它能为口头报告所用）；（b）在其他传统中这些反思的现象被具体归为某种自身意识（self-consciousness），因为从它们的观点来看，术语"意识"也包含了前反思的体验现象，因为我们的有意识的体验同样也包含在我们的注意力和反思地觉知之外的现象。我们相应地把这两种概念分别称为"浅"和"深"。②

----

① Froese, T., Gould, C., & Barrett, A. (2011), "Re-viewing From Within: ACommentary on First-and Second-person Methods in the Science of Consciousness", in *Constructivist Foundations*, 6 (2), pp. 254–269.

② 图片转摘自 Froese, T., Gould, C., & Seth, A. K. (2011), "Validating and Calibrating First-and Second-person Methods in the Science of Consciousness", in *Journal of Consciousness Studies*, 18 (2), 38, p. 51.

我们把意识的"浅"概念定义为，在浅概念中，"有意识的（conscious）"这个术语只用来指被试能够反思地觉知到的现象，其他一切则称为无意识的。这一观点在认知科学中尤为流行，那些声称某种认知通道是由意识构成的研究者大多持有这种观点，例如意识的高阶思维（HOT）理论（认知的高阶思维是无意识的），以及在巴尔斯（Baars）著名的"意识的全局工作空间"理论中所蕴含的。"浅概念"大多数时候还与心智的计算理论密切相关，因为它正好可以作为是对"认知无意识"（存在没有任何现象学变化的认知事件）思想的一个补充解释。①

意识的"深概念"可能适用的范围要更为广泛一些。它当然包括浅概念中的有意识的反思活动现象，这些现象是反思性鲜活的，因而能为口头报告所用。但是它把对浅概念有意义的现象只当作体验的一种特定类型（即对鲜活体验的明确主题化了的觉知）。从"深"概念的角度看，有意识的范围同样包含了前反思的体验维度，前反思的维度同样也是鲜活的体验，但在这其中个体没有聚焦到或者主题化地觉知到它们［这有时也称之为不及物意识（intransitive consciousness）］。正如现象学家扎哈维（D. Zahavi）所描述的："在反思之前，某人感知到了知觉对象，但是他体验着——确切地说'经历者'——意向行为。尽管我并没有意向性地指向行为（这仅仅发生于随后的反思中，行为被专题化），但它却并非无意识的，而是有意识的，即前反思地被给予了。"② 由此，多数现象学家会支持一种意识的深概念，以及一种有意识的前反思体验——前反思的体验并非无意识的，它仍然被我们所鲜活地经历过，只是没有处于注意焦点之下；而正因为它曾经是鲜活的，所以即便它在当下不能为言语所通达，但它会保留在记忆中。通过作为中介的实验者的引导与被试的回忆，它有可能会再一次从记忆中被唤醒，重新鲜活起来，从而被言语所通达。

两个概念的差别可以用心理学家司柏林（Sperling）在 20 世纪 60 年

---

① Froese, T., Gould, C., & Seth, A. K. (2011), "Validating and Calibrating First-and Second-person Methods in the Science of Consciousness", in *Journal of Consciousness Studies*, 18 (2), 38, p. 51.

② ［丹］丹·扎哈维：《主体性和自身性：对第一人称视角的探究》，蔡文菁译，上海译文出版社 2008 年版，第 49—50 页。

代就做过的一个心理学实验来说明。在具体实验中，被试被短暂地呈现了一个堆有大量物品的陈列展示，然后他们被要求报告所具有的对陈列的觉知。被试通常不能在所有细节上获得反思性的觉知，一般他们大多只能报告四个物品，但除此之外，被试还有一个对整个场景的一个有意识的觉知的口头报告。那么，我们该如何解释这个对整个场景的全局性印象以及只能回忆有限物品的行为能力之间的矛盾呢？

根据"浅概念"的定义，对此可以有两种假设解释。其一，事实上我们反思地觉知到了所有物品，但是对场景的完整图像记忆却非常脆弱，这样除了突出的少数几样物品，大部分物品很快就被我们遗忘了，司柏林当年就持这样的观点。第二，我们对于丰富的整体场景的体验事实上是一个幻觉，实际上我们真正体验到的只是少数物品。即关于整体场景的内容是我们的信念内容，而非实际的体验内容。意识的"浅"概念的这种解释，与把视觉世界设想为一种"巨大幻觉"的知觉理论密切相关——这种知觉理论认为，对细节世界的体验呈现是由我们能够潜在地把缺失细节带入视野中的感官运动技能所构成的。

根据"深概念"的定义，可以假设解释为，被试有焦点地或者有主题化地觉知到了两个方面的内容：其一是全局性的整体陈列（它作为一个有意义的情境）；其二是少量被选择性注意到的物品。而其他没注意到和没被报告的物品则被前反思地体验到了。由此他们即可以报告看见了整个陈列又可以描述其中几个具体的物品。这一体验结合了反思和前反思体验的印象；而且有可能通过进一步的回忆，还能进一步再次反思性地觉知到被前反思地体验了的场景细节。总而言之，"深概念"会认为，我们视觉世界的许多细节并不缺乏，只是被前反思地体验了。"前反思体验"这一概念因此允许知觉的感官运动理论把它们的解释集中在剖面图的多面性中的对象的个体呈现上［胡塞尔的映射（Abschattungen）］，而世界的整体呈现最好被理解为是由能够反思地觉知到前反思体验的潜能所造成的。[1]

---

[1]　Froese, T., Gould, C., & Seth, A. K. (2011), "Validating and Calibrating First-and Second-person Methods in the Science of Consciousness", in *Journal of Consciousness Studies*, 18 (2), 38, p. 57.

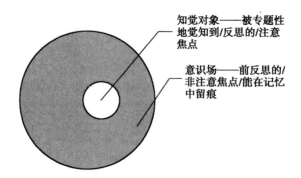

知觉对象——被专题性
地觉知到/反思的/注意
焦点

意识场——前反思的/
非注意焦点/能在记忆
中留痕

图7   意识对象与意识场

根据意识"深概念"，我们有意识的体验是否专题化聚焦于对象，我们还可以区分一组专题性的（在注意焦点上的）知觉对象和边缘性的（在注意焦点外围的）知觉场的意识样式（见图7），分别又可以对应称之为"及物意识"与"不及物意识"（即目标对象指向的意识，与非目标对象指向的有意识状态）：

在我对于手提电脑的专题性觉知和我对其周围无数物体的边缘觉知之间存在着显著的区别。我们同样需要驱除任何将意识等同于注意的狭隘观点，它宣称我们只能意识到那些我们施加注意于其上的事物。体验的现象内容并不限于，或穷尽于我们所察觉到的或能够详尽描述的事物。存在着不被察觉的体验，但这些不被察觉的或不被注意的体验仍然是体验。人们甚至会认为我们意识的很大部分由这类不被察觉的体验所组成。丹顿（Dainton）进来将这一体验域称作现象背景，并认为它有三个主要成分：其一是多种多样的身体体验；另一个是世界显现的感知体验；第三成分在于我们的自身感，它是一个萦绕着内在背景，关系到我们作为自身所是之意识存在的感受。①

————————————

① ［丹］丹·扎哈维：《主体性和自身性：对第一人称视角的探究》，蔡文菁译，上海译文出版社2008年版，第77页。

威廉·詹姆斯也很早就提出过类似的意识的"场域"的描述——詹姆斯认为心理现象的"现实单位很可能是整个心理状态，整个意识波或任一时刻展现给思维的对象场"。意识活动作为一个场域而发生，但要"明确地勾勒出这个波、这个场根本不可能。……我们的心理场前后相继，每个都有自己的兴趣中心，周围的对象越来越不为我们的意识所注意，渐渐淡去，越接近边缘，越模糊不清，以至于根本无法指明界限。有些意识场狭小，有些意识场宽大。……这个'场'的公示记载的重要事实，就是边缘的不确定"①。

我们在这里谈及意识式样的这两种差别理解以及意识场的结构，是由于这关系到我们如何根据它来构想我们的第一和第二人称方法：

> 这两类现象——我们直接觉知到的和没有觉知到的——之间的确存在一种有趣的质的差别，这一差别是值得科学研究的，无论人们选择描述它们的术语是什么（例如有意识的 vs. 无意识的；反思的 vs. 前反思的意识；自身意识 vs. 有意识的等等）。但也有文字不仅仅是文字的情况，术语"有意识"较之"无意识"带来了更广泛的不同内涵和期望。例如，如现象的（或者体验的，或者鲜活的）品质可能是意识的一个本质方面，意识和无意识之间的区分让人想起了绝对的解释鸿沟的"难问题"。有意识和无意识之间的区别可以有效地询问：为什么存在一些东西像前者而不是后者？并且如果我们接受意识的浅概念的话，那么心智自身中就设置了"鸿沟"，因为只有反思的自觉知的心智事件才被认为是有意识的，而剩余的心智事件都被认为是同一般的物质过程一样无意识的。

意识的浅概念的一种即刻结果就是，它限制了潜在的研究领域。毕竟，我如何使用意识的第一和第二人称方法取决于我如何构想意识。如果我根据自身意识来理解意识概念，那么我将只使用那些研究自身意识的方法，并在那里停下。另一方面，意识的深概念将激励利

---

① ［美］威廉·詹姆斯：《宗教经验种种》，尚新建译，华夏出版社 2008 年版，第167—168 页。

用这些方法来扩展研究领域——超越直接可为自身意识所通达的领域，从而注意到之前鲜活的体验中隐含的方面。[①]

知觉对象和知觉场的区分，知觉场是有意识的，但又没有作为感觉和知觉对象而被给予，说它是有意识的又意味着什么呢？对象意识与意识场有什么区别呢？前反思的维度对有意识的认知活动会有什么样的影响呢？是否会造成一种"认知无意识"的后果——即可能所有认知事件都是前反思的鲜活的？如果存在一个鲜活体验的前反思模式（一种意识的深概念），我们是否可以因此设计一种获取这一维度的体验的方法呢？它们和记忆有什么样的关系呢？对于这些第一人称方法的问题，我们将在下一章中进一步详细讨论。

反思作为内省方法

反思作为一种内省方法，正如我们上文所讨论的，遭到了诸多诘难。首先是无穷倒退的问题（详见图8）。

对于反思活动存在的"分裂的不可能"我们在上文已经有所论述。作为现象学的方法论之一，现象学反思以达到直观为目标，但它的充分性同样也常常受到攻击：

> 体验的维度是否能够通过胡塞尔反思的方法论得到充分的探究，即通过反思性的描述和描述性的反思这一方法。正如海德格尔所指出的那般，反思是一种理性的姿态，且没一种理论的尝试、每一项观察和论证都含有一定程度的对象化变更，一种特定的"去活性"因素，它引入了体验和被体验之物之间的某种断裂。这一变更在反思的情形下尤为鲜明，因为反思将一种非反思地被经历的体验转变为一个被观察的对象，换言之，当一个体验被反思地给予时，它就不再被经历而

---

① Froese, T., Gould, C., & Seth, A. K. (2011), "Validating and Calibrating First-and Second-person Methods in the Science of Consciousness", in *Journal of Consciousness Studies*, 18 (2), 38, pp. 52 - 53.

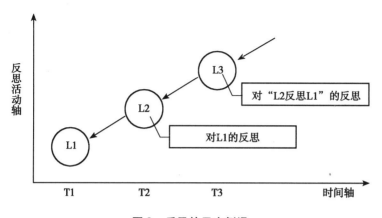

图 8　反思的无穷倒退

　　假设，我们在 T1 时刻经历了一个体验 L1，对这个鲜活的体验的觉知需要我们有一个反思活动 L2，在 L2 中 L1 成了 L2 的活动内容，L2 的体验内容为对 L1 的反思。同理，为了知道 L2 的活动，我们需要对 L2 进行一次反思活动 L3，即将注意力聚焦到 L2 上，L3 的体验内容为对"L2 反思 L1"的反思。以至于这样无穷倒退下去。

只是被注视了。因此，海德格尔基本上接受纳托尔普的批评，他写道，反思是一种理论性的侵犯，它打断了体验之流并且将一种分析性的剖析和消解作用施加于其上："我们外—置那些体验并且将它们从体验的直接性中抽离而出。我们仿佛浸入流淌着的体验流中并且从中舀出一个或更多的体验，这意味着我们使河流静止了，正如纳托普所说的那般。"对上面问题作出简要的回答：通过反思来通达活生生的体验之维是不可能的。反思是一种对象化的过程，它毁灭了鲜活的生命体验，僵化了体验流，并且将体验转变为孤立的对象。①

　　针对现象学的反思方法以及反思所带来的将体验对象化的结果，海德格尔等现象学家提出了解释的现象学以作为一种非反思的方法论来回应和修补纳托普的攻击：

---

　　① ［丹］丹·扎哈维：《主体性和自身性：对第一人称视角的探究》，蔡文菁译，上海译文出版社 2008 年版，第 95—96 页。

　　因而在反思的以及非反思的方法之间存有的决定性差别在于，非反思的方法凸显了体验而又同时持留于其中；它并不以对象化的姿态立于体验的对面。尽管胡塞尔反思的现象学宣称自己忠实于现象，但事实却绝非如此。它依赖于一种反思的方法论，而这使得它无法通达和揭示体验之维的非理论性存在。相反，非理论性的解释学理解则提供给我们一种全新的通达体验的方式，这一通达首次使得体验能够如其真实所是那般展现自身，事实上，仅当我们避免对体验进行反思性的对象化，而是理解性地将它们的结构提取出来时，现象学的宣言"回到事情本身"才得以完全实现。与反思相比，这一真正的现象学理解能够以不同的名称被标划为沉浸于生活之中或与生活共鸣。①

　　海德格尔认为，我们并非仅仅只有反思这一种方法来了解自身的体验世界，相反，我们鲜活的原初体验可以为一种更基本的自身熟知形式所了解，而且这种"理解"本身就是体验的自身熟知所具有的特征与形式：

　　　　海德格尔反复强调，这一对某人自身的基本熟悉性——他也称其为自身拥有（Sich-Selbst-Haben）——并不表现为一种反思的自身感知或专题性的自身观察，它也不涉及任何形式的自身对象化。相反，我们面对着一个活生生的自身熟知过程，它的突出特点在于非反思性，它必须被理解为一个直接的对生活本身的表达。②

　　这种解释的现象学或活生生的现象学中的"理解"可以通过以下具体步骤实现：

　　　　海德格尔进一步详细描绘了在对生活的现象学理解中所涉及的不同步骤：1. 第一阶段在于对实际生活的一个具体领域的无偏见选择

---

　　① ［丹］丹·扎哈维：《主体性和自身性：对第一人称视角的探究》，蔡文菁译，上海译文出版社 2008 年版，第 110 页。

　　② 同上书，第 100 页。

和指涉；2. 之后的阶段被胡塞尔称作：活生生体验中赢获一个立足点。这既不需要一种对生活的把捉也不需要将生活之流静止下来，而仅仅是一种随同二星或与生活之流携行；3. 第三步涉及了一种"先行视见（Vorschauen）"，一种"先行跃入"（Vorauspringen）到活生生体验本身的视域和趋向中；4. 随后是对现象之不同要素的分切表达和凸显；5. 第五步在于一种解释；6. 最后是对那些被现象学地直观到的东西的统一；把那些通过分切表达而分裂开来的东西带到一起。①

关于解释的现象学是否真正的解决了反思的难题，我们另当别论，但它给出的方向性指示是明确的：反思只有避免陷入一种二阶的思维以及对象意识时，才有可能避免困境。或者，如海德格尔所说的存在某种"自身熟知"，是比反思更为基础的一种了解自身体验的方式。

另外，与海德格尔相呼应，萨特对反思做出了两种不同类型的区分——这或许有利于我们来思考反思的困难——不纯粹的反思和纯粹的反思。前者"超越了被给予之物并且以一种对象化的方式来理解被反思之物"，而纯粹的反思似乎更接近于海德格尔所设想的"自身熟知"：

> 不纯粹的反思是我们日常即能遇到的反思。它运用了一种认识论的二分，并且必须被归为一种类型的认知。这一反思之所以被称为不纯粹的，是由于它超越了被给予之物并且以一种对象化的姿态对被反思者加以解释，因而达到了被我们称作为自我的心理上的统一。相反，纯粹反思提供给我们以一种纯粹的（非歪曲性的）对于所反思之物的专题化。它清晰地表达出现象，却并不会用解释性的遮蔽物污染了它们，而是始终采用一种忠实于前反思结构的态度。与这一思考相一致，萨特认为纯粹反思从未获得或发现任何新东西。它对于那些所揭示的事物并不感到惊异，因为它仅仅展露和专题化了那些它早已

---

① ［丹］丹·扎哈维：《主体性和自身性：对第一人称视角的探究》，蔡文菁译，上海译文出版社 2008 年版，第 101 页。

熟悉的事物，换言之，即那些原初的、非实存性的前反思意识流。纯粹反思是反思的理想形式，但却更不易被达到，因为它从不自动地显现，而必须通过某种净化性的导泄过程（purifying catharsis）才能够被赢得。①

萨特对纯粹反思的描述是一种理论或理想型的描述，对其方法论上的通达程序，萨特并未作出明确的说明。但无疑，萨特对两种反思类型的区分对于思考反思活动的困境是有帮助的。进一步，现象学家扎哈维将萨特所提出的纯粹反思理解为一种更高形式的自身意识（自觉知）或注意的形式，而非一种完全不同的特殊的反思形式：

> 这类反思样式无非是一种更高形式的觉醒（wakefulness），一种完全的"注意接受"（schauendes Hinnehmen）。这使人更容易追随芬克的思路，他认为现象学的反思并不是一种明确的自身具体化，而仅只是一种更为清晰和强烈的自身觉知的样式。简而言之，为何不将反思理解为一类注意呢？当我们反思时，我们难道不可能只是关注了那些从一开始即存在着的事物吗？②

总而言之，作为了解体验的经典方式——反思，存在诸多困境。为回应反思的方法论困境，我们需要思索（1）一种单一水平的意识理论，来避免无穷倒退；这就需要辩护（2）一种非对象化的意识状态（3）或者认为如海德格尔所提出的，相比于反思，我们的鲜活的体验结构中存在一种更为基础的"自身熟知"特征。

第三节　单一水平的意识理论

为回应"内省会导致无穷后退，因而真正的内省不可能"这一根本

---

① ［丹］丹·扎哈维：《主体性和自身性：对第一人称视角的探究》，蔡文菁译，上海译文出版社 2008 年版，第 110—111 页。

② 同上书，第 111 页。

性的诘难，以及内省将体验对象化的过程会随之带来内省观察上的失真这一问题，在本节中让我们来了解一些二阶以及一阶的意识理论。

意识的高阶理论

为了回答是什么使得某个心理状态成为有意识的，或者是什么使得前反思的某种"不及物意识"状态转换为反思的有意识的状态这一活动得以可能，普通的反思活动通常涉及假设了一种高阶思维（HOT 理论）或高阶知觉（HOP 理论）：即为了使某个心理状态 X 被觉知到，我们需要另一个心理状态 Y 使 X 的被反思的活动得以可能："一个高阶思维 B，是对一个心理状态 A 的觉知，仅仅因为 A 是 B 的意向对象。"据此，这些高阶理论对现象意识的解释，都是从因果作用和内部表征（有意识的心智状态是主体所觉知到的表征状态）的角度出发的，所以意识的高阶理论背后都隐含了还原论和表征主义的思想。

首先让我们来了解一下当今三种具有代表性的高阶意识理论：以阿姆斯特朗（Armstrong）和莱肯（Lycan）为代表所提出的"内部感觉理论"（inner-sense theory），以罗森塔尔（Rosenthal）为代表所提出的"现实主义的高阶思维理论"（actualist higher-order thought theory），以及以拉卡瑟斯（Carruthers）等为代表的"倾向主义的高阶思维理论"（dispositionalist higher-order thought theory）［后来又被拉卡瑟斯改名为"双内容理论"（dual-content theory）］。①

"内部感觉理论"认为，除了我们的一阶的感觉（视觉、听觉、嗅觉、味觉）之外，我们还有一层高阶的知觉，来捕捉和理解这些感官感觉的输入。简言之，即我们的高阶知觉对我们的感觉表征有一个非概念化的认知，正是这个认知使得这些感觉成为有意识的现象体验。

而在"现实主义的高阶思维理论"里，起到高阶觉知的作用的则是一类概念或属性以及由这些概念所组成的高阶信念。当心理状态与高阶信

---

① Carruthers, P. (2007), "Higher-Order Theories of Consciousness", in *The Blackwell Companion to Consciousness*, Edited by Max Velmans, Susan Schneider, Blackwell Publishing Ltd, pp. 277 – 286.

念的意向内容相同时，这个心理状态就成为有意识的现象内容。

"倾向主义的高阶思维理论"与"现实主义的高阶思维理论"相比，差异在于，前者认为高阶信念只是一种认知系统的倾向，它可能并不实际发生；而后者则坚持高阶信念一定是在现实中发生的，并且心理内容只有和高阶信念同时发生并一致时才成为有意识的。

在探讨"什么导致了一种心理状态成为有意识"的问题上，高阶意识理论给出了多种解答，并为无穷倒退等各种问题给出了强弱版本的辩护。另外，由于高阶意识明显是一种区别于自身意识的意识结构，它又受到了支持"把自身意识作为有意识的心理状态自身现象的原因"的现象学家的批评：

> 与高阶理论相比，现象学家明确反对通过某种反思、内省或高阶控制来理解我有意识地体验到某物时在场的自身意识。它并不涉及一种附加的心理状态，而是应该被理解为原初体验的一种内在特征。那即是说，与意识的高阶学说相比，现象学家们并不主张意识是那些拥有它的心理状态的一种外在性质（由一些更深层次的状态从无到有般赋予它们的性质），他们通常认为，使得某一心理状态有意识的特征位于该状态自身内部；它是那些具有它的心理状态的内在性质。①

为此，我们需要来看一下一阶意识理论对此作出的解答。

意识的单一水平理论

反思与高阶意识带来了诸多关于内省不可能的困境，为了避免"一分为二"与无穷后退的危险，派特明金（C. Petitmengin）认为唯一的解决之道在于："觉知到个体的体验不需要为了观察它而把自己从体验中分离出去，把体验当作一个对象，而是相反地，为了更接近它，要消除这个距离。这不是一个为了看清自己的体验而把自己一分为二的问题，而是要与

---

① ［丹］丹·扎哈维：《主体性和自身性：对第一人称视角的探究》，蔡文菁译，上海译文出版社 2008 年版，第 25 页。

它相连的问题。"① 为了与体验相连为单一水平，我们需要的恰恰是安住于体验之中，而非在体验之外另设一个视角来观察它。这就要求我们反思与辩护一种一阶的意识理论。

当今诸多二阶的意识理论可以追溯到康德的先验自我理论，以及近现代的心理学家、现象学家布伦塔诺的意识理论。而恰恰也是布伦塔诺本人，在自身理论中发现了二阶理论的诸多困境，从而提出需要发展一种避免这些问题的单一水平的意识理论。这一单一水平的意识理论的核心思路即为：当我们说一个心智状态是有意识的时候，这是由于它本身就"内置"了一个（似乎是独立于各种心智状态的）直接的、现象学的、准知觉的觉知，正是这个觉知使得我们能够意识到世界中的事物，同时也意识到内在的心智状态本身。②

以萨特为代表的诸多现象学家也往往坚持一种单一水平的意识的自觉知（self awareness）[或自身意识（self consciousness），两者在这里是同义词] 理论，萨特在其著作《自我的超越性》与《存在与虚无》中就这一主题已经做出了卓越的工作。

显然，无论是意识的高阶理论还是单一主张，都存在方法论上的困难：等待高阶理论的是无穷倒退的问题，而萨特的单一水平的意识自觉知在操作程序上则模糊不清、困难重重，并且即便它是可能的，当我们表达它时它又可能早已被固化而进入对象化的领域中。

一阶意识的核心内容在于一种具有自知本性的觉知，为了进一步探讨这种觉知，在接下来的一节中，我们将进一步考察关于觉知、前反思的自觉知、对象意识等与一阶意识相关的话题。

第四节　自觉知

虽然与意识一样，"觉知（awareness）"这样的一类概念定义起来似

---

① Petitmengin, C. (2009), "The Validity of First-person Descriptions as Authenticity and Coherence", in *Journal of Consciousness Studies*, 16 (10—12), p. 377.

② Thomassoin, A. L. (2000), "After Brentano: A One-Level Theory of Consciousness", in *European Journal of Philosophy*, 8 (2), 190 – 209.

乎总是有些模糊，并且它常常与"意识（consciousness）"作为同义词而被混用。但人们或多或少都能描述它并对这种描述有一种亲切的体认。德克曼（A. J. Deikman）就这样描述觉知："觉知既与我们所觉知到的一切——思想、情绪、意象、感觉、欲望和记忆——相分离，也与它们不同。觉知是心智内容在其中显现自己的场地（ground）；它们在其中出现，并再次消失。……我用'觉知'一词意指这个所有体验的场地。任何描述它的企图最终都不过是对我们所觉知事物的描述。基于此，有些人认为，觉知本身并不存在。但仔细的内省表明，觉知的对象——感觉、思想、记忆、意象和情绪——在不断地变化并彼此取代。相比之下，觉知始终独立于任何特定心智内容。"①

又或者像杰克·康菲尔德（J. Kornfield）充满禅意味道的描述："如果你静静坐着，试图把注意力转向自己的意识，那会很难瞄准或描述。你会体验到觉知存在，但它没有颜色或位置。起初，会让人感到灰心和难以把握。但是，正是这个透明的、不定的而且活泼的品质，是意识的本性，它就像我们周围的空气。如果你放松，让这个不定的'知道（knowing）'任运而作，你会发现如佛教论师所称的朗空（the clear open sky）般的觉知。它像空间一样是空的，但不同于空间，它是有感知能力的（sentient），它知道体验。在它的真实状态，意识很简单，就是这个'知道'——明晰、敞开、清楚、无色无形，包罗万象而不被万象所拘。意识的这种开放品质被描述为无条件的。正如天空，云和各种天气状况可以出现在空中，但是它们对天空本身没有影响。风暴可能会出现或消失，但天空仍然是敞开的、无限的、不受任何影响。意识不会受体验的影响，就像天空那样。"②

觉知与自身觉知

这个"知道"，我们有时将它比作为"光"，有时将它比作为"明

---

① Deikman, A. J. (1996), "'I' = awareness", in *Journal of Consciousness Studies*, 3, p. 350.

② ［美］杰克·康菲尔德：《慧心自在》，维民译，海南出版社2011年版，第28页。

镜"；有时将它称之为"本觉"，有时又将它称之为"本心"：

> 意识还可比喻为镜子。镜子反映了所有的东西，依然明亮光辉，任何出现在其中的映像，无论美好的还是可怕的，都不会改变它。短暂的静坐可以帮助你理解这一点，在你阅读后面的话后，抬起头，静静地坐着，尝试停止觉知。不要注意任何声音、境景、感觉或思想。试试吧。你立刻就会发现，你无法做到这一点。境景、声音、感受和思想继续由意识"知道"。感受一下你为什么不能停止这种有意识的觉知。请注意，意识是如何知道所有体验而不做好恶选择的。这就是意识如明镜般的本性：反射、光明、无垢和平静。①

犹如明镜般映射万象的意识，其本质特征在于，它作为不变的能知一方，经验着不断变化的意识流。这个作为意识的核心本质的觉知，它自身内部又包含了一种自反的结构，这种结构使得"心理状态得以将自身呈现给它们所归属的主体"，使得我们能够亲知到自身的体验，并拥有第一人称视角：

> 当我们有意识地体验某物时，我们是自身觉知着的吗？正如我们已经看到的那样，胡塞尔的答案是肯定的。当我有意识地感知到一个对象，感知体验自身至少以一种隐默的方式作为我的体验而被给予。当我有意识地品尝新鲜的煮咖啡、触摸一小块冰、看见一只蜻蜓或感到痛苦或头昏眼花时，此时的体验具有第一人称被给予性的特点，它即刻显现为我自身的体验。第一人称体验向我呈现出一个对于我自身的即刻通达，因此我们可以合法地谈论一种内隐的（以及最小程度的）自身觉知。②

---

① ［美］杰克·康菲尔德：《慧心自在》，维民译，海南出版社 2011 年版，第 28 页。

② ［丹］丹·扎哈维：《主体性和自身性：对第一人称视角的探究》，蔡文菁译，上海译文出版社 2008 年版，第 75 页。

从一阶的意识理论来看，这种体验的自我呈现和第一人称的被给予性，不是来自一个先验的自我或高阶的思维，而是来源于意识的自身觉知（self awareness）结构。意识的自身觉知是我们的体验流的那样一种"自我发光"（self-luminous）和"自我呈现（self-presencing）"的特征：

> 胡塞尔写道，体验流的特点是"为自身显现"，那即是说，一种自身显露（self-appearance）或自身显示（self-manifestation）。在全书中他指出，自身意识不是某种仅发生于特殊场合下即在我们关注于自身意识活动时发生的事物，它是主体性（subjectivity）本身的一项特征，无论它另外是否还关注和专心于什么世间事物。正如他在《交互主体性现象学》（第二卷）一书中所写到的，"成为一个主体意味着处于觉知到自身的样态之中"①。

由于体验的这种"自身熟识"是其自身的本质结构，由此，它需要与注意、对象意识、意识内容等方面分别开来；并且正是这种自身觉知（或自身意识）才是我们意识到某物，换言之，即它是一个心理状态成为一个有意识的体验的必要条件。为了了解这种自身觉知是如何使反思成为可能的，我们需要了解一种"前反思的自身觉知"概念，以及这一维度的体验如何使反思活动得以可能。

前反思的自身觉知

在上文中，我们讨论了意识的深概念和浅概念，以及关于前反思和反思维度体验的相关现象学分析。在意识的深概念中，前反思的维度同样也是有意识的，但在这其中个体没有聚焦到或者主题化地觉知到这些体验内容。这里说前反思的维度也是有意识的，是指这一维度的体验同样也发生了意识的自身觉知的结构与功能——每一个体验都以自身觉知为特征。

与反思相反（作为一种体验，反思活动自身中也包含了一个自身觉知

---

① ［丹］丹·扎哈维：《主体性和自身性：对第一人称视角的探究》，蔡文菁译，上海译文出版社 2008 年版，第 13 页。

的结构），自觉知是一种更为初级的体验的自我指涉功能与特征。由此它的发动并不需要一种反思活动来启动它或使它成为有意识的，恰恰相反："前反思的自身意识并不是原初的体验自身的附属，而是它的构成性方面。经验在其发生之时便意识到了自身。若我有意识地看到、回忆、得知、思考、期望、感受或意愿某物，那我理所当然地也觉知到了它。"由于自身觉知的这种结构特性，前反思的自身觉知比反思显得更为本质，因为"并不是反思将被反思的意识揭示给其自身。恰恰相反，正是非反思的意识使得反思成为了可能"①：

　　根据萨特，意识有两种不同的存在形式，前反思的和反思的。前者是一种投身其中的非对象化的自身熟识，而后者则是一种超然的对象化的自身觉知，它（通常）引入了一种在观察者和被观察物之间的现象学的区分。前者较后者更为优先，因为它们能够独立于后者而存在，而反思的自身意识则总是以前反思的自身意识为前提。②

区别于对象意识

现象学家都赞同一种自身觉知与普通的对象意识之间的区别；胡塞尔和一些其他的现象学家则更倾向于认为自觉知彻底区别于对象意识这一观点：

　　承认我们在特定的情形下（即当我们反思时）将我们自身的体验觉知为内在对象，这一点相对地，但却并非完全没有争议。倘若我反思自己当下对手提电脑的感知，并且试图反思地辨明和清晰表达出这一知觉的不同结构，我的确看似面对着一个相当特殊的内在对象。在《关于时间意识的贝尔瑙手稿》中，胡塞尔称这些反思对象为"意向

---

①　[丹]丹·扎哈维：《主体性和自身性：对第一人称视角的探究》，蔡文菁译，上海译文出版社 2008 年版，第 27 页。

②　同上书，第 22—27 页。

对象"。然而，关键问题在于，我们的体验是否也在先于反思的内时间意识中作为对象被给予。它们原初的被给予是否是一种对象显现？这正是内在对象学说所断言的。但那是真的吗？我不仅认为从一种纯粹描述的观点来看它是错误的——在我的日常生活中，我专注和忙碌于各种世间的事务和对象，我并没有将自己的意识流觉知为内在对象的相继——而且在我看来这一观点在概念上和理论上都是具有误导性的。①

前反思的自身觉知也并非一种对象意识，由于其第一人称自指的结构，使得"我们熟知自身主体性的方式与我们了解对象的方式不同。在第一人称视角中，某人并不将自身觉知为一个碰巧是自己的对象，他也不将自身觉知为某一特定的而非其他的对象。相反，第一人称自身指涉包含了一个非对象化的自身熟识。它涉及'无识别的自身指涉'和'对自身的非归因指涉'"②。

然而，虽然人们可能会赞同这种无时无刻渗透在我们的有意识的体验中的结构——使得意识自身的直接被给予性成为可能，但人们同样会赞同对这种自身意识的有把握地通达是困难的——"我们所讨论的自身意识很可能伴随着一种根本的知识缺乏。尽管我无法对当前的体验毫无意识，我也很可能由于它的对象而忽略了它，而这显然是一种相当自然的态度。在日常生活中，我投身且忙碌于世界中的事务或对象。因此渗透着的前反思的自身意识必定不等同于完全的自身领会，而毋宁说类似于一种前领会，它使得后续的反思和专题化得以发生"③。

自觉知与非我论

一种单一水平的意识由于消解了高阶意识的二元性，以及用二元性对

① ［丹］丹·扎哈维：《主体性和自身性：对第一人称视角的探究》，蔡文菁译，上海译文出版社2008年版，第74—75页。

② 同上书，第35页。

③ 同上书，第28页。

体验的"我属性"所做出的解释，它可能会带来一种关于意识的自身觉知的"非我论"。这里关键的是如何理解前反思的自觉知与自我之间的关系：这种自身觉知是由一个施动的自我发出的，还是并不由任何自我所控制及发动，换言之，它是否能被理解为一种无我的发生并且是一切意识状态的先决条件。

> 在（现象）意识和自身之间有着怎样的关联？为了澄清体验的统一性和连贯性，我们必须唤起一个体验主体吗？抑或体验只是隐匿的心理事件，它并不作为任何人的状态而发生？当我们谈论自身觉知时，我们是否也必然在谈论着一个自身？总有一个自身包含在自身觉知之内吗，或者我们也可能谈论自身觉知而却并不假定任何觉知着的人？对于适当理解意识的结构和自身的内涵而言，以上这些问题的答案显然是极为重要的。①

通常意识的自我论认为，一个有意识的体验中，存在一个体验主体（即我自己）与一个体验对象，这也符合意识的意向性结构。而意识的非我论则认为："体验是无自我的，它们是匿名的心理事件，它们只是发生着，因而最低限度的自身觉知应当被理解为意识对其自身所具有的熟识，而不是对一个体验着的自身的觉知"② ——即当我们专注审察自身体验，去准确表述它时，实际上我们会发现再设定一个有意识的体验主体是没有根据的。

这一立论观点在反驳笛卡尔的名言以来就流传已久了——休谟、康德、尼采、胡塞尔、萨特都有所预见——即只有一个思"存"在，而不能附加得出一个"我"存在。在我们的体验中，自我并不具有一种经验实在性，而是一种在体验背后由语言或者反思建构出来的产物。在康德那里，先验自我并非一个经验中实存的实体，它是使得体验的同一性和连贯

---

① 〔丹〕丹·扎哈维：《主体性和自身性：对第一人称视角的探究》，蔡文菁译，上海译文出版社 2008 年版，第 125 页。

② 同上书，第 126 页。

性得以可能的条件。作为纯粹的主体极，所有体验都将指归于这个自我，由于其具有作为体验被给予的条件的在先性，它将是先验的，而非任何体验的对象：

> 在《纯粹理性批判》中，他（康德）写道："按照在内知觉中对我们状态的规定，自我意识仅仅是经验性的，并且始终处于变化之中。内部诸现象的流变中不可能出现一个稳固和持存的自我……（由此）必定有一个先于所有经验并使得经验本身成为可能的条件……这种纯粹的、原初的、不变的意识，我将其称之为先验统觉。"统觉基本上指的是觉知，尤其是对认识过程的觉知。康德很清楚地看到，在觉知的经验中并没有给出任何相当于自我的东西，所以他主张一定有一种先验的、先于一切经验并使得经验成为可能的意识。康德还认为这种先验的觉知造成了我们的统一和历时同一的感受，由此他对日常自我的先验基础的完整表述就是"统觉的先验统一"①。

萨特同样认为，原初体验及其前反思维度中并不存在一种自我。首先，他区分了两种"我"：一种是我们的心理的、心理—身体的"我"（Moi）；另一种是作为统觉的先验"我"（Je）。萨特首先反对一种先验自我的存在；其次一种心理的自我直到反思活动时，它才能作为一种第二阶的活动而显现，而在一种前反思的原初体验中（例如全神贯注的注意状态下）它并不在场：

> 难道不正是反思的活动使得"我"（Moi）在被反思的意识中诞生？……当我阅读时，有对书的，对小说主人公们的意识，"我"（Je）并不寓居于这种意识之中，这种意识是对对象的意识，是对自身的非位置性意识。我现在可以把这些非整体的把握变成一个论题的对象，并且可以宣布：在未被反思的意识中，没有"我"（Je）。不

---

① ［智］瓦雷拉、［加］汤普森、［美］罗施：《具身心智：认知科学和人类经验》，李恒威等译，浙江大学出版社 2010 年版，第 56 页。

应该把这种活动看成为人为的，也不应把它设定为因果需要：显而易见，多亏这种活动，铁钦纳得以在他的《心理学文选》中说：在"我"（Moi）的意识中，经常没有"我"（Je）。此外，铁钦纳没有走得太远，他并不希望在没有"我"（Moi）的情况下排列意识的诸多状态。①

体验的非自我论面临的首要难题，当然是意识的统一性问题。在非我论的基础上，胡塞尔就提出过意识流的"体验束"模型，以解释体验的同一性问题。在这方面，同样也是萨特，他从自身意识的角度出发，就统一性问题做出了很好的论述：

> 人们通常认为，如若心理世界不被一个无时间的中心自我的统一化、综合化以及个体化功能所支撑，那么它就将消散入一片无结构的、离散的感觉混沌之中。然而，正如萨特所指出的那样，这一观点错误地判断了意识流的本性；它并不需要一种外在的个体化原则，因为它本身就是被个体化了的。意识也不需要任何先验的统一原则，因为它同样即是流动着的统一。意识作为时间化活动而统一了它自身。因此，一种正确的对时间意识的阐释将表明自我的作用并非必要，因而它也失去了存在的理由。
>
> 其次，萨特也断言，出于本质性的原因，自我不可能是意识的一部分。在萨特看来，意识的特征在于它根本的自身被给予性或自身显现，因而它没有任何隐匿或被遮蔽的部分。然而，自我却是不透明的；它的本性需要逐渐被挖掘出且也始终余留着有待揭示的方面。这证明了自我的本性与意识截然不同，因而它不可能是意识的一部分。
>
> 萨特的第三也是最后一个论点在于，一种对于活生生意识的正确的现象学描述不会发现任何自我，无论这一自我被理解为意识中的栖居者还是意识的拥有者。人们有时称一个专注于某事的人忘记了自

---

① ［法］让·保罗·萨特：《自我的超越性》，杜小真译，商务印书馆2005年版，第11—12页。

己。这一说话方式暗含着真理。正当我全神贯注于阅读一篇小说时，我对叙述的故事有一个意识，且同时对阅读这一行为也有一个前反思的自身觉知，但在萨特看来，我们并不具有任何对于一个自我的觉知。他认为，前反思的意识没有自我论的结构。只要我们专注于该体验，经历着它，那么便不会出现任何自我。只有当我们对次体验采用一种远距离的以及对象化的姿态，即当我们反思它时，自我才可能出现。①

德克曼（A. J. Deikman）也从主体性的自身觉知的角度，区分了意识体验的内容和觉知，并论述了 subjectivity（主体性）、I（我）与 awareness（觉知）是如何同一的——将自我等同于一种主体性觉知，而非一种叙事主体。当然，如此一来这里的 I 就不再指一个叙事的自传式自我或者人格自我，而是主体性的能知方面（即觉知）。然而，在对这种体验的通达上，德克曼认为，我们想用把握对象的方式来捕捉这个能知的方面是不可能的，在我们不断往后内省时它也同时不断跳到了这个内省活动的背后。我们只能通过沉浸在体验中来感受它，同时这也是就在感受觉知本身："如果我们将这个内省观察的过程推向极致，那么甚至核心主体性自我的背景感也将消融于觉知中。因此，如果我们继续现象学地前进，那么我们发现这个'我'就等同于觉知：'我'＝觉知。"②

另外，在关于体验的无我论中，瓦雷拉在其著作《具身心智》中对康德的先验自我和正念禅修中的无我类型进行了比较与区分，并支持了佛教用"五蕴和合"的观点来解释常识中的稳固自我感（即自我是五蕴和合后涌现的性质）③："康德哲学和正念/觉知的传统都承认在经验的瞬间中并没有一个实体的自我。困惑在于面对经验的瞬间我们倾向于相信存在

---

① ［丹］丹·扎哈维：《主体性和自身性：对第一人称视角的探究》，蔡文菁译，上海译文出版社 2008 年版，第 40—42 页。

② Deikman, A. J. (1996), "'I' = awareness", in *Journal of Consciousness Studies*, 3, p. 351.

③ ［智］瓦雷拉、［加］汤普森、［美］罗施：《具身心智：认知科学和人类经验》，李恒威等译，浙江大学出版社 2010 年版，第 57 页。

这样一个自我。通过假定一个纯粹的、原始的和不变的意识——先验自我——作为这种瞬间经验的基础，康德哲学不去面对这个困惑。在正念/觉知传统中，其态度则是相信对自我的执着会出现在任何特定的经验瞬间，从而将这个困惑鲜活地保持在心中。"（见图9）

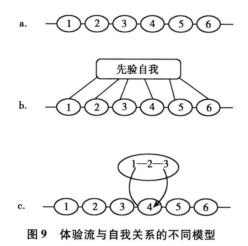

图9 体验流与自我关系的不同模型

a. 体验流是由刹那、刹那的单个瞬间串连起来的，图中的圆圈即代表一个个瞬间性的体验；b. 康德假定了一个先验自我作为瞬间体验的基础，来对体验进行统觉、整合；c. 正念觉知认为，虽然实际上体验的瞬间并不存在一个实体的自我，但在每个瞬间体验中都包含了一个对自我的执着，这个执着从上一瞬间累积到下一瞬间，与体验流并存。①

所以对于一个正念禅修的人来说，重要的并不是去思考这个自我，因为它来自体验的第二层而非体验的实质与核心，重要的是如何使体验如其所是的真实显现："对于自我存在抑或不存在，他也没有什么理论。相反，他只是训练自己去观察……他的心智是怎样依附于自我和'我的'观念以及所有苦是如何从这种依附中生起的。"②

在这里我们可以看到，在我们谈论一种单一水平的意识的自觉知时，

---

① 图片转摘自［智］瓦雷拉、［加］汤普森、［美］罗施《具身心智：认知科学和人类经验》，李恒威等译，浙江大学出版社2010年版，第57页。

② ［智］瓦雷拉、［加］汤普森、［美］罗施：《具身心智：认知科学和人类经验》，李恒威等译，浙江大学出版社2010年版，第50页。

不仅涉及了其自我指涉的结构性特征，还显示出了一种"非我论"的模型，而正是这些特征使得无穷倒退得以终止（任何先验主体或无意识维度的预设都会打开无穷倒退的大门），以及使有意识的体验成为可能。由此，我们推断，一种可以回应内省诘难的体验状态必须包含两个结构特征：（1）意识具有自反性和自指性的自觉知结构。（2）将内省过程推向极致，将消解人格性的自我感，出现一种无我的、无遮蔽的、纯粹的意识的能知方面，这种纯粹能知超越了对象意识的能知与所知的二分。

第五节　纯粹意识状态

相关于对象意识，以及体验的觉知成分，本节我们需要来探讨体验内容与觉知（或者说意识，或者说体验的自身被给予性）的差异，以及是否存在一种没有体验内容但有觉知的纯粹意识状态。

根据我们上文的描述，我们有一个常识的直觉，即在意识中，它的能知的功能似乎有别于它的内容："我们通常所说的心，一般是指'思维心'，是充满观念、形象、创意、论断和自发的瀑布流过我们心里的问题解答。但是仔细观察一下，我们发现，心不只是它的思想，不只是不断变化的念头和形象流。它还包括思维过程周遭的广泛心理状态和性质：感觉、情绪、直觉、本能。一个常被忽视但更重要的明显事实是清醒的觉知。这个重要的觉知能力，是心的本质。"①

成为觉知是什么样的一种感受？我们可以跟随德克曼（A. J. Deikman）如此这般去捕捉一下觉知和被觉知的内容之间的差异：

我们现在可以试着把眼睛闭上，丰富的视觉世界消失了，取而代之的一种难以名状的黑乎乎的场景，或许还带有一丝红色和黄色的痕迹。但是觉知一直没有变化。你会注意到，当你的思想来了又去，当你的记忆出现又彼此更替，当愿望出现而幻想发展、变化和消失时，觉知一直没有变化。现在试着去观察觉知。你不可能做到。觉知不可

---

① ［美］杰克·康菲尔德：《慧心自在》，维民译，海南出版社2011年版，第27页。

能被做成一个观察的对象，因为正是借助它，你才可能观察。……正如我们的整体状态会变化一样，觉知在强度方面也会变化，但它通常是一个恒量。觉知本身不可能被观察，它不是一个对象或客体，不是一个事物。的确，它是无特征的，缺少形式、质地、颜色和空间维度。这些特征表明觉知与心智的内容相比有着不同的本性；它超越感觉、情绪、观念化和记忆。觉知处在一个不同的层次，它先于内容，要更加根本。觉知没有内在的内容，没有形式，没有表面特征——它不像我们体验到的任何东西，不像对象、感觉、情绪、思想或记忆。①

显然，对纯粹觉知的通达是困难的，我们大多数的常规体验仍然是一种自然态度下的前反思维度。然而，虽然我们日常体验中对纯粹觉知的模糊捕捉，各种宗教传统文本却对它多有记载。这种纯粹的能知部分在不同的文化传统中，尤其在各种宗教的禅修系统中常常出现，并被冠以了不同的名称："阿姜查和泰国丛林和尚称它为'本心'或'能知者'。在藏传佛教中，它被称为本觉（rigpa），意为安静而睿智。禅宗称之为'心地'或'心性'。印度瑜伽修行者称之为'永恒观照'。要了解它们，我们只要注意到我们生活的两个不同面：不断变化的体验流（所知），以及知道体验的那个东西（能知）。"②

在不同的宗教、文化传统它还有一大堆家族相似的心智状态以及类似名称：

古代印度的《奥义书》（Upanishads）则提供了一个"天空"类比，天空中所有的"云"都消失了，但天空仍然在。例如，《奥义书》还区分了心智的四种状态：清醒、梦、深睡和第四状态（Turiya）。它对"第四状态"的描述是："一旦智者将他的心从外界撤回，气息（prana）让感官对象止息，由之而处于一种无意念的状态。"同时这种状态被认为是觉知或者意识本身，它"照亮"或"观照"念头、感受和行动。

在佛教文本中与这类纯粹意识事件现象相似的状态也有好几种名字：

---

① Deikman, A. J. (1996), "'I' = awareness", in *Journal of Consciousness Studies*, 3, 352.

② [美] 杰克·康菲尔德：《慧心自在》，维民译，海南出版社2011年版，第31页。

例如，灭受想定、灭尽定（nirodhasamapatti）[1] 等。

在基督教文本中，亚维拉的圣女大德兰（Teresa）将这种类似的体验称之为"会合祈祷"（Orison of union）。另一位神秘主义大师埃克哈特则这样记录自身的这类体验："在这种情况中……记忆不再运行，思考，感觉等用来管理和美化身体的本应该运行的各种能力都不运行了……这种情况下一个人要放空他的感觉，把他的力量转向内部并潜入到对一切事物和他自己的遗忘中去。"[2]

哲学家史泰司（W. T. Stace）则在其著作《神秘主义与哲学》中这样描述："假设我们消除所有物理或者心理的意识对象。当自我不再忙于理解对象而是去觉知它自己。自我它本身就出现了。然而，自我，当被剥夺所有心理学上的内容或对象时，就不是另一种或者抽象的区别于它的内容的东西了。它是意识的各个部分自身被消除之后的各个部分的裸露的统一。"

这些大量的家族相似的体验类中，一般都强调感官内容的缺失，或者没有心理对象（"没有"记忆、思考、感觉，等等），或者变得不再"思考"，即思维的表征活动下降。在这种状态中，一个人变得遗忘了他的"自己的身体"和"一切事物"。简言之，一个人变得"觉知不到一切事物了"，也就是没有一切心理的和感官的内容。

当代研究者罗伯特·福尔曼（Robert K. C. Forman）对历史上不同文化传统中的特殊意识状态做了收集和整理，并提出了一个"纯粹意识状态"（pure consciousness event）的概念，用来指称这样一种心智状态：它是内在清醒的、觉知的和无内容的（即无思想和知觉对象的、寂静的），但同时又是非意向的。作为一种特殊的心智状态，纯粹意识状态的现象特征表现为：随着对外在事物的知觉、内源的（endogenous）思想和欲望以及情绪感受的逐渐止息，最终唯有自身显现的觉知（self-disclosed aware-

---

① 《瑜伽师地论》五十三卷云："由此息想、作意为先故；诸心、心所唯灭静，唯不转，是名灭尽定。"

② 转引自 Forman, R. K. (1998), "What Does Mysticism Have to Teach Us About Consciousness?", in *Journal of Consciousness Studies*, 5 (2), 190。

ness）留存下来。并且，虽然体验者停止了思考、知觉或者行动，但是他却保持着清醒和警觉，拥有"一种体验的持续没有被打破"的清晰感觉：

> 神秘体验可能就代表了这样一种人类意识的简单形式。通常我们的心智（minds）是一锅念头（thoughts）、感受（feelings）、感觉（sensations）、欲求（wants）、一曲歌、疼痛、驱力（drives）、白日梦的大杂烩，当然，意识本身或多或少觉知到这一切。要理解意识本身，明显的事是要尽可能多地清除这些内部的碎屑和噪音。事实证明，神秘主义者似乎恰好做到了这一点。大多数神秘主义者使用的技法是某种形式的冥想（meditation）或默观（contemplation）。这些过程中，通常需要通过循环一个心理子程序（mental subroutine），来系统地降低心理活动的。在冥想过程中，一个人开始放慢思维过程（thinking process），然后有很少的或者几乎没有强烈的念头（thoughts）。一个人的念头变得好像更加遥远、模糊，或几乎不占据于心（less preoccupying）；他不再对身体的感觉注意如此之多；他有较少的或几乎没有强烈的幻想和白日梦。由此通过降低外在的知觉（perception）和内在的念头的强度或强制的品质（compelling quality），一个人可能会进入一个更大的静止的时刻。最终他可能变得内在完全寂静，好像处在念头与念头之间的空隙中，在此人变得彻底放空了知觉和念头。他既不思考也不知觉任何心理的或者感官的内容。但是，尽管有这种内容的悬置，从这种事件中出来的人却都相信他们保持着清醒的内在，完全是有意识的。这种被称为纯粹意识事件（pure consciousness event）或者 PCE 的体验，已经被证实存在于几乎每一个传统中。尽管 PECs 对任一个体来说通常只偶然地发生，但它们对一些修行者来说却是相当常规的。纯粹意识事件可以被定义为一种清醒的但无内容的（contentless）（非意向性的）意识。①

---

① Forman，R. K. （1998），"What Does Mysticism Have to Teach Us About Consciousness?"，in *Journal of Consciousness Studies*，5（2），185.

在这里，我们需要反思的是这种纯粹意识状态给我们带来的启示是什么？

第一，大量的文本资料告诉我们，存在这样一种特殊的意识状态，从历史的长流与跨文化的范围来看，这种意识体验是相当常见并且容易获得的。

第二，它们似乎为我们提供了研究意识的新资源——它似乎有可能指向一种意识的"最简状态"，即剥离了意识的内容，而只留下纯粹觉知。这种意识的最简状态为我们解答第一人称被给予性以及纯粹意识的神经对应物研究提供了最佳体验案例。

第三，与功能主义将意识定义为知觉或身体的随附现象相反，这种特殊意识状态支持了在没有知觉表征的情况下，也可能独立存在有意识的状态，从而说明意识有可能是某种独立于知觉的东西，而非其副现象。由此，在理解意识上，当我们理解知觉以及知觉的捆绑问题时，也并不意味着我们就能充分理解意识——基于意识可能是一种比知觉更为基础的成分。

第四，一种不被知觉表征或思维活动所覆盖、彻底裸露的意识状态，显示了一种意识的非意向性结构。众所周知，现象学将"意向性"视为体验的本质结构特征，并解释了这种结构特征如何建构起了主客二分的认知体验。而纯粹意识或纯粹觉知并不指向任何意向内容，而只是纯粹自身显现。

第五，根据文本材料记录的描述，体验者在经历纯粹意识之后能够回忆这种体验，并且拥有一种在纯粹意识状态下"觉知"并没有中断的感觉。这是否意味着，人类觉知本身就有自我捆绑的功能，以及"自证"、"自知"的功能，并在此基础上能够直接"自我回忆"：

> 纯粹意识的报告表明，尽管缺乏心理的内容，主体还是以某种方式觉知到他们在整个 PEC 过程中自始至终都保持着觉知。显然地他们感觉到了一种自始至终的觉知的连续性。如果他们做到了，即使虽然这里没有内容，那么他们必须能以某种方式直接回忆那些他们已经觉知到的，尽管缺乏可记忆的内容。这意味着人类的觉知有能力把它

自身捆绑起来并有能力直觉地知道它已持续存留着。

　　我们可能想说有意识的（being conscious）似乎蕴含了这种直接的自我—回忆，自我的存在（presence）有别于我们必须有知觉和其他意向性内容的那种存在。在这种意义上，纯粹意识事件趋向于肯定伯内德·朗内根（Bernard Lonergan）对我们对于意向性对象的有意识存在，和对于意识本身的意识的有意识的存在所做出的区分："这里有对象对主体的存在，如表演对于观众；这里也有主体对它自身的存在，而这个不是来分割他的注意力的另一个对象的存在，就像另一场令观众分心的表演；它似乎好像存在于另一个维度中，与对象的存在相伴的、相关的又相反的存在。对象通过被注意而被呈现，但是主体呈现为主体不是靠被注意而是靠注意。就如检阅对象的游行，观众不必进入到游行队伍中去被呈现给他们自己；为了让任何东西被呈现给他们，他们不得不被呈现给他们自己。"①

　　第六，劳伦斯（S. Laureys）等人根据其对"植物状态"、"最小意识状态"、"睡眠"等不同意识状态的研究，绘制了人类意识的连续谱。根据此图，我们通常的清醒状态水平下的意识，在纵向水平上具有一定的表征能力，在横向水平上具有一定的唤醒水平。当两者达到一定水平时，我们能够清醒地觉知到知觉表征内容。在这意识连续谱中，我们可以看到，与其他意识状态相比较，纯粹意识状态具有较高的意识唤醒水平（见图10）。② 这里值得探讨的是纯粹意识状态的表征能力。是否思维内容的缺失即代表着纯粹意识状态的表征能力的缺失，或者当进入纯粹意识状态时，表征与意向性结构本身就不适用于描述这种状态？

　　第七，这些家族相似的第一人称描述中，仍然存在多种不同的纯粹意

---

　　① Forman, R. K. (1998), "What Does Mysticism Have to Teach Us About Consciousness?", in *Journal of Consciousness Studies*, 5 (2), 192.

　　② 图片改编自 Laureys, S. (2005), "The Neural Correlate of (Un) Awareness: Lessons from The Vegetative State", in *Trends in Cognitive Sciences*, 9 (12), pp. 556—559。

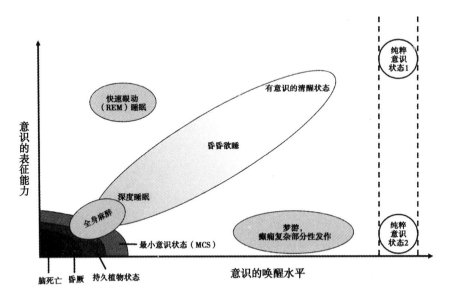

**图 10　意识状态的连续谱，以及纯粹意识状态
与其他意识状态的对比**

识状态。尤其在佛教文本中，"无想定"① 的无内容是指前六识心、心所不起活动，"灭尽定"的无内容是指前六、七识心，心所不起活动②。乃至大量的"定境"虽然表现出"意识内容缺少"的家族相似性特征，但实际上不同状态背后却存在各种细微的差别。而这些所谓的"无内容"又与觉悟"空性"后的各种体验有所区别，后者与其说是"无内容"，更

---

①　"无想定"：指能于定中心想不起，犹如冰鱼、蛰虫，但不能断惑而证入圣果。心不相应行法之一，俱舍七十五法之一，唯识百法之一。乃心、心所（心之作用）灭尽之定，即使一切心识活动全部停止，以求证得无想果所修之禅定；与灭尽定并称为二无心定。——《佛光大辞典》（电子版）"无想定"词条。

②　"据《宗镜录》卷五十五所举，灭尽定与无想定有四种不同：（一）证得者之异，即灭尽定为佛、罗汉所证出世间之定；无想定则为凡夫、外道所证世间之定。（二）祈愿之异，即灭尽定者唯求出世功德；无想定者则求世间乐果。（三）感果与不感果之异，即灭尽定为无漏业，不感三界生死果报；无想定则为有漏业，能感无想天果报。（四）灭识之异，即灭尽定能灭除第六识，兼能灭第七识之染分；无想定仅灭除第六识分别之见，其他诸邪见尚未能断尽。"——《佛光大辞典》（电子版）"灭尽定"词条。

不如说是一种"内容"的实在性被消解。关于这些特殊意识状态的分析，我们还将在论文的后面部分详细深入探讨。

第八，最后我们需要探讨的是体验中不同功能的"可区分性"与"可分离性"，即纯粹意识状态的记录描述是否真正捕捉到了"纯粹的"意识，即我们的纯粹能知：

> 事实上，有充分的理由表明我们不应当简单地将体验等同于体验活动，将意向体验等同于体验的前反思被给予性，很容易阐明为何需要维持这一区分。倘若我们以三种不同的体验为例，对于一只小鸟的视觉感知、对于即将到来的架起的期待，以及对于"地球是太阳系中最大行星"这一断言的驳斥，很显然，这三种体验具有不同的意向结构。但这三种体验的自身被给予性却并非在各种情形下具有不同的结构。相反，我们面临的是同一的基本结构。然而，倘若事实如此，我们便不需要在体验和它的被给予性之间做出区分。虽然我们经历了无数不同的体验，但其第一人称被给予性的维度却保持不变。若借用詹姆斯的那个令人印象深刻的形象比喻，它就像那永恒地出现在瀑布之上的彩虹，其自身的性质并不因那流经它的事件所改变。换言之，对活生生的当下严格的单一性和流转着的体验多数性做出区分是相当适切的。我们必须认识到，可区分性并不等同于可分离性。我们所针对的并不是一个纯粹或空洞的第一人称被给予性之域，仿佛具体的体验随后进入其中。[①]

第六节　无意识

在讨论有意识的第一人称体验的同时，我们不能忽视来自无意识维度的影响和作用。正如弗洛伊德的理论将潜意识维度描绘成水面之下的巨大冰山一样，从体验到口头报告的过程中，落入言语报告的体验很可能被无

---

① ［丹］丹·扎哈维：《主体性和自身性：对第一人称视角的探究》，蔡文菁译，上海译文出版社 2008 年版，第 83 页。

意识地篡改——因为有意识的体验与具身性习惯或一个人沉积下来的习惯性生活或习性是密不可分的，来自这方面的无意识、前意识、前反思、自动呈现、前理性、前判断领域的影响往往使得语言报告不知不觉地产生另一个维度的重要失真。美国神经科学家拉什利（Karl Lashley）就这样表达过对未知的意识无法抵达之彼岸的惊异：

> 任何心智的活动都是无意识的。这听起来像悖论，但它却是真的。心智活动有其规律和组织，但我们却无法体验到这种规律是如何产生的。这样的例子太多了，但却从来没有一个反例。我举几个例子就足够说明问题。考虑一个复杂场景，在朦胧的背景前面，我清楚地看到几个物体：桌子、椅子、人脸。其中每个物体都包含数个较简单的感觉因素（sensation），但是我却没法体验我是如何把它们组合在一起的。对我而言，物体"一下子"就出现了。当我们想事情的时候，思维会以合乎语法的方式表达出来，主语、动词、宾语、从句都出现在正确的位置，可我们却一点也不知道句子结构是怎么产生的……很明显，体验本身并没有给出它是如何组织起来的任何线索。①

似乎的确存在广袤的无意识维度，使得我们的意识体验可能变得更加神秘。印度哲人奥修也这样拟人化地描述过无意识对有意识维度的影响："有意识的头脑总是害怕无意识，因为无意识一冒上来，意识中的一切平静、清晰的东西都会被扫除掉，于是，一切将是黑暗的，就像在一个森林之中。这就好像：你建了一座花园，四周围了起来。你平整出很小的一片地，你种了一些花，一切都不错，井然有序，干干净净。只是森林永远就在旁边，它不受控制，无法驾驭。花园一直在忧心忡忡之中。在任何时刻，森林可能会进来，那么花园就会消失。同样，你更重了头脑的一部分，把一切弄得清清楚楚，但是无意识总是在它旁边，有意识的头脑一直处于惧怕之中。有意识的头脑说：'别走进无意识中去，不要去看它，不要去想它。'无意识的道路是黑暗的和未知的。在理性看来，它似乎是非

---

① 转引自顾凡及《意识的自然科学研究》，未发表。

理性的；在逻辑看来，它似乎是无逻辑的。"①

在西方，从希腊时期开始直至 17 世纪中期，所有人类认知活动事实上都是被假定为是有意识的。这种观点一直要到启蒙运动时期才发生转变，渐渐地，不同的哲学家、科学家开始意识到很大一部分的认知实际上可能更有赖于无意识过程（nonconscious processes）。在这方面康德的先天学说给出了关于这方面的最有影响力也最抽象的洞见与表述，并且这种观点也很快被叔本华的生物学术语重新解释了。19 世纪 70 年代，心理学家亥姆霍兹（Helmholtz）就提出了一个关于人类认知的非常现代化的观点：它是神经系统的产物；只有神经活动的一小部分是关涉意识的，而存在大量的无意识的神经过程，它们就是我们今天所称之为复杂信息的加工过程的执行力②。

"意识与无意识相互作用"，对认知的这一对新理解从 19 世纪中期开始到 20 世纪早期，逐渐引起了一些历史上最敏锐的科学家对该假设展开神经基质的探索，例如在视觉生理学、色彩体验等领域中开展的相关研究。又例如，威廉·詹姆斯（William James）在 1890 年前后就提出了一个关于无意识研究的绝佳方案，即后来的双眼竞争（binocular rivalry）范式：如果你把一种信息，比如一张猴脸的图片，放进你的左眼，而把另一种信息，比如一张太阳破云而出的图片，放进你的右眼，会发生什么事情？它证明了你不能同时看到两者——它们中的一个是有意识的，另一个是无意识的。这就允许我们对这两种信息加工模式进行相互比较，即在人为操控的情况下把一个无意识的表征同一个有意识的表征进行比较。③ 詹姆斯之后，在过去的二十年里，发展出了大量出色的关于双眼竞争的研究，使我们如今知道了神经元在视觉皮层里面做什么；神经元在哪一个点上看上去识别了有意识的事件，什么时候识别了无意识的事件。

---

① ［印］奥修：《静心：狂喜的艺术》，吴畸、顾瑞荣译，顾瑞荣等校，东方出版中心 1996 年版，第 7 页。

② Mangan，B.（2009），"Cognition，Fringe Consciousness，and The Legacy of William James"，in *The Blackwell Companion to Consciousness*，Edited by Max Velmans，Susan Schneider，Blackwell Publishing Ltd，pp. 673 – 684.

③ Blackmore，S.（2005），*Conversations on Consciousness*，Oxford University Press，p. 12.

随后，随着认知科学的进步（以及精神分析的发展），现如今人们已经熟悉了这样一种现象与观念：某件事情在主体身上发生了（因此这件事情是主体性的），可是它却未被主体通达（换言之，即无意识的）。当我们说主体并没有意识到所谈论的现象时，显然我们就是在谈论上述情况。因此，我们必须引入有意识的（conscious）现象与非意识的（non-conscious）现象之间的区别，或者说有意识的主体性与亚人的（sub-personal）主体性之间的区别。显然，意识这个概念本身主要意味着：主体知道或知晓这个现象，或者换言之，觉知到这个现象。而无意识则相反。

由此，我们可以看到，有觉知的意识活动和不能被觉知的无意识互动共同构成了人类的复杂心智活动全貌。自弗洛伊德的无意识理论以来，心理学展开了大量对无意识的实证研究，目前有关无意识的心理学实验研究主要在以下几个领域有了初步的进展：（1）启动效应（priming effect）和阈下加工。启动效应是指执行某一任务对后来执行同样的或类似的任务的促进作用。（2）内隐学习（implicit learning）。内隐学习又称为无意识学习，是一种自动的、不易觉察的、对复杂规律敏感的学习。（3）内隐社会认知（implicit social cognition）。内隐社会认知是指在社会认知过程中"虽然个体不能（通过自我报告或内省方法）回忆某一过去经验，但这一经验潜在地对个体的行为和判断产生影响"。（4）在盲视、忽视症、植物人、睡眠和注意瞬脱等心智现象中的无意识因素也表现出了显著的作用，对这些现象的解释还需要展开对其生理机制和与意识层面的意识活动的作用机制的深入研究。[①] 的确，有可能将人们精确报告出的意识事件与可以间接推测和研究的无意识事件作比较。科学家们已经发现许多事例，使我们相信意识与无意识完全可以比较研究。我们了解许多关于正常知觉与阈下知觉的对比，专注的言语与分散注意时的言语的对比，新的心智过程与常规的、自动的心智过程的对比，外显记忆与内隐记忆的对比，等等。

著名精神病生理学家坎德尔（Eric R. Kandel）认为，为了理解意识，我们必须将揭示无意识和有意识以及两者之间交互作用的生物机制定为当

---

① 宋晓兰、陶丽霞：《无意识加工浅析》，选自唐孝威著《心智的无意识活动》，浙江大学出版社 2008 年版，第 112—113 页。

代心智研究的重要核心议题之一，无意识与有意识组成了心智的整体功能，事实上无意识加工弥漫于所有意识活动中。[①] 在无意识到有意识的转换方面，德阿纳（S. Dehaene）的全局工作空间神经元（Global Workspace Neurons）在巴尔斯的全局工作空间理论基础上，给出了更细致的神经生理学机制揭示。关注这一部分内容与生物学、神经科学研究进展，无疑与意识的第一人称研究有着密切的联系并对思考其方法论理论有巨大的益处。

第七节　注意

在诸多心智的功能中，注意与觉知的关系尤为密切，注意可以说时刻在我们的日常生活中发生着作用，没有它我们几乎做不成什么事：

> 我们训练儿童去集中（foucs）思想、去专注（concentrate），因为没有专注，他将来就不能应付生活。生活要求这样，头脑必须能够专注。但是，一旦头脑能够专注以后，它就变得很少有觉知了。觉知（awareness）意味着有意识的，但并不集中在一点的头脑，觉知是对正在发生的一切的一个意识。
>
> 专注是一个选择，它摒弃了专注对象以外的一切东西，它是一个狭窄化（narrowing）。如果你走在街上，你就必去窄化，你的意识才能走路。你无法经常地觉知到正在发生的一切，因为如果你觉知到正在发生的一切，那么你就变得无法集中。所以，专注是需要的。头脑的专注是生活——生存和生存的一个需要。[②]

注意是否在觉知的发生中起到了决定作用，一直以来都是哲学和心理

---

① Kandel, E. (2013), "The New Science of Mind and The Future of Knowledge", in *Neuron*, 80（3），pp. 546–560.

② ［印］奥修：《静心：狂喜的艺术》，吴畸、顾瑞荣译，顾瑞荣等校，东方出版中心1996年版，第1—2页。

学、神经科学探讨的核心议题。我们的体验流犹如一条巨大的洪流，无时不在奔腾，而我们真正有意识的觉知到的体验部分，实际上只是我们的感觉系统每一刹那所获得的海量信息中极少数的一部分。大脑如何筛选这些信息，为何选择此信息而非彼信息，为何有些信息被保留了记忆中而有些则没有？在这些过程中，无疑，注意以及注意的选择功能起到了核心作用。

早在 19 世纪，威廉·詹姆斯就在《心理学原理》中就这样描述和定义过"注意"：

> 每一个人都知道注意是什么。它是心理接受信息的过程。它是以一种清晰和生动的形式从同时呈现的几个物体或思维序列中选择一个对象的过程。意识集中与专注是注意的核心。这意味着舍掉某些东西以便更有效地处理另外一些，意味着一种真正地与混沌迷惑、眼花缭乱、注意无法集中的状态相对立的条件。①

在詹姆斯的定义中，前瞻性地描绘了注意的几个特征，例如"接受信息"、"选择性"、"意识集中"等。现代认知神经科学则简明扼要地认为："注意指的是将觉知集中于一个刺激、思想或行为上，同时忽略其他不相关的刺激、思想或行为的能力"②。例如，我们能在一个四周人声鼎沸、非常嘈杂聚会上，仍然注意到单个讲话的声音，或者沉浸于自己喜爱的某本小说，这一现象即为著名的心理学中所谓的关于注意的"鸡尾酒效应"。

詹姆斯时代对注意的研究主要是内省式的。随着行为主义时代的过去，注意也引起了当代的认知科学的研究兴趣，他们则更进一步关注注意特别是选择性注意的认知计算模型与机制，并在此基础上探究其生理的神

---

① 转引自［美］Michael S. Gazzaniga, Richard B. Lvry, George R. Mangun《认知神经科学》，周晓林、高定国等译，中国轻工业出版社 2011 年版，第 426 页。

② ［美］Michael S. Gazzaniga, Richard B. Lvry, George R. Mangun：《认知神经科学》，周晓林、高定国等译，中国轻工业出版社 2011 年版，第 479 页。

经基础。主要探讨的议题例如有：如何"理解注意如何实现和影响对刺激事件的探测、知觉和编码，以及如何基于这些刺激产生行为"，如何"计算性地描述实现这些效应的过程和机制"，以及"揭示这些机制如何在脑内的神经元通路和神经系统上实现"，等等。①

在注意以及注意与觉知的关系的相关神经生理学研究方面，支持了注意及其神经相关物的确在觉知中起到了重要作用。神经科学趋向于将注意与有意识的觉知视为两个独立的功能，并探讨注意对觉知来说是否必要以及注意在有意识的知觉中所起到的作用。

我们的直觉告诉我们，日常生活中只有在被注意到的情况下才能发生有意识的体验，而被忽视的部分则将不被觉知到。该注意与觉知的模式可由下图表示（见图11）②：

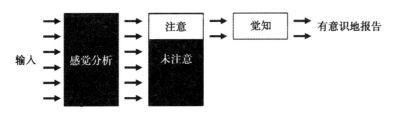

图11 注意与觉知的关系模型。所输入的感觉经过注意的分析、筛选，为选择性注意所投射的部分才能为觉知所通达，从而成为能够有意识地报告的部分

上节我们讨论了认知活动是我们大脑的有意识加工和无意识加工的交互作用。在注意和觉知的关系模型中还可以考虑加入有意识与无意识加工的范畴（见图11）③。

首先，根据注意对信息的筛选机制不同，可分为"早期选择"和"晚期选择"的作用。在早期选择认为，注意对信息加工有一个早期作用，即在对简单视听觉等特征的初步知觉分析之后，它在早期知觉过程中

① ［美］Michael S. Gazzaniga, Richard B. Lvry, George R. Mangun：《认知神经科学》，周晓林、高定国等译，中国轻工业出版社2011年版，第427页。

② 图片摘自［美］Michael S. Gazzaniga, Richard B. Lvry, George R. Mangun《认知神经科学》，周晓林、高定国等译，中国轻工业出版社2011年版，第476页。

③ 同上书，第477页。

就已经排除了未被注意到的信息，在这一步筛选之后，被选择的信息才进一步成为被觉知到，在觉知维度中成为注意对象。晚期选择则认为，注意仅作用于后期知觉过程，例如记忆、反应选择等（这些活动都以被注意到的信息为基础）。而知觉以及对应刺激的语义识别、提取等都是无意识加工的自动化过程①。由此，注意的早期选择可用上图（见图10）表示。而晚期选择的过程可用图 12 中的模型表示。感觉信息输入被无意识的和有意识的大脑加工所处理之后，自上而下的注意可对其产生影响。

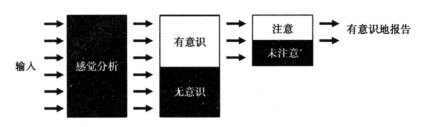

图12　有意识、无意识框架下的注意机制

早期选择和晚期选择的注意模型反映了注意影响心智活动的双通道模型："自上而下"的"自愿性"注意（voluntary attention）和"自下而上的""反射性"注意（reflexive attention）两种作用在大脑的无意识和有意识加工中交互作用。前者是我们有意愿做出的一种自主行动，而后者则由底层身体感觉刺激所触发。

其次，任务的注意负载（attentional load）影响或决定了注意对觉知的作用效果，即与任务相关的大脑加工过程，负载高注意才能达到觉知，而低负载则处于无意识。相对应的，由于注意资源的有限性，任务中靶项目和干扰子会竞争分配到注意资源，即靶任务消耗剩余的注意资源才会被分于干扰子上。无论干扰子是否被分配到注意资源，但由于是低负载的，即使引起了注意，它也有可能不被觉知到。② 另外，对干扰子的注意资源分配似乎不受意愿控制，即使被试不情愿将注意分配给干扰子，也很难自主

---

① Lavie, N.（2007），"Attention and Consciousness", in *The Blackwell Companion to Consciousness*, Edited by Max Velmans, Susan Schneider, Blackwell Publishing Ltd, pp. 489–503.

② Ibid. .

控制注意资源的分配。日常生活中，当我们集中注意力时，觉知中还是会常常难以控制地闯入一些不速之客，以及知觉背景的存在。注意力资源有限的特点，导致了人们观察或觉知体验时的一些能力限制。例如，在"注意瞬脱（attentional blink）"的心理学实验范式中，快速发生事件流中前后时间间隔非常短暂的目标 T1 与 T2，由于 T1 先获取了较多的注意资源，而紧跟其后时间间隔非常短暂的目标 T2 就无法获得足够的注意资源而不能被发现，从而不能被报告。

研究注意在第一人称研究中同样非常重要——我们需要言语报告自身体验，而只有被觉知所通达的体验部分才能为言语所通达并报告。根据觉知与注意的关系，对高注意力的训练成为了训练有素的第一人称方法的核心目标之一。

在第一人称方法训练与注意的相关研究方面，美国威斯康星大学麦迪逊分校的心理学、精神病学教授理查德·戴维森（Richard J. Davidson）和安东尼·卢茨（Antoine Lutz）跟踪研究了长期佛教禅修实践对注意力及其相关大脑神经的影响。[①] 禅修训练以训练注意力等手段进行心智训练。研究发现，长期禅修实践的被试，累积训练时长与注意定向、注意力水平、注意力维持、控制情绪反应对注意的影响等都有正相关的联系。例如，情绪反应与注意稳定水平是不相容的关系，而经过长期禅修训练的被试表现为在专注目标任务时，抗情感性声音刺激干扰的能力更强，在脑功能成像测量上表现为与情绪相关的杏仁核区域激活度（与普通被试相比）更低。在"注意瞬脱"范式中，长期禅修者表现出了对注意力更好的控制能力。

首先，脑电测量表明，与对照组相比，禅修组分配在 T1 上的注意资源更少（相同电极位置脑电波较小），由此反映出其耗费在 T1 上的精细加工较少；其次，随着对 T1 的分配资源下降，禅修被试表现出识别 T2 的准确率更高，由此反映出其摆脱 T1 执行 T2 任务的能力更强。由此，则综合反映出禅修被试对注意力控制和稳定性方面能力更强。

---

① Davidson，R. J.，& Lutz，A.（2008），"Buddha's Brain：Neuroplasticity and Meditation"，in *IEEE signal processing magazine*，25（1），pp. 176 – 172.

其次，普通被试经过相同的心智训练之后，注意力同样能够得到改变和提高，测试结论表明，注意力是可以被训练的。

最后，我们需要介绍与下文诸种第一人称训练方法相关的三种注意类型。我们的知觉场正如詹姆斯所描述的像一条水流湍急的河流，中间布满了各种内容：感觉、知觉、情绪、言语思维、心理意象、意义、身体图式、时空感等。而注意在其中则像一速聚光灯，将我们的觉知投射在需要的注意对象上。根据注意投射的方向不同，我们将注意分为三类：指向知觉对象的意向性注意（见图13）、指向觉知的反身性注意（见图14）和一种没有特定指向的弥散性注意（见图15）。在下一章介绍诸种第一人称方法时，我们将借用这些注意力类型来分析不同方法及其操作程序。

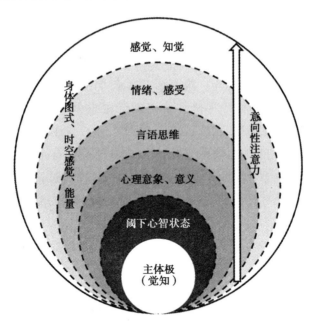

图13　意向性注意

在体验场中，觉知作为能知的主体极，将注意意向地指向注意对象，在此注意的方向是向外的。

在一些第一人称方法的注意训练中，要求注意反身朝向觉知自身而非觉知的内容，从而探究作为意识本质的自觉知功能。在此，注意的方向是

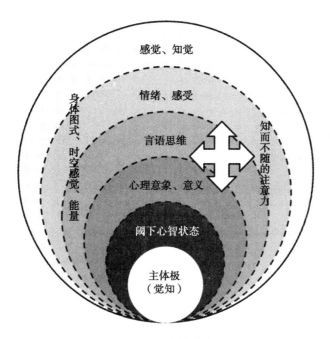

图 14　反身性注意

逐步朝内的。

　　在一些第一人称方法的注意训练中（详见下一章），需要培养一种无意向指向的注意。这种弥散型的注意是这样被描述的，它"不像聚焦的注意力是狭窄的、只专注于一个特定的内容之上；这种注意力是全景式、外围型的，它打开了一个宽广的领域。这种弥散的（diffuse）注意力是非常好的，它对大多数细微的变化都非常敏感"。"这种注意力倾向还被描述成是非意向性的、善于接受的。这种特征看上去似乎是矛盾的，因为对我们来说，除了意向性的、主动地聚焦在一个目标和一个既定的对象上面的注意力之外，我们想不出还有别的什么样的注意力。然而，大量证据描述了注意力的另外一种类型：它在非常警觉和清醒的同时，仍然保持着放松、超然、善于接受。"①

———————————

　　① Petitmengin，C.（2009），"The Validity of First-person Descriptions as Authenticity and Coherence"，in *Journal of Consciousness Studies*，16（10—12），p. 378.

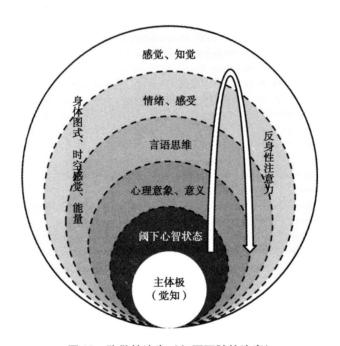

图 15　弥散性注意（知而不随的注意）

第八节　詹姆斯的意识理论、彻底经验主义与"宗教科学"①

　　在近代西方哲学中，确证意识体验的不可怀疑性和在认识论上的首要性是笛卡尔的伟大功绩；某种程度上，康德的超越论哲学（transcendental philosophy）是心智和意识的哲学研究的集大成者；而与之相比，威廉·詹姆斯（William James）是意识的形而上学、现象学研究向更完整的意识的科学研究过渡的一个划时代人物。人们常赞誉"詹姆斯既是最后一个哲学心理学家，又是第一个科学心理学家"。他难以归类，因为他不遵循学科的轨迹，而是自由自在地穿行于完整人性的经纬交织的复杂纹理中。詹

----

　　① 本节改写自论文：李恒威、徐怡：《论威廉·詹姆斯的意识研究》，《浙江大学学报》（人文社会科学版）2014 年 4 月。

姆斯的伟大风格在于他对人性的复杂性、多样性和完整性的深切尊重——他始终将人视为一个复杂的、整体的、统一的和可被科学实证的现象；他给予体验以最高的尊崇和荣誉，因为正是体验（无论是纯粹体验还是理性或概念体验）呈现了个体及其世界的所有内涵与意义。意识体验在认识论上的首要性与意识体验的生物起源和基础在詹姆斯那里从来没有处于对立的割裂状态。将人放在各种对立的概念中来理解，这天生就不是詹姆斯的学术气质；当他暂时将人"肢解"在不同的学科名目下研究时，他从没有忘记要在更深的意义上呈现人的完整性。他既不是物质论者也不是观念论者；他既不是经验论者也不是唯理论者；他既不是单纯的实验心理学家也不是单纯的人本主义心理学家。由于詹姆斯采用实验科学的方法研究心理现象，故而常被人们理解为是一个盎格鲁—撒克逊世界的自然科学家；由于詹姆斯关注宗教、意义、价值、特殊意识状态、内省，又常常被冯特等科学主义心理学家所抨击。詹姆斯在保持富有情绪热度的日常体验或宗教体验的同时，也保持着理性的持久的清明，在秉持经验实证科学的态度的同时，也充盈着形而上学的创造性想象。詹姆斯积极推进心理学的实验方法，自己却不爱做实验："心理学实验的思想和黄铜仪器一起，以及代数公式心理学让我感到恐怖，我未来的所有活动将可能是形而上学的。"①詹姆斯一生的活动，本身就是一个启示：意识等心智现象是首要的——或者简言之，人处在其体验世界的中心——生存体验是一切意义与真知之所从出。看看詹姆斯《宗教经验种种》的副标题——"人性研究"，就不难理解詹姆斯的学说为何会如此庞杂：哲学、心理学、生理学和宗教学等多元研究主题和方法在詹姆斯身上形成了一个以纯粹体验为起点和核心的自发的统一整体。

我们可以将詹姆斯在意识研究上的开拓性和全面性工作概括为四个方面。

第一，詹姆斯在哲学和心理学上关于意识的众多研究即使在当代仍然显示出划时代的蓬勃生机。在哲学上，他对"体验"（experience）的

---

① 转引自方双虎《威廉·詹姆斯与实验心理学》，《南京师大学报》（社会科学版）2010 年第 5 期。

哲学态度和形而上学思想直接或间接地与现象学和过程哲学有深切地呼应；为了回应传统的心—身实体二元论的形而上学困境，詹姆斯以极大的努力提出了"纯粹体验"的形而上学构想，并以对"关系"体验的阐发批判了"理性心理学"的"分离"认知观①。在心理学上，詹姆斯提出了"思想流"、"意识场"等理论；他对无意识、情绪、意志、注意、自我等主题的思考仍然是当代意识科学的主要议题和并为之提供了重要的思想资源。

第二，詹姆斯是揭开意识科学研究——探求意识的神经机制是意识科学研究的根本任务——序幕的一个重要的推动者。詹姆斯在《心理学原理》中明确阐述了意识科学研究得以可能的基本前提和条件："这里，我们的第一个结论就是，特定分量的脑生理学必须作为心理学的前提，或者必须包含在心理学中……提出这样一条一般法则就是安全的，这条法则就是：没有身体方面的变化相伴随或者跟随其后，心智的改变就不会发生。"②"脑是心智运作的一个直接身体条件这个事实，现在确实已经得到了普遍的认可，我无须花费更多的时间来对此加以阐明，我只是把它作为一个基本假定，然后继续往前走。这部书的所有其余部分都将或多或少是这一假定的正确性的证明。"③詹姆斯认为，作为心智生活的科学，心理学不仅要研究各种心智现象（诸如感受、欲望、认知、推理、决策、意志、记忆、想象、知觉、意识等），它还要研究这些现象的条件，而脑正是心智运作的一个"直接身体条件"。因此，在詹姆斯的心中，脑科学和神经科学对揭示心智本性是不可或缺的。他认为，身体和脑必须在心理学需要考虑的心智生活的条件中占有一席之地，精神论者（spiritualist）和联想论者（associationist）也必须是"大脑论者"（cerebralist）④。

---

① ［美］威廉·詹姆斯：《彻底的经验主义》，庞景仁译，上海人民出版社 2006 年版，第 29 页。

② ［美］威廉·詹姆斯：《心理学原理（第一卷）》，田平译，中国城市出版社 2003 年版，第 6 页。

③ 同上书，第 5—6 页。

④ 同上。

第三，在方法论上，詹姆斯将意识的第一人称的（广义现象学的）研究与第三人称的（经验实证科学的）研究自然地结合在一起。詹姆斯尊重和重视细致的、准确的第一人称报告和现象学分析在意识研究中的首要价值。在倡导和开展意识的科学研究的同时，詹姆斯从不认为心智层次的描述可以被简单还原为物理层次的描述，相反他的《心理学原理》充满了对心智层次的第一人称分析。当代神经科学家也逐渐认可第一人称进路在意识研究中的不可或缺性，从而形成了当代认知科学与现象学以及与东方"心学"的广泛对话。在当代"意识研究"中，力图整合这两种研究方法的趋势也非常明显，例如神经现象学（neurophenomenology）纲领就是该趋势的一个最为有力的注脚；神经现象学认为，为了全面揭示意识的本性，就必须同时承认和重视对意识的现象学和神经生物学的两种类型的分析，以及它们彼此之间的印证和互惠的引导①。

第四，詹姆斯将宗教意识体验的科学研究引入人们的视野。詹姆斯理性地看待宗教体验中的特殊意识状态，并致力于建立"宗教的科学"。正如肯·威尔伯（Ken Wilber）把心智比喻为一条多频光谱②，詹姆斯也认为理智的概念思维只是我们心智光谱的一部分。作为心智光谱中的不同频段，詹姆斯与新近的研究趋势认为，宗教体验的特殊意识状态将为意识研究带来不同寻常的视角和资源③。

詹姆斯的意识理论

詹姆斯认为一门研究心智现象的自然科学是可能的，意识体验作为"后验"的可经验的生存体验是实在的，从而是可被理性考察的。詹姆斯不排斥内省，因为"内省观察是我们不得不最先、首要和始终

---

① Varela, F. J. (1996), "Neurophenomenology: A Methodological Remedy for The Hard Problem", in *Journal of Consciousness Studies*, 3 (4), pp. 330 – 349. problem. *Journal of Consciousness Studies*, Vol. 3, No. 4 (1996), pp. 330 – 349.

② ［美］肯·威尔伯:《意识光谱》，杜伟华、苏健译，万卷出版公司2011年版，第5页。

③ Forman, R. K. (1998), "What Does Mysticism Have to Teach Us About Consciousness?", in *Journal of Consciousness Studies*, 5 (2), pp. 185 – 201.

依赖的东西"①，詹姆斯也使用实验科学的研究方法、一般观察的方法、比较的方法。"实证"在詹姆斯那里更是一种理性的态度而非仅局限于实验科学。詹姆斯最终要排除的不是实在的体验以及对体验的内省，而是要在先验哲学的思辨和现象学的研究中补充更多的事实和经验实证的材料。

詹姆斯对现代心理学建设和意识研究的贡献是巨大的，这是任何读过《心理学原理》一书的人都有的强烈印象。詹姆斯开创了美国第一个心理学实验室，把定量实验和生理学从德国带入了美国心理学领域；他关注意识的神经科学研究，推动心理学成为一门研究意识的自然科学，他将心理学定义为："心理学是关于心智生活的科学，既包含心智生活的现象也包含其条件"②，并开创性地制定了进行心理实验的主要领域：

（1）意识状态与其物理条件的联系，包括整个大脑生理学，还有最近得到详尽研究的感官生理学，以及被技术性地称之为"心理—物理学"、或者感觉与它们所由以被引起的外部刺激之间相互关系的法则；（2）将空间知觉分析为它的感觉元素；（3）对最简单心理过程的持续时间的测量；（4）对感觉体验和空间、时间间隔在记忆中再现的准确性的测量；（5）对简单心理状态相互影响、相互唤起、或者相互抑制对方再现的方式的测量；（6）对意识能够同时辨别的事实数量的测量；（7）对遗忘和记忆的基本法则的测量。③

他在《心理学原理》中展开了许多富有深刻洞见的专题讨论，包括脑的功能及活动条件、习惯、思想流、自我意识（consciousness of self）、注意、联想、知觉、记忆、感觉、本能、情绪、意志、催眠等，这些论题预见并大致确定了一个世纪之后该领域的几乎所有重要研究议题。

---

① ［美］威廉·詹姆斯：《心理学原理（第一卷）》，田平译，中国城市出版社 2003 年版，第 260 页。

② 同上书，第 1 页。

③ 同上书，第 271 页。

例如，"思想流"强调了意识的整体性，从而预见了格式塔心理学的主旨和新一代的认知观。"詹姆斯—朗格情绪理论"（James-Lange's theory of emotion）则首创了关于情绪的生理机制研究和理论，认为情绪首先是外部环境引起的身体状况变化，由于身体上的生理变化而导致心理感受的变化。这种生理依赖的情绪学说反倒为行为主义的产生作了铺垫。在"自我"理论方面，詹姆斯区分了三种层次的自我，为当代自我研究开辟了一个宽广视野。在对"习惯"的研究上，詹姆斯最早使用了神经"可塑性"（plastically）一词。对自动症、催眠等现象的研究，使詹姆斯思考了无意识与意识边缘等思想，而当今越来越多的实验则证明詹姆斯关于无意识知觉和意识边缘（fringe of consciousness）的设想是正确的。詹姆斯关于思想流、意识场、意识的边缘、无意识（或阈下意识）、自动症、自我意识的研究都是密切关联的，它们联合起来为我们勾画了一幅关于意识的大致图像。

詹姆斯在理论上的许多建树至今仍非常有活力。其中，意识场及其相关理论最为基础和重要。首先，作为基本特征，思想流表明，意识现象的最主要特征即为意识状态是变动不居的流，且是可感知的连续的，并且对象从边缘意识进入中心地带才能为我们所注意到[1]。在此基础上，詹姆斯认为心理现象的"现实单位很可能是整个心理状态，整个意识波或任一时刻展现给思维的对象场"[2]。意识活动作为一个场域而发生——意识对象不是孤立的观念或元素，而是整个连续的现象之流，包含各种关系集合的整个过程。而意识场的边缘界限是模糊的。

其次，不同的意识场有边界之隔，但它们之间的间隔只是一层"极薄的帷幔"，意识场的边界可以发生变化，不同的意识场之间可以转换，未遇的意识场隐藏在阈下意识中，不同的意识场通过阈下意识作为中介进行转换。"我们正常的清醒意识，即我们所谓的理性意识，只不过是意识的一个特殊类型；在理性意识的周围，还有完全不同的各种潜在的意识形

① ［美］威廉·詹姆斯：《心理学原理（第一卷）》，田平译，中国城市出版社2003年版，第316页。

② ［美］威廉·詹姆斯：《宗教经验种种》，尚新建译，华夏出版社2008年版，第167页。

式，由极薄的帷幔将它们与理性意识隔开。我们可能生活了一生，却从未猜想它们的存在；但是，只要给予必要的刺激，它们便因一触而全面呈现。它们是确定的心理形态，或许某个地方有它们应用的领域和适用的范围。任何对宇宙整体的论述，如果丢下这些意识形式不予以理睬，那绝不会有最后的定论。"① 不仅如此，詹姆斯还把潜意识（或阈下意识）是看作与更高心智状态或神秘领域的心智状态的相连接处，这个领域虽然不可见却在现实中产生结果②。

彻底经验主义

当詹姆斯在《心理学原理》中大致完成了心、脑以及心—脑关系的现象学描述和经验实证的解释之后，他感到实体二元论造成的对完整人的分离，决定论的物质论（materialism）造成的对自由意志的侵蚀是让人无法容忍的。因此，在《心理学原理》之后，詹姆斯"在其生命的随后岁月致力于设想一个令人满意的形而上学和认识论"③。最终，他把他的形而上学称为彻底经验主义。

在笛卡尔之后，人们对心—物和心—身问题的提问与思考都隐含了心智与物质是为两个先验（a priori）异质性"实体"的假设，这样问题一开始就在概念层面上预设了"解释鸿沟"——因此，这（即心智与物质的先验异质性）也就决定了解释鸿沟在概念分析的层面上是不可弥合的。为了弥合这个鸿沟，詹姆斯的方案是寻找在概念区分之前的更原初体验，这个方案即蕴含在他所称之为"彻底经验主义"的思想理论中。

彻底经验主义的理论意图是明确的：它反对心—物作为分离实体的二元论，它反对决定论的物质论，它反对一般经验主义将体验看作是离散的和分离的以至于需要理性主义的一些抽象概念来将分离的体验联结和统合。

---

① ［美］威廉·詹姆斯：《宗教经验种种》，尚新建译，华夏出版社 2008 年版，第 278 页。

② 同上书，第 375 页。

③ Putnam，R. A.（Ed.）（1997），*The Cambridge Companion to William James*，Cambridge University Press，p. 3.

　　概括地说，"彻底经验论首先包含一个假定（postulate），接着是一个事实的陈述，最后是一个概括的结论"①。其中的假定是，体验是首要的。也就是说，"只有那些可由体验中得来的词项加以界定的事物"才可以谈论。"这个世界很可能自在地存在着，但是我们无从知道，因为对我们来说，它完全是一个体验的对象；而对这个结果的必不可少的条件是，它关系到一些证人，它被一个或一些精神主体所知。"② 体验的首要性，首先是在世界唯有通过有意识的体验方能被显现和揭示的意义上建立起来的。然而，有意识体验（特别是反思型的意识体验）似乎不可避免地将所体验（the experienced）和所知（the known）确定为体验事件（或体验活动）的对立面，因此也就不可避免地出现了主体与客体、体验与被体验物、心与物的分离，并最终在笛卡尔那里被理论地确定为具有异质属性的两个实体。但在詹姆斯的构想中，意识体验特别是反思型的意识体验并不是原初，真正原初的体验是他所谓的"纯粹体验"。纯粹体验是指一种先于理论反思和概念思维的原初体验，是一种物我浑然的"所予场"（field of givenness）、一种包容物我全部关系集合的事实体验。"我把直接的生活之流叫做'纯粹体验'，这种直接的生活之流供给我们后来的具有概念范畴的反思以物质材料。"③ 纯粹体验是存在性的（ontological），并且每个纯粹体验对其他体验都有一种认识（knowing）功能的关系。"我的论题是：如果我们从世界中只存在唯一一种原始的质料或物质——每一种东西都是由它构成——的假定开始，并且如果称那种质料为'纯粹体验'，那么认识（knowing）就不难被解释为纯粹体验的各个部分可以进入的、朝向彼此的一种特定关系。这个关系本身就是纯粹体验的一部分；其'端点'（terms）的一头成为认识（knowledge）的主体或承担者，另一端成为被认识的对象。"④ 在詹姆斯所构想的这种纯粹体验中，认识是任何体验的都具有的原始功能，也是各个体验部分之间的纽带。这样，在存在论上只有

---

① James, W.（1975），*The Meaning of Truth*，Harvard University Press，p. xvi.

② ［美］威廉·詹姆斯：《彻底的经验主义》，庞景仁译，上海人民出版社2006年版，第144页。

③ 同上书，第65页。

④ 同上书，第3页。

单一的纯粹体验，但从认识论的角度看——即从认识功能的关系的角度看——"一部分既定的、未分的体验，放在一个联合的语境中扮演认识者的角色，心智状态的角色，'意识'的角色；然而在另一个语境中，这同一个体验却扮演着一个所知物的角色，一个客观的'内容'的角色。总之，它在这一组里表现为思想，在那一组里表现为事物。而且由于它们能在两组里同时出现，我们就完全有权把它们说成同时既是主观的，又是客观的。"①

纯粹体验具有在先性和无差别性的特点。在先性是相对于二元论的逻辑在先。纯粹体验不能预先独立地规定它是所谓"心智的"或所谓"物质的"，它是"混沌的"、"模糊的"。它是原初的，而经意识体验（特别是反思的意识体验）所昭示的主客二分的状态则是附加了概念分别的次级状态，它是借助反思能力从纯粹体验中派生而来的。从认识功能的发生发展来说，纯粹体验是前意识的和前反思的。

纯粹体验与反思

与理性主义不同，詹姆斯认为，纯粹体验比反思体验的抽象概念更直接、更鲜活和更丰富，纯粹体验本身就包含"对象"间的"关系"。首先，在《心理学原理》中，詹姆斯把知识分为"亲习知识"（knowledge by acquaintance）和"间接知识"（knowledge about）。前者指个体直接亲习当前对象，由此获得丰富的感知体验的过程整体，后者则是通过反思，运用概念和推理，形成"关于"一个对象的知识②。语言与反思的思维抽象是对体验的二次重构。由间接知识习得的抽象概念必须返回到亲习知识中，我们才能算真正理解了它。其次，实际上不存在理性主义所追求的那种纯粹无杂的、静态的、孤立的理念型对象——我们在实际生活中所熟悉的各种事物，并不是纯粹观念的，实际对象的知识是有关其知觉、情感、

---

① ［美］威廉·詹姆斯：《彻底的经验主义》，庞景仁译，上海人民出版社2006年版，第6页。

② 尚新建：《美国世俗化的宗教与威廉詹姆斯的彻底经验主义》，上海人民出版社2002年版，第97页。

行为等的集合，是一个活生生的、丰富的、动态的、亲历的体验过程本身。詹姆斯认为理性不可能把体验中的对象或对象的某一属性与其他属性完全剥离开来，体验中的对象是过程的、连续的、边缘模糊的关系集合。人们获得某个观念的背后，实际拥有的是与"这个"观念相关的各种体验和关系的综合。所以詹姆斯认为当我们获得对象的概念时，"（概念）主语代表一个熟悉的对象，加上谓词使得关于它的某种东西被知道了。当我们听到主语的名称时——它的名称可能有丰富的内涵——（实际上）我们可能已经知道了许多东西。……"①

直接体验作为"亲证性"实在，保证了另一种含义的"真"——体验的另一"彻底性"在于它的可体验性。詹姆斯反对任何超越体验的"绝对"视角，由于超出可体验的亲证范围，理性做出的先验设定与形而上学论证反倒都是虚假的、独断的，不可证伪的——由于其不可体验。詹姆斯的"体验"不仅是原本、鲜活的，更是"实在"、可体验的。詹姆斯在对待宗教体验时也秉持这一态度，神秘体验的"可体验性"使其去神秘化，而成为一种确实存在的意识状态而可以为人们所研究，无论导致这些特殊意识状态的背后原因是什么。

一个理论上的悖论是，纯粹体验的特征使得它不存在于我们的常识经验中——在常识经验中，我们的意识活动习惯于二分模式，以至于纯粹体验一落意识体验、一落反思就消失了"纯粹性"。为此，詹姆斯用"当下的瞬间场"（instant field of the present）这一概念，来解释什么是他所谓的生活中的纯粹体验："当下的瞬间场永远是在'纯粹'状态中的体验，是朴实无华的未经限定的现实性，是一个单纯的这，还未分别成为事物和思想，仅仅是可以潜在地归类为客观事实或为某人关于事实的意见。"② 在实际体验中，詹姆斯也认为"只有新生婴儿，或者由于从睡梦中猛然醒来，吃了药，得了病，或者挨了打而处于半昏迷状态中的人，才可以被假

---

① ［美］威廉·詹姆斯:《心理学原理（第一卷）》，田平译，中国城市出版社 2003 年版，第 310 页。

② ［美］威廉·詹姆斯:《彻底的经验主义》，庞景仁译，上海人民出版社 2006 年版，第 51 页。

定为对于'这'具有十足意义的纯粹体验"①。在普通人那里，"纯粹体验之流一来，就用重点充实自己，那些突出部分被同一化、固定化和抽象化"②。也就是说，纯粹体验几乎不能为人们直接体验，"因为只要人们有意识地去感觉或知觉，他已经按照概念的范畴规范了这种意识。然而，这恰恰证明了纯粹体验是概念的素材"③。

另外，在各种不同体系的宗教文本中，却多有类似于纯粹体验的报告记录。比如，基督教神秘主义文本中关于一个人感到自身与自然事物无差别的体验记录："……我内心的某个东西，使我觉得自己是属于某个更大的东西……我觉得自己与草、树、鸟、虫合一，与一切自然事物合一。我单纯为存在这一事实欢喜，为成为这一切——绵绵细雨，云彩，树干等等——的一部分而欣喜若狂。"④ 一个人感到自身与周围对象一种知觉上的无界限的合一，心理自我感与物理对象处于一个无差别的统一场中，缺失了自我与对象的分界。一个这种状态的更清晰描述来自克里希那穆提（Krishnamurti），他在1922年8月写下了他的第一次这种体验：

> 处在这种情况的头一天，我有了第一次不可思议的体验。我看到一个男人在那里修路，那个男人就是我，他手上拿的鹤嘴锄是我，他敲打的那块石头也是我，路旁的小草和他身边的大树也都是我，我几乎能和他一样地感觉和思考。连微风吹过树梢，吹过草上一只蚂蚁的感觉，我都能接收到。鸟儿、灰尘、噪音都是我的一部分。就在这时，有辆汽车停在不远的位置，我发现我也是那司机、引擎和轮胎。那辆车后来逐渐远去，我也逐渐脱离自己的身体。我处在每一样东西里，而每一样东西也都在我身上，不论是有生命的或没有生命的，包括高山、小虫和所有

① ［美］威廉·詹姆斯：《彻底的经验主义》，庞景仁译，上海人民出版社2006年版，第65页。

② 尚新建：《美国世俗化的宗教与威廉詹姆斯的彻底经验主义》，上海人民出版社2002年版，第139页。

③ 同上。

④ ［美］威廉·詹姆斯：《宗教经验种种》，尚新建译，华夏出版社2008年版，第283页。

能呼吸的东西在内。整天我都保持在这种大乐的状态。[①]

佛教文本中也有类似关于主体与客体间界限消失的描述和界说。《佛光大辞典》解释"无分别智"："又作无分别心。指舍离主观、客观之相，而达平等之真实智慧。即菩萨于初地入见道时，缘一切法之真如，断离能取与所取之差别，境智冥合，平等而无分别之智。亦即远离名想概念等虚妄分别之世俗认识，唯对真如之认识能如实而无分别。"[②] 佛教文本的内容不仅表述了主体与他者、客体之间无实体界限的感觉，还蕴含了自我的实体感和自我在身体内空间定位等感觉的消解。暂且不论这些文本所描述的状态是否都是同一种状态，但是，毕竟我们可以看到在人类历史长流中，存在多种类型的体验状态，常识中主客二分的心智体验结构似乎并不完全是唯一的体验状态。

"宗教科学"

詹姆斯对所有的人类体验都是开放的，包括宗教体验和神秘体验："理性主义坚持逻辑与崇高。经验主义则坚持外在的感觉。实用主义愿意承认任何东西，愿意遵循逻辑或感觉，并且愿意考虑最卑微的纯粹是个人的体验。只要有实际的后果，实用主义还愿意考虑神秘的体验。"[③]

"在神经学的领域，讨论宗教是一种禁忌吗？几乎在一个世纪前，对詹姆斯来说，这就不是禁忌。我们忘了，早在1901—1902年，他已经把这两个主题结合在一起了，以'宗教与神经学'为题作为他在爱丁堡大学的20个演讲的第一个演讲。从那时起，神经科学的知识爆炸性地成长了。"[④] 关于宗教体验的科学研究之所以可能以及为什么要进行宗教体验

---

① 转引自 Forman, R. K. (1998), "What Does Mysticism Have to Teach Us About Consciousness?", in *Journal of Consciousness Studies*, 5 (2), p. 199.

② 在线辞典，http://www2. fodian. net/BaoKu/CommonInfo. aspx? c = DictionaryInfo。

③ ［美］威廉·詹姆斯：《实用主义：一些旧思想方法的新名称》，陈羽纶、孙瑞禾译，商务印书馆1979年版，第44页。

④ Austin, J. H. (1999), *Zen and the Brain: Toward an Understanding of Meditation and Consciousness*, MIT Press, p. 3.

的科学研究，詹姆斯在"宗教与神经学"中阐述和辨明了三个基本观点。

第一个观点是，宗教体验也是心理现象，因此既可以对宗教体验进行广义现象学的分析，也可以对宗教体验的神经条件进行科学研究。"对于心理学家而言，人的宗教倾向至少同有关心智组成（mental constitution）的其他事实一样有趣。"① 对宗教倾向研究的主题不是宗教制度，而是宗教体验，即"宗教的感受和宗教的冲动"②。既然宗教体验是一种心理现象，因此，它也有相应的神经条件——对这些神经条件的研究与对其他日常心理功能和心理体验的神经条件的研究并没有什么本质不同。宗教体验不能为理性所肢解，本质上也不能为概念和语言所产生和再现，但我们却可以理性地看待和研究宗教体验；这种理性的研究不排斥使用自然科学的研究手段，但它也不是科学主义和心理主义。除了实验上的实证，在詹姆斯眼中，宗教科学更追求一种以亲证体验为基础的不与科学精神相违背的"实证"。

第二个观点是，"宗教科学不可以代替活的宗教"③。也就是说，对宗教体验的心理学、现象学和神经条件的研究并不会取消或贬损宗教的精神性（spirituality），关于宗教体验的神经学的实存（existential）判断不应该否决关于宗教体验的现象学的精神（spiritual）判断的价值。

　　　　任何事物的研究统统分为两类。第一类研究是：事物的性质是什么？它是怎么来的？有怎样的构造、起源和历史？第二类研究事物的重要性、意义或意蕴（significance）是什么，既然这个事物已经摆在面前。第一类问题的答案由实存判断或命题表示。第二类问题的答案则由价值命题表示，即德国人说的"Werturteil"（评价），如果我们愿意，亦可叫做精神判断。这两类判断，任何一种都不直接从另一种演绎出来。它们两者是从不同的理智关注点（preoccupations）出发的，而心智（mind）只有首先分开理解（make）它们而接着将它们

---

① ［美］威廉·詹姆斯：《宗教经验种种》，尚新建译，华夏出版社 2008 年版，第 2 页。

② 同上。

③ 同上书，第 357 页。

加在一起才能［最终］把它们组合起来。①

关于宗教体验的研究，詹姆斯批评了他那个时代的"医学物质论"（medical materialism）。詹姆斯发现在广泛的西方宗教体验的文献记述中，宗教天才往往表现出神经不稳定症状，宗教领袖可能比其他方面的天才更多地遭受异常心理的"拜访"，他们是高亢情绪的敏感者，他们过着不和谐的内心生活，他们一生曾有一部分生活沉浸在忧郁之中，他们不知节度，容易着迷和固执，并常常陷入恍惚状态，听见耳语，看见幻象，做出各种各样一般归为病态的行为。据此，医学物质论者认为只要揭示出宗教体验的病态的神经条件，就可以贬斥和取消宗教体验的精神性。例如，医学物质主义者把圣保罗去马达加斯加路上看见的幻象说成脑后皮层病灶放射的结果，断定他是癫痫患者；将圣特蕾莎（Saint Teresa）视为歇斯底里患者；将阿西西的圣方济各视为遗传性退化病人；认为佛克斯（George Fox）所以对当时的虚伪不满和渴求精神的真诚是大肠失调造成的；认为卡莱尔（Carlyle）抒发悲苦的高唱是因为十二指肠溃疡和胃溃疡造成②。对此，詹姆斯认为这种以实存判断来归约或贬损精神判断的态度是荒谬的、武断的和不合逻辑的。他认为对于人们"不喜欢的心态，泛泛地将它们与神经和肝脏连在一起，将它们与指谓身体疾病的名目联系起来，这种贬损完全是不合理的，并且自相矛盾"③。

既然宗教体验本身是对宗教现象进行价值评断的最后根据，那么，为什么还要对宗教体验的神经条件进行科学研究呢？对此，詹姆斯给出了两点答复——这也是为什么要进行宗教体验的科学研究的第三点。首先，他认为理智的无法抑制的好奇迫使人们要理解心身事件之间的关联。其次，通过与日常或正常状态的对比，我们可以从这些异常的宗教体验中更全面地理解人性。例如，詹姆斯说道："考察一件事物的过度和倒错，以及它在其他地方的等价物、替代物以及最近的亲属，总可以使我们更好地理解

①　［美］威廉·詹姆斯：《宗教经验种种》，尚新建译，华夏出版社 2008 年版，第 3 页。

②　同上书，第 9 页。

③　同上书，第 10 页。

它的意义。并不是，我们原来对其低等同类物的贬斥，现在统统可以泼向它，而是说，通过对比，我们可以确认它的好处究竟在哪儿，同时可以弄清楚，它会遇到何种堕落的危险。"① 就方法论而言，研究精神异常状态的宗教体验的作用是进行心智解剖，这犹如解剖刀和显微镜之于身体解剖的作用一样。"要恰当地理解一件事情，那么我们有必要从它的环境外和环境内两方面来看它，并熟悉整个变异的范围。因此，对于心理学家，幻觉研究是领悟正常感觉的门径，错觉研究是正确了解知觉的钥匙。病态的冲动和强迫的概念，即所谓'固执的想法'，曾有助于揭示正常意志的心理学，而强迫意念和妄想同样有助于揭示正常信仰能力的心理学。"②

宗教意识体验

"个人的宗教体验，其根源和中心，在于神秘的意识状态。"③ 詹姆斯认为，神秘体验值得研究，尽管神秘体验作为可体验的实在，它可能出错，但却是实在的——相比于传统哲学中的体验假设与思辨，它们更为"真实"。人类存在多元的体验层次与意识状态。神秘状态的存在表明，理性或许只是心智的一种类型："理性在我们的其他许多体验上起作用，甚至对我们的心理体验发生作用，却决不会在这些特殊的宗教体验现实的发生之前，将它们推导出来。……宗教体验一旦现实地产生并给予，在接受者眼里，宇宙万物的范围将大大扩展。宗教体验暗示，我们的自然体验，我们严格的道德体验和慎行的体验，恐怕都不过是真正的人类体验的一个片段。宗教体验模糊了自然的轮廓，开拓了最为奇怪的可能性和视野。"④ 神秘体验作为特殊的意识状态，是日常意识状态的扩展，是意识场的扩展，有望为意识研究提供特殊的资源。

詹姆斯在其著作《宗教经验种种》中收集、整理了大量关于神秘主义体验的第一人称心理报告，并对其进行了系统的梳理、归纳、分析研

---

① ［美］威廉·詹姆斯：《宗教经验种种》，尚新建译，华夏出版社 2008 年版，第 15 页。

② 同上书，第 15—16 页。

③ 同上书，第 271 页。

④ ［美］威廉·詹姆斯：《多元的宇宙》，吴棠译，商务出版社 1999 年版，第 166 页。

究。从其多元主义世界观出发，涉猎各个不同宗教，并举各类特殊体验，包括病理的、药物致幻的、情感型的、一般的神秘体验和高级的神秘体验等；以基督教为主，也兼举佛教、印度教、苏菲教等。不可言说性（ineffability）、可知性（noetic quality）、暂时性（transiency）和被动性（passivity）被詹姆斯总结为神秘主义体验的四种特征①。前两项特征较为普遍，后两项特征有待商榷。福尔曼认为也存在永久性的神秘体验②，即意识的常规"认知结构"发生了永久性的转换，特殊体验成为一种常态。当特殊体验成为常态时，被动性的特点也不是一成不变的。而不可言说性表明一方面语言不能重构体验——这当然会给第一人称体验报告的客观性造成致命的冲击——另一方面表明语言的逻辑、抽象框架并不能完全收纳体验，人们需要结合具体语境与体验实质来真正理解语言背后的所指。

作为詹姆斯宗教体验研究路线的延伸，罗伯特·福尔曼（Robert Forman）在《关于意识神秘主义给我们的教益是什么?》一文中提取了这些不同系统的宗教神秘体验的一些共同特点，分为如下三类：（1）没有意向内容却有觉知的"纯粹意识事件"（pure consciousness events，PCE）。这类纯粹意识事件在多种宗教传统中都有记载：印度教文本把它称之为意识的第四状态（Turiya）；在佛教中这种纯粹意识事件有好几个名字——灭尽定、灭受想定等，都指称这类不同程度上的心理内容成分不断减少的状态。（2）如海洋感般静谧的"二元的神秘状态"（dualistic mystical state，DMS），与外在保持正常的认知交往活动的同时，保持内心的寂静不动状态："内部静止的体验，甚至可发生在忙于思考和行动的同时——一个人保持着觉知到自己的觉知（awareness）的觉知，但同时持续意识到念头、感觉和行动。"③这种现象带给人们的惊喜是，记录直接体验似乎是可能的，这种二元的意识状态似乎能克服内省需要时间差的困难。（3）感觉到物我融合的"合一的神秘状态"（unitive mystical state，

---

① ［美］威廉·詹姆斯：《宗教经验种种》，尚新建译，华夏出版社 2008 年版，第 272—273 页。

② Forman, R. K. (1998), "What Does Mysticism Have to Teach Us About Consciousness?", in *Journal of Consciousness Studies*, 5（2），pp. 185 – 201.

③ Ibid., p. 186.

UMS）："一个人自己的觉知本身和他周围的对象的一种知觉上的合一（perceived unity），一种在自我、对象和其他人之间的类—物理上（quasi-physical）合一的直接感觉（an immediate sense）。"① 人的意识似乎能够穿透到所有的物体中去。"意识就像一个场域。这些合一的体验再次肯定了这种含义并且表明这样一种场域可能不仅超越了我们自身的身体限制，而且某种程度上相互渗透或连接了自我和外在对象。"② 关于这部分的内容，尤其是"纯粹意识状态"，及其意识理论的分析，我们将在本文的其他部分中详细讨论。

第九节　佛教心智理论

人类对自身之心或心智（mind）的体会、理解和认识与人类的文明史一样久远。在近代科学建立之前，人类对心智的探索就已经隐含在东、西方文明的神话、哲学和宗教中。当今认知科学联盟③试图为意识（心智）研究提出一套更为整合的观念、概念、模型和方法，从而对心智本性和运作做出连贯的、统一的、严格的、清晰的解释——这一理路的内在逻辑推动一些学者自觉或不自觉地认识到与一种同西方的哲学—科学传统异质的"心学"④ 体系对话的必要性和重要性。佛教在西方特别是在过去的几十年中变得非常流行。这种流行既是一个复杂的文化和社会现象，又因为佛教乃至其他东方传统的内在特征，以至于它们与西方关于认知、心（智）和意识的科学探索相互激荡。

在连接心智的东西方跨文化研究中，神经现象学是其中的一大方法论动力。神经现象学以实现"人类体验结构的现象学描述和认知过程的科学描述之间能够彼此互惠增益"为目标，在其语境中"现象学"是指一种

---

① Forman, R. K. (1998), "What Does Mysticism Have to Teach Us About Consciousness?", in *Journal of Consciousness Studies*, 5 (2), p. 186.

② Ibid., p. 199.

③ 认知科学在其建立之初就是一个学科的联盟。

④ 印度瑜伽传统、佛学和佛教传统、中国的道家和道教、儒家的心学、中医的哲学和实践、伊斯兰教的神秘主义等。

研究和分析体验的训练有素的、第一人称的方式。根据这一思路，它特别关注了西方哲学中现象学传统和亚洲的禅修（Meditation）哲学，尤其是佛教。在它的工作思路中，佛教传统特别值得一提，原因在于"佛教的基础是禅修的心理训练，以及在此训练基础上对心智批判的现象学和哲学分析"①。在神经现象学等多个领域与思潮的推动下，佛教传统关于心智的理论与实践已经引起了越来越广泛和深入的关注：

> 神经现象学的有效假设诉诸精确的第一人称观察和主观性心理状态的描述。在一个实验情境中，这种有效假设是双重的。
>
> 首先，通过心智训练产生的精确的现象学第一人称叙述能够提供重要的、有关连续瞬间体验的内生和外在不可控的起伏的信息，比如注意力的品质。此外，在佛教传统中一个人可以产生和维持一种特定的沉思状态——在此状态中他的心智仍然在意识的一个纯然"光亮"（luminosity）中保持响应、醒觉和警觉，但却未专门地关注任何特定的对象或内容——具有这种状态的人可以提供关于意识主观方面的重要信息，这些信息对日常的反思或内省并不是显而易见的或可通达的。
>
> 其次，通过心理训练产生的精确第一人称报告有助于探知和解释与意识相关的心理过程，比如神经集团中同步振荡活动的大尺度动力学模式。按照这种进路的实验研究已经理解了有意识视知觉、癫痫行为以及有关的主观心理事件、疼痛体验的神经动力学，以及受过高级训练的藏传佛教修行者的冥想状态的神经动力学关联。②

在过去的近百年中，认知科学与以佛教思想为代表的东方"心学"这场依然处于发生的运动中，已经出现了一批有影响力的研究范例。认知科学尤其是心理认知的研究从佛教文化中吸取了诸多洞见。例如著名生物

---

① Thompson, E. (2006), "Neurophenomenology and Contemplative Experience", in *The Oxford Handbook of Science and Religion*, edited by Clayton, P., Oxford: Oxford University Press, p. 226.

② Ibid., p. 229 - 230.

学家、神经科学家、认知科学家和哲学家弗朗西斯科·瓦雷拉（Francisco Varela，1946—2001）对这一研究风潮早有预言，敏锐的学术嗅觉使他确信东方的佛教传统与西方的认知科学和现象学能在对话和交流中互惠增益。在其著作《具身心智：认知科学和人类经验》中他评论道："我们的认识是：亚洲哲学，尤其佛学西渐，乃是西方文化史上的第二次文艺复兴，其对西方文化的重要性堪比欧洲文艺复兴时希腊思想的再发现。"①其次在认知科学的研究中，他明确主张强调对第一人称方法论的研究，以及吸收借鉴东方尤其是佛教传统，并期望在现象意识的探索上使其与科学和西方传统相结交②。

在本节中我们首先来介绍相关的佛教心智理论，在此基础上，我们将总结本章，并对内省是否可能的问题，在吸收佛教理论的洞见的基础上给出回答。在本章基础上，下一章我们将进一步深入介绍、探讨与意识理论相关的诸种第一人称训练方法。

心识结构

东方传统向来以对心智的默观传统而闻名，并在此基础上建立起的对心智的理论建构和理解远不同于西方哲学的笛卡尔模式："在大多数印度传统中，心智既不是一种大脑结构也不是一种处理信息的机械装置。心智被构想成是由一连串相关的心智状态所构成的复杂认知过程。这些心智状态至少原则上是现象学地可获得的；即它们能够通过注意我们体验到感受、知觉、思维、记忆等等的方式来被观察到。"③

---

① Varela, F. J., Thompson, E., and Rosch, E. (1992), *The Embodied Mind: Cognitive Science and Human Experience*, MIT press, p. 19.

② Varela, F. J. (1996), "Neurophenomenology: A Methodological Remedy for The Hard Problem", in *Journal of Consciousness Studies*, 3 (4), pp. 330 – 349.

③ Dreyfus, G., & Thompson, E. (2007), "Asian Perspectives: Indian Theories of Mind", in Philip David Zelazo, Morris Moscovitch and Evan Thompson (edit.) (2007), *The Cambridge Handbook of Consciousness*, Cambridge University Press, p. 90.

在佛教理论文本中，尤其是小乘佛教阿毗达摩①论集、大乘佛教有宗流派文本等，包含了大量对心智机制的论述及其基础上的知识论探讨，以及大量相关的现象学描述与分析。例如，西方学者就将论典阿毗达摩视为一种丰富的现象学文本，"它的核心在于通过体验的证实（尤其是通过受过心智上训练和精炼的禅定体验（contemplative experience））来识别心智如何工作"：

> 阿毗达摩中所包含的现象学分析和法称的认识论分析，为认知科学家和心智哲学家更好地理解意识提供了重要资源。这些分析也组成了佛教传统孕育禅修（meditation）和心智训练的理论框架，这两者都关系到禅定的心智状态的现象学，和据说由这些状态所提供的知识类型的认识论。鉴于对禅修效果和它的生理学相关物、它们与意识的关系的递增的科学兴趣，领会这些在佛教传统中被概念化了的状态在现象学和哲学上的精密内容对科学共同体来说是非常重要的。②

在此，我们需要简略介绍一下佛教中关于心智结构的理论概要。

首先众所周知，佛教以"无我"的思想闻名："佛教传统的思想以相反的无我（no-self, anatman）观点为基础。对佛教来说是没有自我的，因而心智活动也不效劳于这样一个实质（entity），而是它自身的功能。简言之，对佛教来说没有能一个觉知到所经历的体验或所拥有的念头的自我。宁毋说念头它们自己就是思考者，体验本身就是体验者。"③ 在这一基调的基础上，从公元前 5 世纪的佛陀时代以来，佛教的复杂心智理论在一代又一代的智慧论师的手中，不断在发展着。

---

① 根据佛教传统，佛教徒把他们的大量经典文本分为经（Sutra，佛陀所说的）、律（Vinaya，僧侣的戒律）和论（Abhidharma，以对体验的详细分析的形式使佛教教义系统化）三种。阿毗达摩（Abhidharma）是"三藏"中的一种，即"论"的集合。

② Dreyfus, G., & Thompson, E. (2007), "Asian Perspectives: Indian Theories of Mind", in Philip David Zelazo, Morris Moscovitch and Evan Thompson (edit.) (2007), *The Cambridge Handbook of Consciousness*, Cambridge University Press, p. 91.

③ Ibid., p. 93.

佛教用梵文名词 dharma，"法"① 来指称万事万物。佛典中对法有诸多分类，为了对一切法进行说明，大乘佛教论师世亲简择了重要的一百种法在其著论《大乘百法明门论》中进行的说明（百法分类详见图16）。因缘所生之法称之为"有为法"，离因缘造作之法称之为"无为法"，百法中前者占94种，后者占6种。我们日常的精神和物质现象包含在有为法中。偏精神类的称之为心法，偏物质类的称之为色法；还有一类非心非色的法，名为"心不相应行法"。心法之中又分心王与心所，心王对应八识，每一识起活动时都有相应的心所辅助、配合其活动。

"识"（vijñāna）是梵文 vi（分析、分割）和 jnana（智）的合成语，所以它的本义是指对所观之点进行特别的分析、分类、了别等认识作用。英文文本常将"识"翻译为"consciousness"，这是一种不太恰当的对应，在下文的介绍中，我们将看到佛典常常提到的八识远超出了"consciousness"的含义。与"consciousness"对应的，主要是佛典中的第六种识。

"根"、"境"② 和合而后"识"生。在对境的认识中，心王对变现法相起到主要作用（故称之为"王"），心所辅助心王引起法相（各个心王与之俱起的心所列表详见表17）；换言之，法相的变现或涌现，总是由"识"完成的。这也是名言"万法唯识"的其中一层含义。识分八种，前

---

① 在佛典中，"法"的含义多而语意不一，通常多用"任持自性、轨生物解"来概括性地定义这一名词。任持自性，指所有都能保持自身自性（各自的本性）而不改变的万事万物，就可成为"法"；轨生物解，指能轨范人伦，令人产生对一定事物理解的认知标准、规范、道理、教理知识等。

② "根"属色法，前五根分眼、耳、鼻、舌、身五根，分别与外境中的色、声、香、味、触五尘（也是色法）相接和合，在这之上随之产生了别认识作用，由此产生眼、耳、鼻、舌、身等五识。意根接法尘，和合发生了别作用生第六意识。"所谓根者，实即自身之内根。未分五门出发时，在身内原融归一体，本来清净，为色法根本。认识此一片清净之相者，小乘教称为根本识，大乘则名第八识。此色法根本，谓之'净色根'。净色根分门出发，与外境结合时，依眼球出者特名眼根；依耳朵出者特名耳根；依鼻孔出者特名鼻根；依口舌出者特名舌根；依皮肤出者特名身根。是名'五胜义根'，皆以浮尘根为工具。""'根境和合'之'境'字，即身外同类众生各从净色根向五浮尘根出发之活动力。以不属于自身范围，名之曰境。"——冯达庵：《佛法要论》（上），宗教文化出版社2008年版，第320—321页。

五种常合称为前五识，即眼、耳、鼻、舌、身识。第六种称为"意识"。第七种称为"末那识"，在古籍文本中常简称为"意"。第八识称为"阿赖耶识"，除此之外，根据所侧重的作用的不同，它还有"心"、"藏识"、"执持识"、"神识"等别名。

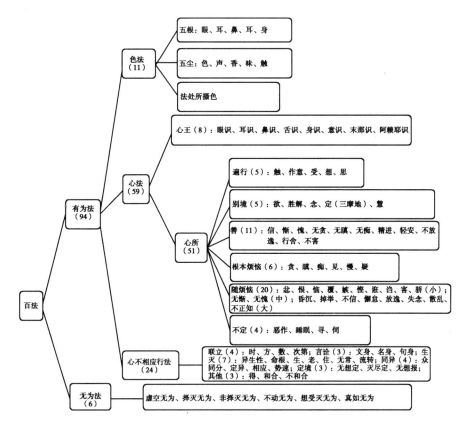

图16　百法名录

"万法无非识所变现，别其门类，不出五端：（一）心法。亦称心王。为识性主要作用，即眼耳等八类识也。（二）心所法。为八类识所属（'心所'意义即'心王所属'）；盖与心王相应而起，如臣辅然，即作意等五十一心数也。（三）色法。乃心王、心所幻变之假相。循于习惯，不觉其妄。即'色'、'声'等十一事也。（四）心不相应法。则心王、心所、色法三种分位幻象。所谓分位，即上三种法带出之晕影，如时、方等二十四事是也。（五）无为法。即以上四事法所依之理体，如真如、无为等六理是也。"①

表17　各个心王活动时与之俱起的心所，心识是心王、心所的聚合

心王	与之俱起的心所	数量
前五识	五遍行、五别境、十一善、三根本烦恼，二中随烦恼、八大随烦恼	34
第六识	全部心所	51
第七识	五遍行、别境慧、四根本烦恼、八随烦恼	18
第八识	五遍行	5

根据玄奘所作《八识规矩颂》，前五识起活动时，五遍行、五别境等三十一种心所与之俱起。第六识活动时，所有心所都可能与之俱起。而第七识活动时，只有十八种心所与之俱起。第八识则唯有五种遍行心所与之一起活动。这一心王、心所的结构描绘了在认知活动中，除了纯粹的了别作用，好、恶、喜乐、烦恼等情绪活动是相互并存发生的：

> 这里的基本洞见是，心智状态有两种认知功能——（1）觉知（2）认知和情感的参与与描述。举个例子，嗅觉感觉是觉知到香甜的对象。但心智状态不仅仅只是觉知的状态。它们不是被动反射对象的镜子。相反，它们主动地参与到它们的对象中，理解对象快乐或不快乐，理解它们的特殊意图等等。比如，一个对甜味对象的味觉认知不仅仅是觉知到甜的状态，而且还把对象理解为愉快的，还辨别了一些比如它的纹理等特定品质，等等。还能把这个对象归类为是这个人最喜欢的瑞士巧克力。对象的这些特征是心所的功能。②

八种识作为精神活动的能动方，有各自所缘、了别的对象，这个对象称为"相分"。前六识分别以六尘为相分。第七识以八识见分（能见）为

---

① 冯达庵：《佛法要论》（下），宗教文化出版社2008年版，第587—588页。

② Dreyfus, G., & Thompson, E. (2007), "Asian Perspectives: Indian Theories of Mind", in Philip David Zelazo, Morris Moscovitch and Evan Thompson (edit.) (2007), *The Cambridge Handbook of Consciousness*, Cambridge University Press, p. 96.

相分。第八识以前五识见分净色根为相分，从根本上来说，五根的本原可以追溯自第八识，这是"万法唯识"的另一层含义。这个第八识是"一个更连续的识的形式，依然是刹那刹那发生的，但一直存在着。但因为它是阈下意识的（subliminal），所以我们通常不能发现它，只有在特殊情况下，诸如昏厥，它的存在才能被注意到或至少可以推论出来。这种识包含了个体所累积的所有基本习惯、倾向和习性（包括从这段生命带到下段生命中的）。所以比起显而易见的认知上的觉知本身，它提供了更大深度的连续性"①。佛教认为第七识对第八识的执着是生发根深蒂固的"我执"的根源所在。

> 藏识（第八识）被染污意（第七识）认为是一个自我。由此，在一个人的核心处形成了与生俱来的自我感。然而，从佛教观点的角度来看，这种自我感在根本上是错误的。它是对统一的一种心理强迫，事实上这里只有大量相互关联的物理和心智事件的产生。所以这种属于某个人的自我感的控制感是一个大幻觉。真的没有人在总管物理和心智过程，它们产生于它们各自的因缘，而非我们的突发奇想。心智不是由中央单元所统治的，而是由根据环境变化强弱的竞争元素所裁决的。②

在识的分类上，根据将百法分为"五位"，可以横向将识分为"五位唯识"（见表18）：

表18　　　　　　　　　五位唯识

五位	对应百法	术语名称	作用
主要识	心王	自性唯识	能变现法相的主要力量
辅助识	心所	相应唯识	辅助心王引起法相

① Dreyfus, G., & Thompson, E. (2007), "Asian Perspectives: Indian Theories of Mind", in Philip David Zelazo, Morris Moscovitch and Evan Thompson (edit.) (2007), *The Cambridge Handbook of Consciousness*, Cambridge University Press, p. 97.

② Ibid. .

（续表）

五位	对应百法	术语名称	作用
变质识	色法	所变唯识	由主、辅二识和合，所变法相凝聚成假质
衬托识	心不相应行法	分位唯识	衬托前三类识的分位差别，即心法、色法显现时，连带衬起的空间、时间、意义等幻象
归本识	无为法	实性唯识	一切法相所依体

　　根据唯识宗定学方面的内容，又可以从纵向上将识分为"五重唯识"。它是由唐代窥基大师所提出的，在其著作《大乘法苑义林章》和《心经幽赞》中窥基大师描述并推崇了这一心识剥析模型。五重唯识实际上是用以论述唯识宗禅修实践的方法和步骤，依次步骤不断深探心识本源，返境归识，泯见相二分，回归识体，最终证得真如本体（步骤见图19）。

图19　五重唯识

　　"（1）遣虚存实识。遣心外诸境，存心内诸识也。六尘中之法相、我相皆外境，只是虚影，亟须遣之；认识此等尘相者皆心内识，比较为实，暂须存之。是为初步观法。（2）舍滥留纯识。舍诸识之相分，而留见分、自证分、证自证分也。……相分有现于心内者，每与外境混滥，并须舍去；余三分纯属内心，则暂留之。是为第二步观法。（3）摄末归本识。摄诸识见相二分归于识体也。诸识本体为王、所合成，所开见相二分皆枝末也。逐末则忘本，故摄而归之。是为第三步观法。（4）隐辅显主识。隐诸识心所，显心王自性也。心王自性每被心所掩盖，故须隐辅显主。是为第四步观法。（5）泯相证性识。泯依他起诸相，证圆成实性也。"①

---

①　冯达庵：《佛法要论》（上），宗教文化出版社2008年版，第139页。

最后，我们来介绍一下心识在了别外境时的发生机制。五根五尘和合，对应分别起相当的眼耳鼻耳身五识认识活动。一开始，前五识所认识的只是相当的抽象符号，并非具体事物。以看到一朵红花为例，首先，眼识能认识的是红的相，或者红色的性。身识了别的是坚硬、华润、柔软等触性。其他几识依次也是认识一种"纯粹"体验，而无任何符号建立。这时第六意识会与前五识俱起，是名"五俱意识"。单纯依靠前五识缘取色身香味触五种性相的"五俱意识"与前五识一样属于一种纯粹体验的"现量"状态。其后，意识中的"分别意识"在进一步对这些性状进行分析，同时以空间、时间等不相应行法衬托、排序它们，并随着经验的累积，将各种性状联立、柔和成一个统一的对象。这样就变生出一朵"红花"这一对象。在这一对象的刺激的基础上，分别意识能进一步产生完全没有实质的，即我们经验中所谓的"对对象的知觉"。发生过程的模型详见图20。

量论与自证分

除了关于心智的现象学描述，佛教典籍中还有大量关于认识论与知识论的探讨，这方面的论集常常被称为"量论"[①] 或西方学者眼中的"佛教逻辑学"（虽然学者们现在已经认识到这一称号存在某种程度上的误导）。这个传统大约在公元500年始于佛教论师陈那，一个多世纪之后被其再传弟子法称所扩充，他使佛教思想在逻辑和认识论领域方面得到了更为系统的清晰表达。印度文化素有好辩的传统，所以这一系统在印度文化史上显得尤为重要，这可以在后来的佛家思想家对它的不断引用和它所收到的来自正统印度思想家对它的不断攻讦中看到。

量论的其中一个关注焦点是知识的本性问题，即有效的认知（pramana，量）的本性是什么？它的类型是什么？在佛教以前，数论认为有三种知识的有效来源：现量（perception，pratyaksa）、比量（inference，

---

① "量论"亦称"量学"。指与"量"（对境认识）有关的研究。"量"，梵语作 pramana，可解作"正知"（prama）与"作具"（ana），意为借以获得正确知识的方法，或依此方法而得的知识。转引自《因明辞典》，上海辞书出版社 2008 年版，第 7 页。

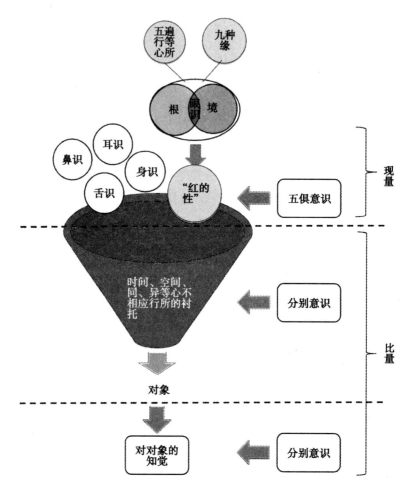

图20   前六识缘虑对象的发生过程图

anumāna)、声量（verbal testimony，sabda）。正理论（Nya-ya）（可能是印度教最重要的逻辑—认识论传统）则增加了第四种有效认知，即譬喻量（analogy，upama-na）。这四种知识类型法称以前印度文化中广为流传的权威知识分类。而佛教认识论拒绝了这一分类，并提供了更限制性的观点，把知识限定为比量和现量。

印度学者一般认为，思维是用一定工具来求得知识的过程。他们称此为"量"（Pramana）。量，丈量、量度，此地用"量"字即借其这种意思。"量"分为"现量"与"比量"。现量是明显的、现前的，如眼看、耳听。现量一般指人的感觉。由感觉而得到的知识是从现量得来的；由感觉而得到的知识本身也叫现量。以现量为起点，思维进一步展开活动就到了比量，即以看到、听到的为基础，而推及未看到未听到的，叫比量。比即比度、比较，也可叫推论、类推。从现量到比量，这段过程是很长的，但现量与比度乃是这长过程中具有代表性的环节。①

在对什么是"现量"② 的定义上，作为一种体验，早在 6 世纪，法称论师就在其著作中指出作为纯粹感官体验的"现量"③ 的存在，并在陈那的基础上进一步将其定义为一种"无分别、不错乱"的心智活动。作为一种纯粹体验，正如詹姆斯理论中所描述的，现量在我们日常体验中范围极其狭小，并不涉及言语思维。④

　　商羯罗主给现量下的定义是"无分别"。这是继承了陈那的说法。"用离分别这一条件来限定现量的性质，原是陈那的创见。在他以前，佛家旧说和他宗异说，都是从现量的表面即各种感官和它们对象接触的关系上找解释，但陈那着眼于思维的阶段，而以没有达到分别的程度为现量的界限。一超过这界限，便不是真正现量，或者竟成为比量

---

① 吕澂：《因明入正理论讲解》，中华书局 2007 年版，第 254—255 页。

② 本文中将"量"笼统地理解为一种"有效的认知"，并将"量论"理解为关于有效认知的理论，而"现量"则为一种有效的、无分别、无错乱的认知。这样笼统的理解或许有助于概括性地介绍和了解相关的理论思想。想要进一步讨论佛教内部诸宗对"现量"的细微差别含义，以及从佛教法相宗"识"的本体的角度出发，现量活动与普通认知活动的差别，这超出了本文的讨论范围。将佛教术语转述为一种哲学或科学语言，这本身就是一大困难。

③ "现量"（Pratyakṣa）：因明术语，即感觉。商羯罗主《因明入正理论》云："此中现量，谓无分别。"此即感觉器官对于事物个别属性的直接反应，尚未达到思维的分别活动（未形成概念）。转引自《因明辞典》，上海辞书出版社 2008 年版，第 40 页。

④ 对此理论的解释，详见吕澂《吕澂集》，中国社会科学出版社 1995 年版，第 74—75 页。

了。什么是分别呢？这是思维从可以用名言（概念）解释的角度去了解对象，换句话说，也就是在思维上构成适用名言（概念）表白的心象。这样的心象并非单纯从感觉而来，乃是和别种经验的记忆发生联想、加了判断而后构成的。概括地说，这时思维活动已经是到达了概念的范围了。"用现代心理学用语来说，现量即是感觉，不过现代心理学不如印度佛学细密。当然，并不是说印度佛学正确，只是说它细密而已。现量可说是纯粹感觉，主要是前五识——眼、耳、鼻、舌、身的活动，也包括与这些识同时而起的意识的活动。这个意识不是全部第六意识，而是与前五识同时而起的"俱意"的活动。前五识与外界发生接触，留影像在第六识上，它可以继续开展下去。前五识缘境的自相，但不做任何分别，即所谓"正智于色等义离名种等所有分别"。比如眼识缘色，并不起"色"的概念，也不起"红"、"白"等概念。如起，便不是现量了。而且，根与根之间无任何联系，这叫"根根别转"，即论文中说的"现现别转"。如眼根缘色时，耳根就不参与。眼耳毫无联系，如有联系就成为知觉了。但根与境发生作用时，必有俱意随之，如不随，根就不会起作用。①

在佛典中，认为有四种情况的现量存在：五识现量、意识（五俱意识）现量、自证现量与瑜伽现量。五识现量即指原初的纯粹五种感觉，其远在名言、种类分别的产生以前。五俱意识现量，指在前五识生起时，有与之俱起的第六意识成分，称之为"五俱意识"，此时的意识"率尔堕境"，还未起分别作用，在第一刹那瞬间仍然属于现量的范围。自证现量即指心、心所的自证分。最后瑜伽现量，指在修习佛教禅修的过程中，随着禅定止观能力达到一定的水平，行者能在定境中对当前对境有一个准确洞察本质的认识能力。②

在量论中，关于对心识如何认识外境（或对象）的探讨中，需要探讨能知（见分）如何认识所知（相分）的问题，进一步还会遭遇关于心

① 吕澂：《因明入正理论讲解》，中华书局 2007 年版，第 254—255 页。

② 罗时宪：《唯识方隅》，中国社会科学出版社 2010 年版，第 108—109 页。

智是否是自觉知的问题："他（法称）把心智看做对外部对象的表征的理解，而不是对象本身，这一观点结果就引发了心智是否天生是反身的（reflexive）（自—揭示和自—觉知）的问题。"① 关于这方面的探讨，涉及了佛教分析心识的"四分"理论——佛教论师护法、窥基等人提出了心识（心、心所）各具有见分、相分、自证分、证自证分的四分认识结构：②

> 法相宗立八识，八识之心王、心所，体虽各一，而分别所起之用，则有四分：
> 一、相分，是为心内所现之境。心者，虑知之法；虑知之法，必有所知之法，故心生时，心之自体自转变，而现所虑所托之境，此名所虑所托之境分。相者，相状。心起时，浮于心前之相貌也。二、见分。见者，见照，能缘为义，缘其所变相分之见照作用也，识之自体变相分，共起能缘之用，此名见分。三、自证分。见分虽知相分，而见分不能自知见分，如刀不能自斩刀也，故别有知见分之用，此名自证分。是为识之自体分，彼见分非他物，即此自体缘外（相分）之用也，今自体自证知此自用之见分，故名自证分。四、证自证分。自证分自证之用谁证知之，于是从自证分更起能缘之用，使证知自证，

---

① Dreyfus, G. , & Thompson, E. (2007), "Asian Perspectives: Indian Theories of Mind", in Philip David Zelazo, Morris Moscovitch and Evan Thompson (edit.) (2007), *The Cambridge Handbook of Consciousness*, Cambridge University Press, p. 102.

② 关于心识是否具有四分结构在佛教内部素来就有争论：窥基大师在其著作《成唯识论述记》中记载："然安惠唯一分，难陀立二分，陈那立三分，护法立四分。"即在历史上，关于心识中认识与认识对象的划分问题，安惠论师认为唯识无境，故只一分，即无分。难陀论师认为，心识在发生认识活动中可以分为见分、相分两极。而陈那论师认为，认识活动可以剖析为相分、见分，以及对这一认识活动的认识，即自证分三层。最后，护法在前人的基础上提出了四分说。《成唯识论》中记载："又心、心所，若细分别，应有四分，三分如前，复有第四证自证分。此若无者，谁证第三，心分既同，应皆证故。又自证分应无有果，诸能量者必有果故，不应见分是第三果，见分或时非量摄故，由此见分不证第三，证自体者必现量故。"虽然这些不同的论述引起了大量的学术争论，但事实上这些不同的理论并不存在根本性的冲突，而是出于各自论述的需求。

此名证自证分。而知此证自证分者为谁，知之者，即前之自证分也。自证分为证之自体，则缘外之见分与缘内之证自证分，皆得知之。以见分与证自证分，是自证分缘内外之二用，体必能知用也，兼缘二分，故不要第五分。譬之店中之货物如相分，掌柜如见分，主人如自证分，证自证分如其妇。见分缘相分而不可缘自证分，犹如掌柜能差排货物，而不能关知主人之事，自证分得缘外之见分与内之证自证分，如主人得管理掌柜与其妇，证自证分之缘自证分，如妇知夫之事。此四分古师多立三分。证自证分合于自证分，护法菩萨之正义，乃立四分。《起信论》所说，业转现之三识，如其次第，恰当于自证分、见分、相分之三分。①

据此，这里将心识中的认识活动划分了四层，并且用证自证分和自证分互证的形式避免了无穷倒退的问题（见图21）。

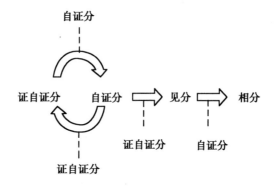

图21 四分说

心识中的四重认识。在四分中唯有相分是纯粹对象，后三分都兼顾了能知和所知的角色。若把认识活动比作丈量，有能量、所量，就还有丈量的结果，即称之为"量果"。从右往左，在第一重认识中，能量是见分，所量是相分，量果是自证分。在第二重中，能量是自证分，所量是见分，量果是证自证分。在第三重中，能量是证自证分，所量是自证分，量果是

———————————

① 丁福保编：《佛学大辞典》（电子版），"四分"词条。

自证分。在第四重中，能量是自证分，所量是证自证分，量果是证自证分。

根据后两重的认识活动，我们可以看出，识自体具有自觉知的功能。其实，能证入自证分时，已经泯除相、见二分，而体认到识自体。在此，识自体能对自身还有一种细微的认识，这种细微的认识会产生一种细微的相、见二分，由此建立证自证分和自证分来描述这种细微的自知活动："觉性入识，所觉部分变为相分；能觉部分变为见分；不落局部见分，唯显心王或心所自性者，名'自证分'（或名自性分）；觉性总体对此等自证分起一种微细净识，则名'证自证分'（或名证自性分）。"①

根据这一四分的理解，我们结合五重唯识的理论，能够更好地理解识中所包含的多重活动结构（见图22）：

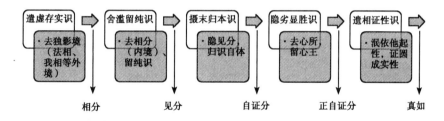

图22　随着五重唯识的一步步证入，心识结构的剖析与显露

在这四分之中，我们需要重点讨论作为识自体的"自证分"。在浩瀚的佛典中，不同流派叙述理论的侧重点不同，"自证分"的含义多而不一。在这里，我们可以探讨它的四层主要含义：（1）作为认识结果的"量果"；（2）作为缘取见分的能见；（3）各个心、心所自觉知、自证的功能结构与本性（又属于一种"自证现量"）；（4）消除相见二分的识自体（自体分）。

首先，在见分缘取相分的过程中，自证分即作为一种量果，又作为识自体（具有自证结构）能对这个量果有一个自知（智证），从而能量与量果是一不是二：

---

①　冯达庵：《佛法要论》（上），宗教文化出版社2008年版，第139页。

用能量（根等）量（丈量、衡量）所量（色等），此过程必有个结果，这个结果就是"量果"。关于量果和证智（或自证结构）之间的关系，印度各派和佛教多有争论。印度诸宗多主张能量的智与量果为二，而佛教陈那和商羯罗主则主张量果就是智本身："换言之，'智'里包含着能量和量果，所以《论》（因明入正理论）文说：'于二量中，即智名果。'《大疏》（因明大疏）卷八解释得很清楚：'于此二量，即智名果。即者，不离之义。即用此量智，还为能量果。'此即一身二任之义。为什么'智'又叫作量果呢？智是能量，但在丈量后必有结果。智能了解此结果，所以智也是量果。《论》文说'是证相故'指的就是这个意思。'是证相故'是说二种量（现、比）都以证为相。'以证为相'就是在心上呈现行相。既然是在心上呈现行相，当然是量果。"①

其次，在现量中，自证现量这一纯粹体验显示了心识所具有自觉知（即自证）的结构：

自证现量，这是"心法"和"心所法"对于自身的了解，也就是自己意识。"心法"了解对象的总相，"心所法"则了解对象的某一方面，或某种意味。在它们了解对象的同时，也对自身有一种了解。譬如眼见色象觉得赏心悦目，在这见色的时候，不单了解对象为色，并还了解是"见"；又在觉得愉快的时候，也了解这是愉快之"感"。这些都是从后来记忆上会生出"是见""是感"的印象，所以推想当时见、感对于自身一定是有过了解的。并且它们在时间上、性质上都不容有分别，有错乱，所以也属于现量。这如要用常见的事情来作比方，最好莫过于灯火了。点着了灯，照见物象，同时也照见自己，那么，心法和心所有法有自证的一回事是说得通的。②

---

① 吕澂：《因明入正理论讲解》，中华书局 2007 年版，第 256—257 页。
② 吕澂：《吕澂集》，中国社会科学出版社 1995 年版，第 76 页。

最后，在现量境状态下，作为原初体验所依的识自体，自证分超越了能所的二分，而见、相二分依靠自证分而"后天"生起。或者说由于自证分的自明、自证结构，在原初未分别的现量境上，能知和所知本身就是同一的。进一步，自证分识体"识转变"，发生能、所二分地了别之后会产生的种种知觉上的差别相，而在原初自证分状态下显示为泯除差别相的某种"无相"①。所以自证分本是一种"离言绝虑"的状态，为了细说心识结构，以及"识变"的发生过程，才假立后二分。在这一意义上，玄奘法师评论到所谓的"三分"说本是同根生："又于一识似三相现：所取、能取，及自证分，名为三相。如是三相，一识义分，非一非异。"这一点在玄奘编译的《成唯识论》及其弟子窥基所撰的《成唯识论述记》中多有论述与阐发：

　　颂曰：由假说我、法，有种种相转。彼依识所变，此能变唯三：谓异熟、思量，及了别境识。

　　论曰：世间圣教说有我、法，但由假立非实有性。我谓主宰，法谓轨持。彼二俱有种种相转。……如是诸相若由假说依何得成？彼相皆依识所转变而假施设。识谓了别，此中识言亦摄心所，定相应故。变谓识体转似二分，相、见俱依自证起故。依斯二分，施设我、法。彼二离此，无所依故。②

　　论：变，谓识体转似二分。

　　述曰：此释"变"义。此论一宗总有二释，此即初释护法等云。谓诸识体，即自证分，转似相、见二分而生。此说识体，是依他性，转似相、见。二分非无，亦依他起。……

　　……识体如何转似二分？答：相、见俱依自证起故，由识自体

―――――――――

　　①　"就前五识经验言之：眼所见种种形色，融归于一道光相，是谓眼识自证分；耳所闻种种音声，融归于一道响相，是谓耳识自证分；余三识准此。"——冯达庵：《佛法要论》（上册），宗教出版社2008年版，第322页。

　　②　（唐）玄奘译，护法等菩萨造：《成唯识论》，大正藏No.1585。

虚妄习故，不如实故，或有执故，无明俱故，转似二分。二分即是相及见分。依识体起，由体妄故变似二分。二分说依自证而起，若无识体，二分亦无。故二分起，由识体有。既有自体及此二分，依何分上假说我、法？答：依斯二分施设我、法。依此相、见计所执上，世间圣教说为我、法。此相、见之中，皆说为我、法。彼我、法二离此相、见无所依故。故依所执相、见二分施设我、法。世尊能知识自证分及真如等，法性离言，非我、非法。为除愚夫所执实我、法，于彼识所变二分之上，假说为我、法。方便诱引令知假说，非谓实有。问：前护法解、后安惠解，何故我、法但依二分，不计自体以为我、法？答：若护法说，据实亦计。且举所变二分为依，非无依于自体计也。略有三义，所以不说。（一）二执遍：我执不依自证起故。（二）共许遍：今古大小，皆不许有自证分故。（三）义已说：若计自体，即能取摄，见分中收。但言二分摄能、所取，非不依于自体分计。今显自证离见体无，故但说二见分中摄，显能、所取摄法尽故。若安惠解，凡是所执，体皆是无。若执自体，即说能取不异见分。故更不说为我、法依。以自证分体是有故，或离言故，不可依说。①

自证现量等佛教心识理论作为回答内省何以可能的资源

最后我们讨论一下在佛典中视为"无分别、不错乱"的内省活动类型——现量，并在此基础上总结本章。

属于现量范围的体验类型又可分四②种：一、五识现量（前五识所起的活动）；二、意识现量（五俱意识与前五识俱起时的瞬间范围内的活动）；三、自证现量（心、心所的自证分）；四、瑜伽现量（定中观察自

---

① （唐）窥基撰：《成唯识论述记》卷第一，大正藏 No. 1830［cf. No. 1585］。

② 关于五俱意识现量、自证现量等是否是一种独立的现量有相关的学术探讨和争论，讨论这一议题超出了本文的范围，相关讨论可详见赵东明《陈那"自证"理论探析——兼论〈成唯识论〉及窥基〈成唯识论述记〉的观点》等文章。本文暂取一般文献中常见的分类。

心时，不假借分别意识，而使体验流如实现显并自知）。前两类向我们展示了人类经验中先于言语思维的纯粹体验维度，而后两类更是为我们回答内省如何以可能提供了诸多资源：

　　自证现量者：即心、心所之自证分。当心、心所缘境之同时，亦自知自己正在缘境。如眼识见色而悦乐之感受（乐受）时，眼识不唯见色而已，同时亦自知是见。受心所感到悦乐之同时，亦自知是悦乐。有如灯光照物，同时亦能自照。此种自知的作用（对自身的了解），虽从后来的记忆上推想而知（推想须借名言），但在当时（正在见时或觉悦乐等时）必曾有过。此种自知作用生起时，必无名言等分别，故是现量。是名自证现量。

　　瑜伽现量者：此亦名定心现量。"瑜伽"乃观行或止观之别名。修观行者平时以比量智认识真实道理（如经论中所说无常、无我等道理），进而学习瑜伽（止观）。先须调身、调息、调心。渐得身心轻安。如是者名为修"止"。轻安之生起，由微而著，及其至也，全身无复粗重之觉；心则明明了了，堪任观察事理。如是者名为修止成就，亦名入于正定（静虑）。即此修止成就为基础，进而修"观"。修观时，通常将从前由比量智所认识之道理（如无常、无我等）与所见、所闻、所觉、所知之事物相结合（如色、声、香、味、触等五境），于定中在意识上反复显现。如是者名为修"观"。止与观递次修习，不断胜进（观智愈修而愈明了），至极纯熟之阶段，定心澄澈（止），觉慧明了（观），止观双运，便有现量智生，畴昔所观之道理，与事物相结合的情境，在意识上明白显现，与五识现量无异。所以名现量者，以此时之智唯缘现在、现前之境，不籍名言，远离分别，直契境之自相故也。此现量智已生起之情形，吾人名之曰实证。[①]

联系前几节所讨论的内省的诸多相关困境与问题，似乎自证现量等内

[①]　罗时宪：《唯识方隅》，中国社会科学出版社 2010 年版，第 109 页。

容可以带给我们的启示有：

第一，在内省时，心识自证的结构（一种自身觉知）避免了二阶的反思方法带来的困境。这里的自证，并非一种"对对象的认识的认识"式的一种反思形式，而是心识自身的一种本质结构特征：如果将有意识的觉知比作光，那么光在照亮对象的时候也照亮自身，或者直接说光本身就是"亮"的，它无须再用其他东西来照亮自身。在现象学中，也多有论述这样一种意识的自身意识或自身觉知，试图从这一思路来回应内省何以可能以及从而使体验如其所是的呈现何以可能的问题。

第二，无论是否有无意识、前反思维度的影响，这种自证结构作为心识本身的特性都在发生着。在前反思维度，虽然我们可能发生着心智游移，或没有将注意集中在某一行为或对象上，但在经历了某一行为之后，我们还能回忆起来——例如，我心不在焉地开着车，过后我仍然记得刚才的开车经历，虽然有诸多细节是模糊的。这种事后的记忆是证明自证分存在的必要条件，正是自证结构使得我们对前反思体验的通达和回忆得以可能。而自证作为心识"与生俱来"的一种结构，无论我们是否能回忆起前反思的体验，它总在发生着，之所以有回忆不起的情况则受到记忆等其他心智功能的影响。由此，这里给我们的另一个启示则是，是否可能通过第一人称的训练，使得这种自证状态时刻裸露而不被遮蔽，如此一来可以使得体验如其所是的发生——即便有错误的认知活动发生，由于受到了例如无意识等维度的影响，也能使这种错误体验如其所是的显现；在这里，第一人称报告的重点并不在于对体验的对和错的知识判断，而在于实证体验的"是"和"不是"。

第三，证入心识的自证分（自体）时，在体验上，是一种消除能所二分的意向结构的纯粹体验维度；根据窥基的梳理，这种相见二分的结构是进一步产生"自我感"的基础，与之相对，在自证分则呈现出一种"无我论"的体验——窥基大师论述了相见二分以及在此基础上产生的以为"我、法"实有的感觉是由于没有证得自体分而"后天"发生的，而若证得自体分则是一种超越二分与我法的无分别体验："既有自体及此二分，依何分上假说我、法？答：依斯二分施设我、法。依此相、见计所执上，世间圣教说为我、法。此相、见之中，皆说为我、法。彼我、法二离此相、见无所依故。故依所执相、见二分施设我、法。"这种自体分体验仍然是一种现量境，是一种威廉詹姆斯所向往的纯粹体验，由于消除了相见二分，这种纯粹体验也就消除了意向结构（当然，证自证分对自证分的认识活动或许可以作为一种更加细微的意向结构和认识活动，本章暂且不再对此做进一步的讨论）。

第四，体认心识的自证分维度，可以通过以注意力训练为基础的禅修实践来达到。在唯识宗"五重唯识"的理论中，认为通过禅定练习，随着定慧的不断增加，可以一步步深入心识结构而证得自证分。在下一章中，我们会进一步讨论，这种禅修练习的第一人称心智训练主要是以注意力训练为基础与核心的。注意力训练在此起到了重要作用。

第五，事实上，瑜伽现量就是一种非常理想的训练有素的第一人称方法论。"瑜伽"在梵文中的本义是"连接"的意思，这一层意思体现了一种彻底的实证主义和经验主义的精神与方法论思维——即我们对我们的体验的"知道"、知识与我们真实的体验"相连接"、"相对应"。佛教认为，在足够的"定（止）"的能力下，在定境中我们能够如实地照察自身的体验以及体验流的发生结构。这种"知道"并非用思维思量出来的一种知识，而是一种亲知的第一人称体验，即对体验如其所是的显现过程了了分明，所以这是一种"无错乱"的现量境。

据此，我们可以构想、勾画出的一种内省的理想状态，即通过充分的禅定训练、现象学训练或其他第一人称方法训练，普通的内省或反思能力有望达到一种现量的意识状态水平，使得内省无错乱、正确。而在理论上，一种自证分的前反思自觉知结构使得这种理想的内省状态得以可能（见图23）：

最后，除了心识的四分说理论，佛典中关于"见大"的思想或许为"第一人称被给予性"何以可能，换言之即意识的"自我发光"何以可能的再追问提供了理论资源。

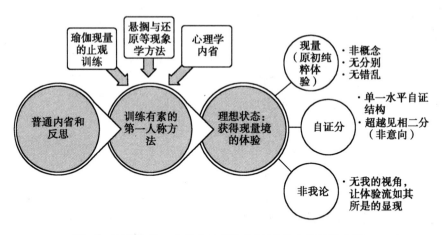

图23   理想的第一人称方法探索框架及其意识理论支撑

"见大"思想源于佛教"七大缘起"①的发生论。综合佛教各个流派，关于解释世间万事万物如何产生的发生论"（缘起论）"，可分为业感缘起、赖耶缘起、真如缘起、七大缘起这不同的四种学说。在七大缘起论中，按对七大的分类，可把"法界"分为三层："（一）精神界，见大摄（众生世间之本）；（二）物质界，五大摄（器世间之本）；（三）幻象界，识大摄（五蕴世间之本）。"②"见大"作为一种法界（万事万物的实相本源之总体）本具的性能，起到能够"觉照"法界本体的作用；识大则负责建立符号，使得万法变生得以可能。其余五大则作为支撑万法变现的"物质基础"。

《楞严经》中详细记叙了佛陀与阿难探讨心性本质的来往问答对话，这一问答中详细描述了"见大"的属性。其中佛陀通过启发阿难十番问

① "六大"者，地、水、火、风、空、识也。无边性种，融成法界总体，本来无质无量，亦无据点可得，强名真如，连带"六大"妙义。任一性种，因地大支持而坚固，因水大滋润而开发，因火大照灼而光辉，因风大活动而流播，因空大无碍而互容，因识大了辨而有相。真如内含如此，则任一性种之能随缘兴起，义乃丰足。密乘此义尽美矣。然"六大"虽皆"缘力"之一分子，却非主力所在。无主力为缘，则无边性种恒自如如，一法不立，何能兴起众生、国土耶？主力何在？则《楞严》"七大"中之"见大"也。加入见大，义乃圆成，应名七大缘起。——冯达庵：《佛法要论》（上册），宗教出版社2008年版，第174页。

② 冯达庵著：《佛法要论》（上册），宗教出版社2008年版，第145页。

答，探讨了使我们能够"见"到东西的那个本质，在文本中这个本质笼统地称之为"心"：一开始时，佛伸出放射光明的拳，问阿难是用什么看到的。阿难回答是用眼睛看到的。佛又问，如果用没有手就没有拳来比喻没有眼睛就没有"能见之性"恰当吗？阿难回答认为可以类比。佛陀却告诉阿难，它们实则含义不一样。例如，你若问盲人看到了什么，他还能回答"见到"黑暗。虽然所见不同，但他的能见之性并没有亏损，所以若盲人恢复了正常人的眼睛和条件具足，他仍然能看见东西。其次，佛陀又解释道，在黑暗的地方没有灯人们看不见东西，有了灯才能看见，难道说你是用灯看见的吗？显然不是，那么同样的，眼根的功能和灯类似，也是显示"色相"以俾于见。事实上，是因为有"心"我们才能看到，眼根只是见之助缘而已，而非能见者。其后的对话，佛陀通过设问、譬喻等方法，启发阿难思考了见性的几大特征：见性不动、见性不灭（不变）；即便没有觉悟时，见性也不丢失；见性不因境而有；所见有差别，见性没有差别；见性不能在所见物象中找；见性随缘显象而自体不变，超越了万象等等。这种"见性"（见大）"性见觉明，觉精明见，清净本然，周遍法界"，是我们的一种灵明、觉照的能力与本性，使我们的心本来既能自觉知，见性上至法界性海，下至世间见闻：

> 《楞严》云："性见觉明，觉精明见；清净本然，周遍法界。"此为"见大"之略释。"性见觉明"者，性海中之见大，即本觉灵明之指标也；"觉精明见"者，资觉体之精神，表示灵明之见大也；"清净本然，周遍法界"，则"七大"通德也。惟一切种性，各具见大，故各能自提本性，活现法界之上；而与他性互相摄受，彼此皆有所觉，亦仗见大之功能；乃至发为外迹，所有见闻觉知，无非见大妙用之行焉。[1]

从这一理论角度出发，"见大"思想或许为意识、觉知、"第一人称被给予性"何以可能的追问给出了终极解释。

---

[1] 冯达庵著：《佛法要论》（上册），宗教出版社2008年版，第175页。

在这些相关意识理论的探讨的基础上，下章我们将进一步探讨诸种第一人称方法：例如佛教禅定训练、现象学悬搁与还原、心理学内省等，以及如何明晰这些方法的操作程序，并在此基础上表达和验证第一人称报告，从而补益于意识研究的第三人称进路。

第二章

第一人称方法考察

为建构人类体验结构的现象学描述与认知过程的科学描述之间的互惠增益，神经现象学积极地寻找着一种研究和分析体验的训练有素的、第一人称的方法，以期为意识的第一人称研究的科学价值开拓更广的空间。本章所要考察的核心议题即为，各种第一人称方法是如何做的，它们的操作程序是什么。而明晰方法的操作程序是该方法实现可重复性和科学性的一大保障与前提。

通常，心理学内省被视为意识的第一人称方法的典型。的确，内省是人们了解意识生活的最熟悉的方式。除了内省，直接的意识体验（例如，对当下疼痛的感受）也是揭示意识生活的最原初的方式。为了更好地"观心"，胡塞尔的现象学传统至少在理论上提出了现象学还原的第一人称方法。而在东方心学传统，特别是佛教心学传统中，则有一整套系统的观心和修心的方法，概括地说就是对"止"、"观"的心智训练。考察这些方法的程序和步骤，比较和评估它们相互间的差异与优略，是建设科学的第一人称方法的基石。

在诸多第一人称方法中，本章集中考察了心理学内省、现象学方法、佛教禅修训练和几种第二人称访谈方法（为产生更精确的第一人称报告而介入一种第二人称的访谈引导）。我们可以看到历史上，这些方法已经有了各自长足的波澜发展状况：

> 我们如何有权通达主体性体验（subjective experience）并控制（regulate）这些通达方式？人们开发这种能力需要：（1）确定这种通道已经建立了；（2）建立真正的方法，这种方法是可以被传播的，

并且凭借它可能使研究者形成精确和深思熟虑的方式。作为一种全球性的思想，现象学为我们提供了线索并显示了必要的认识论，但它既没有提供技巧，也没有详细说明实践，因为建立和发展它的哲学家（诸如胡塞尔、芬克、帕托卡、梅洛－庞蒂等等）并没有成功地详细说明这种实践，而如今很多受惠于这种方法的人却更关心历史文本的研究而非现象学实践这类东西。心理学有一个怀疑、甚至摒弃任何源于第一人称立场的观点的悠久传统。而"注意当下状态"（attentive presence）的传统却给了我们很多提示——在什么情况下注意力能够稳定下来，而注意力稳定的情况使得理解主体性体验得以可能；但这种方法的使用需要一段长时间的学徒期，并受限于很少有训练有素的被试可供选择的风险。有人或许要问，那么在这种情况下再次拿起内省的问题是否有意义？除非我们从积极的角度来看这个问题：心理学始于内省，随后第一个逆转通过舍弃内省而采用第三人称方法来完成，第三人称方法在当时是急需的但又反过来让位于第二个逆转，而第二个逆转又是由与第一人称立场相符的观点组成的。由于它所遭受的禁令，第一人称方法论得不到正常进步该有的发展。①

进一步对这些方法的探讨分析是第一人称方法论研究想要得到进步所必需的，"如何做"的问题才是对第三人称研究产生真正实质性直接作用的环节。

第一节　心理学内省

在现代人的印象中，心理学似乎有一个怀疑，甚至摒弃任何源于第一人称立场的观点的悠久传统历史，然而这一印象并非公道，事实上在这一印象形成之前，心理学在学科形成之初实际上始于内省，在一开始心理学就曾致力于对内省方法的探究与严肃反思。在 19 世纪的几个心理学创始

---

① Vermersch, P. (1999), "Introspection as Practice", in *Journal of Consciousness Studies*, 6 (2—3), p. 17.

人身上，都能找到最初对内省方法的坚持。比如布伦塔诺、冯特，或者像詹姆斯的著名宣言中所描述的那样："内省观察永远是我们所要依靠的第一的和首要的方法。"在贝内特的记述中也能找到这种情感的回声。①

另外，早在19世纪，人们就已经严肃反思了内省方法的效度问题——"19世纪伊始，对'内在状态'和'统觉'的'内省'的使用已经力图不落入常识，而是已经要求了一个更博学的态度，不首先考虑这一点就不可能公正对待当时的心理学的出现。研究意识、思维、想象的生活，情感生活的方式不再是纯粹猜测的方式、哲学的方式，而是以自然科学的视角的观察为基础。"②而20世纪初始，则迎来了心理学内省的方法论的伟大改良时期，该时期的心理学内省被称之为"系统的内省"、"实验的内省"。三股研究力量注入其中，他们的主要代表人物为：贝内特、铁钦纳和屈佩尔以及在他带领下的符茨堡学派。对方法论的改进则以依赖内省数据的实验的失败而告终与中断，但这些实验的失败并不能简单归于内省方法本身："难点不在于方法论上，而是数据直接产生于一个重大难题之上，那就是还未准备好科学的心理学出现之日。从方法论上来讲，数据不是太弱而是对研究者所处理的理论和认知论框架来说'太强'。他们除了采取某种支持或反对联想主义的立场之外就做不了什么了。他们的期望是如此强烈和明显，以至于那时他们不能整合所获得的表面上矛盾的结论。"③自此以后的心理学内省在行为主义兴起的背景下，长期蒙上了阴影，以至于对它的方法论反思从19世纪以来并无多大改进。

而如今我们需要的不再是对内省的消极批评，而是方法论上更为积极建议和改良。正如詹姆斯为了尽可能地排除内省产生的错误、扩大普遍有效性，所思考的"内省是困难的和可错的；而这困难只不过是所有观察（无论是哪一种）都面临的困难。我们前面有某种东西；我们尽最大的努力去说出那是什么，但是尽管我们有好的意愿，我们还是可能会犯错误，

① Vermersch, P. (1999), "Introspection as Practice", in *Journal of Consciousness Studies*, 6 (2—3), p. 20.

② Ibid. .

③ Ibid. , p. 24.

并且给出一种更适用于某种其他类型事物的描述。唯一的防护措施，就在于我们对所讨论事物的进一步知识获得最终一致同意，后面的观点纠正前面的观点，直到最后我们达到了具有一致性的体系的和谐。这样一种逐渐建立起来的体系，是心理学家对他可以报告的任何特殊心理观察的可靠性所能给出的最好保证。在可能的情况下，我们自己必须努力去完成这样的体系"①。

内省的历史

首先，有必要来回顾一下心理学内省从20世纪初以来的发展历史。

翻开历史，我们可以看到，在19世纪早期心理学中，充满了与内省词条相关的研究与思考，并且由于心理学自身对自然科学方法的追求，对意识、思维、想象等高级心智活动的研究不再是纯粹抽象的哲学思维方式，而是带上了自然主义的视角。虽然有实证主义风潮的鼓动，但在19世纪的心理学中，内省方法在最初毫无疑问具有主导地位。

作为美国心理学之父的詹姆斯在设定心理学这门学科时就判定了它的自然主义色彩以及与心灵的现象世界的关联：（1）每一门自然科学都不加批判地认定（assume）了研究对象；（2）心理学认定的研究对象是思想和感受以及与它们共存并被它们认识的时间和空间中的物理世界，简言之，即思想和感受以及相应的现象世界（phenomenal world）；（3）心理学和神经生理学能够确定"各种思想和感受与脑的明确条件之间的经验实证的相关性"；（4）但是心理学"作为一门自然科学，它不能走得更远了"，因为"将现象上给予的思想解释为更深层存在物（entities）［不管后者被命名为'灵魂'、'超越的私我'（Transcendental Ego）、'理念'（Ideas）还是'意识的基本单元'］的产物的任何企图，都是形而上学的"②。

在方法论上，詹姆斯坚持多元的方法论，并且宣称"内省观察永远是我们所要依靠的第一的和首要的方法"："内省这个词几乎不需要界

---

① ［美］威廉·詹姆斯：《心理学原理（第一卷）》，田平译，中国城市出版社2003年版，第269页。

② 同上书，第2页。

定——它当然是指向里面看我们自己的心智的，并且报告我们在那里发现了什么。所有人都同意，我们在那里发现了意识状态。因此，据我所知，这类状态的存在从未被任何批评者怀疑过，无论他在其他方面曾经是多么的好怀疑。我们能进行某种沉思，这在其大部分其他事实有时都在哲学怀疑的空气中摇摇欲坠的世界中，是不动摇的（inconcussum）。……我将这个信念看作是所有心理学假定中最为基本的一个假定。"①

詹姆斯也思考了关于内省的客观性问题，为了尽可能地排除内省产生的错误、扩大普遍有效性，詹姆斯认为："内省是困难的和可错的；而这困难只不过是所有观察（无论是哪一种）都面临的困难。我们前面有某种东西；我们尽最大的努力去说出那是什么，但是尽管我们有好的意愿，我们还是可能会犯错误，并且给出一种更适用于某种其他类型事物的描述。唯一的防护措施，就在于我们对所讨论事物的进一步知识获得最终一致同意，后面的观点纠正前面的观点，直到最后我们达到了具有一致性的体系的和谐。这样一种逐渐建立起来的体系，是心理学家对他可以报告的任何特殊心理观察的可靠性所能给出的最好保证。在可能的情况下，我们自己必须努力去完成这样的体系。"②

对内省的这种坚持和复杂思考也同样出现在早期其他心理学家中。同时，心理学家们在一开始就已经尽力在为开拓内省方法的科学性体系而努力，并不断补充着这个体系。因此，在这一时期的内省虽然是困难重重的，但绝不仅仅是狭隘的与幼稚的。

比如更早期的法国哲学家、心理学家曼恩·德·比朗（Maine de Biran），在心理学史上他常常被美誉为是第一个心理学家。在对阅读体验的研究中，他不仅注意到了内在事件，而且还使用了内在感觉。他所采用的第一人称视角不仅要考虑到一个在这个视角上的人向意识呈现出了什么，并且他将研究限制在这个唯一能观察到它的人身上——因为他深刻的明白主体性的不可复制性与主体间不可控性。

---

① ［美］威廉·詹姆斯：《心理学原理（第一卷）》，田平译，中国城市出版社 2003 年版，第 260 页。

② 同上书，第 269 页。

心理学家贝内特（Binet）的陈述中也能找到这种努力的回应：

内省是"一种以我们直接知觉到自己身上、我们的思维、我们的记忆、我们的情绪中发生了什么为凭据的行动"。"我和我的几个学生已经为至今已经有些年头了的新运动尽我们所能……去给内省一个更大的空间了。"从今往后，为了笑看"那些问我们（它的代表者们）是否要靠碰运气，还是要赤裸裸地回归的旧的内省心理学的人，我们不打算接像库辛（Cousin）这样的旧派哲学家的班（那得跳回到 19世纪 30 年代去），那些自动—冥想（auto-contemplation）的方法已经成了不上流的话题"，我们是要显示在什么方面"心性（mentality）的更高形式的实证研究可以在足够的精确和控制下展开并获得科学价值"①。

总而言之，在今天来看似乎很粗糙的内省方法在心理学伊始确实具有主导地位，这似乎是每个学科幼年时期无可厚非的一个成长史。但人们必须意识到，任何学科初期的幼稚，都是一种艰难的创新。另外，我们不能忽视了，在那个时代任何伟大的心理学家都并没有让他们自己局限于单一的方法中——例如詹姆斯等——即便是他们中间最年长的，也都对他们时代的生理学以及它与灵魂（psychic）的关联了若指掌；同时 19 世纪的心理学家也深刻的了解，在心智研究方面，掌握研究无语言表达的儿童、病态的人、动物的其他间接方法的必要性。

20 世纪则是心理学方法的一个重大改革时期——对复杂心智活动的研究被镶嵌进了严格的科学心理学实验的背景中。在这个过程中，对内省的研究心理学家扮演了一个第二人称中介的角色——内省方法从 19 世纪的第一人称视角有了一个向第二人称视角的转变，心理学家收集被试的第一人称报告，并注重对它的第二人称分析，以及对科学分析方法的系统研究。心理学内省在这一时期并没有发展关于第一人称方法本身的改进之

---

① 转引自 Vermersch, P.（1999），"Introspection as Practice", in *Journal of Consciousness Studies*, 6（2—3），p. 20。

道，而是在明确"任务导向"和"控制变量"等这些方法论条件的基础上，规范了对报告数据的整理、分析工作：

> 研究者密切关注了描述本身的方法论问题［铁钦纳关于这点说了很多，比较 1921 年的英语合集。但曼德勒（Mandler and Mandler, 1964）强烈批评他的滥用］，使用描述性术语时越是需要尽可能非个人的（impersonal），就越需要将对主观体验本身的描述与引发的现实或任何二阶评价区分开来。已经有人想到了，用把描述分解成更小的单元来促进陈述更加简洁。但人们还远没有获得一种描述的且非诱导的引导所需的精确觉知，这用恰当的采访技术就可能实现。一部分由描述和与主体性体验相关的注意力所引起的困境，我们可以与被试一起来克服，这些被试对这类体验有所训练；但这又引发了其自身潜在的异议，因为这种训练让他们变得不再合适做被试，由于他们可能已经与他们的观察者产生了共鸣。①

另外，除了对第一人称报告的采集方法越来越系统的同时，我们可以看到，20 世纪初以来的以内省为基础的研究的方法论，在数据分析上不仅标准化了第一人称报告和描述，同时还配合了标准的实验方法，即同时用实验方法来约束第一人称数据。让我们来看一个案例，就能明白，实验心理学为保障内省的可靠性而在实验设计上做出的努力。德国心理学家瓦特（H. J. Watt）在研究"定向回忆"时是这样设计实验的：②

> 一方面我们有一栏关键词，另一方面有六个指令：找一个概念代表高级与隶属的关系、整体与部分或部分与整体的关系、部分与部分的等同关系。被试因此将面对各种各样可比较的任务。意象派诗人等

---

① Vermersch, P. (1999), "Introspection as Practice", in *Journal of Consciousness Studies*, 6 (2—3), p. 22.

② 转引自 Vermersch, P. (1999), "Introspection as Practice", in *Journal of Consciousness Studies*, 6 (2—3), pp. 22 – 23。

人创建了一栏词汇清单后发展了什么？这些词汇与特定的语言材料有关，其含义能够根据给定的群体样本事先了解从熟悉的角度等如何控制他们的引导价值。

关键词是最多不超过三个音节的名词，严格意义上我不能指明对指令的描述与呈现关键词的设备，但指令中清楚的是关键词是用写的。

样本是同类的，全部由哲学博士和教授组成。组别的数量是6，但每个被试有15个系列测试，以平均每天两个的速度推进，每个被试都专注于在讨论中的任务之一上（采用一个能控制令人更满意的实验顺序的程序是可能的），结果总共有几千条基本信息的记载是可用的。

研究者持有每条记录的实际表现（被引导的）和对它的可能分类（根据它对指令的尊重和成功执行，也可以根据它所建立的关键词和引导回应之间的关系）。另一方面，记录反应的时间，也就是关键词的呈现和回答之间的时间，是登记过的。最后，研究者还做了一个体验（被试在完成他的任务的过程中所实现）的语言描述的记录。这一描述分成四个时刻，被试被要求分别对这四个时刻进行描述：（1）准备，（2）关键词呈现之前的时段，（3）关键词出现，（4）在关键词的引导之下寻找词语并回答。因此测试的每条记录都获得了三个系列的独立数据（对指令的回应，计算出回答所需的时间，事后提供一个关于算出回答的过程的描述），而且丰富的数据还允许进一步分析和推理的可能性。在我看来，我们所有的要素都需要一种科学的研究，它尊重实验方法的结果。

从上述实验案例的设计中我们可以看到，不同于最初的心理学内省对意识流的泛泛调查，该实验设计中提出了明确的实验任务，并就执行任务的相关时间和对象上限定、明确了所要考察的对应体验。任务导向的实验方法，当然一方面归功于实验装置和技术控制的发展与支持。任务对每个人来说都是相同的，它们被尽力控制发生在相同的条件下，并使每个被试按照精确的指令来完成任务。同时，对被试的样本也进行了精心的控制和设计。另外，最为关键的是在该实验中"每条记录都获得了三个系列的独立数据"来支持、约束对该条记录的分析、解释，以及在记录解释之上的推论。我们可以看到，由于这种实验设计、实验装置操作与第一人称数据之间即独立又互补的关系，避免了只由内省来还原内省的困境，从而避免了方法论上的责难。实验心理学上这些实验方法的标准化的发展一方面也保障了"内省"的可靠性。事实上，20世纪对以内省为基础的研究，人们一开始流露出一种乐观的预期：

> 我们不需要坚持内省心理学的重要性和必要性。虽然反射的心理学（reflex psychology）声称能够免除内省，但没人会质疑除却内省所有其他心理学的形式就会变得不可能。人们可以批评内省方法的重要性，指出它的困难之处，对它所拥有的必然性类型表达保留意见，证明它使得它所要判定的机制变形，即使它的确没有用编造来简化解释、肯定先入之见等等。但是当所有批评都合起来的时候仍然不得不承认它们之中没有一个是决定性的，而且吸引我们注意力的那些困难只需要我们做些防御措施就可以了。①

对心理学内省的反思

虽然内省一度在心理学研究上发挥过重大作用，以及人们一度对它抱有过情感支持，但随着实验科学与行为主义的盛行，内省被认为在"可靠性"方面起到了糟糕的作用；并且随着符兹堡学派等高举内省旗帜的研究者对心理意象等心智活动的研究的失败，更是让人们不情愿再对它付诸热情——大约从第二次世界大战到前不久的这段时间里，内省似乎从心理学上消失了，或者它至多就只是以一种辅助程序的形式被保留——或在不用提到它的条件下使用它，或只以它的言语报告的形式参考它。行为主义用行为测量、认知主义用认知功能，纷纷取代了内省。事实上，现在我们回

---

① 转引自 Vermersch，P.（1999），"Introspection as Practice"，in *Journal of Consciousness Studies*，6（2—3），p. 25。

过头去看，那些对内省的批评既不准确也不要害，正如汤普森在其论文中对历史上归咎于内省的心理学失败案例的点评中所指出的：

> 按照标准的历史，内省拥有一个公平竞争的机会但失败了。其失败被认为是由于内省心理学的两个竞争流派在是否存在一种无意象（image）思想的观点上不能达成一致。然而，詹姆斯已经观察到这些学派所实践的内省形式过于虚饰和单调，因为这种形式关注的是由贫乏的感官刺激所产生的感觉（James，1981：191—2）。这种形式的内省被证明是无启发性的并不令人诧异，正如格式塔心理学家和现象学家后来所做的评论（Köhler，947：67—99；Merleau-Ponty，1962：3—12）。更进一步地说，教科书上的历史忽视了互相竞争的流派在内省的现象学描述性层次上达成了一致意见；但是他们在理论层面上或潜在原因的解释层面上却意见不同。因此，来自这场争论的教训之一并不在于说，内省不是获得主观性体验的描述性解释的好方法，而在于说心理学需要仔细地把主观性现象的描述和对其进行理论化的因果性解释二者相仔细区别开了。另一个需要吸取的相似教训来自1977年尼斯比特（Nisbett）和威尔逊（Wilson）著名的研究：他们观察到，通常被主体认为是由心理事件所引起的行为，实际上是外部操作的结果。然而，这些不准确的主观报告在形式上是因果解释性的，而不是严格的描述性和现象学的。我们由此学到的教训是：实验参与者需要被训练指导，从而高度专注于他们感受到的认知过程，并避免做出因果解释性推测。①

当然，如今随着一系列事件的发生，内省在"消失"了50年之后又回到了人们的视野中，并在意识科学与认知科学中重新得到了"合法性"的辩护。事实上，在过去的二三十年中，它已被广泛地运用于更多的专业领域：教育、心理治疗、心理训练等，更多的实践活动需要了解被试如何

① Thompson，E.（2006），"Neurophenomenology and Contemplative Experience"，in *The Oxford Handbook of Science and Religion*，edited by Clayton，P.，Oxford：Oxford University Press，p. 229.

实现认知活动的主体性体验。内省在心理学中的再次回归并不轻松，它急需反思自身的理论困境——作为解释主体性体验的数据来源，它不应该再是第三人称研究的简单补充，而是需要建立一个有现象学心理学支持的系统分析理论：

> 如果心理学真的享有与一个双面对象一起工作的特权，自从它成为了以被试为研究对象的那些学科之一之后，画出第一人称视角和第三人称视角之间的界限的问题一直没有得到解决，这一问题以遗迹（traces）和可观察的证据为基础，虽然起初它被证明放在一边会更简单（皮亚杰把它称作一种 β 规则，就是通过忽略扰动来源来保持一个平衡）。忽视第一人称数据的努力意味着我们远没有开发一种严格的方法论（根据研究人员可能已经形成的）的开发能力和实验经验。如今，心理学凭借自身的力量确立了它作为一门科学的地位，或许它能够不再害怕内省，并开始支撑现象学视角，以把它与其他证据资源相关联起来作为目标。这似乎相当明显，比如，来自神经影像的更精确的数据也要求相应更准确的主观体验的描述，任务和指令都受其引导。只要这种对比涉及高度差异的情况（比如视觉知觉和视觉意象）平均出来就能使人们得到结果，剩余的变化就可以放在一边了。但这个研究的历史表明，人们迟早要细化产生自被试的数据的定性类型学，如果只是暂时，为了有一个整合内部和外部个人资源的更有利的位置。……然而，我们还能对这个领域熟视无睹多久？难道我们没有某种义务为主体性增加一个真正的科学的维度？对我来说，我想增加的是，还成问题的是协调无数使用第一人称数据的实践（教学、矫正活动、再教育、培训、训练、治疗等等）与当下的科学真空之间的需求，这种科学真空围绕着认知功能的所有方面，它们只能在现象学的层面去理解。①

---

① Vermersch, P. (1999), "Introspection as Practice", in *Journal of Consciousness Studies*, 6 (2—3), pp. 30 – 31.

由此，我们首先需要反思心理学内省缺少的是什么，它自身的问题出在哪里？

首先，长久以来，受实验科学和行为主义的影响，心理学往往只注重实验测量的标准化，它谈论着内省却从来没有把它当作一种具体的实践，换言之，没有把内省本身当作一种由个体被试有效地付之于行动的鲜活心理学活动来研究。心理学家实践内省的时候从来不会朝着内省的方向前进，顶多只会考虑关于内省实践的描述的问题。所谓的"实验内省"就是程序化、公式化地描述任务，告诉被试做什么、怎么做。换言之，心理学没有发展一种关于内省活动本身的元—内省的研究，这就是胡塞尔反复强调现象学与心理学的不同之处。

其次，心理学没有发展一种训练被试内省能力的系统第一人称的训练方法。如何为了在这一点上改进心理学内省，法国心理学家、哲学家皮埃尔（Pierre Vermersch）提出了两点建议：

1. 这方面的专业知识可以通过实践内省来获得。在 21 世纪初，冯特和铁钦纳就采用了这种方法，他们都坚持（虽然是以非常不同的方式）"观察者"的需要，他们要一直训练被试直到他们对于他们所描述的东西变得可靠为止。因此，就获得对主体性体验（元反思维度）的通达的实践方面而言，这种专业知识没有验证，但就口语报告所获得的结果的校准方面是有的。一种完全不同的进程是以一个中介者的形式实施的，他习得了注意力的稳定化，并会区分各个观察的对象，这些对象在伴随的实践过程中起初并不是非常显著。与心理学家的主要的不同在于，后者不是他们自己能胜任的，对实践本身的发展他们无力给出什么建议，但冥想实践者已经经历了几个世纪的训练，并发展出了精致的教学手段。不幸的是，这种解决之道要求大量的训练实践，所以只有少数有限的人才能为研究所用。还有不利之处在于专业化活动的情况更进一步限制了样本（比如，如果我要合并，以这种样本标准对钢琴家的学习分数）。相反，对确定主题的研究来说，依靠特定的专业知识的必须的，在某种程度上这种被试可能就是唯一有能力获得对特定研究对象的通达权的人，比如那些持续时间短的或者要求高水平识别的。

2. 第二人称方法论也是值得思考的，它以有助于内部活动的展开为目标的中介者为基础，他使得通达作为参照点的鲜活体验得以可能，然后引导口语报告的过程。在这种情况中，与内省活动相关的专门知识首先来自于这样一种人，他伴随参与了整个过程，并在实际构成了采访技巧的一个维度。这正是我通过澄清采访技术所选择要开发的内容。我的灵感来源是当代心理治疗的实践，它规范地使用了内省，通过重温创伤性事件来获得对它们的通达。但不需要为了被呈现而在过去不得不经受创伤。人们也不一定要成为治疗师，或者甚至要在一个心理治疗的情境中，才能引导某人朝向对一个过去时间的重温。这种解决方法的优点在于，对主观过程不必须提前要求任何关于内省的个人专门知识，因此人们就能很容易收集第二人称数据，以达到扩展样本的目的，或者考虑到所有属于讨论到的群体的被试，但在我们现在的研究中不会去做这些。但是，不是每个可观察的对象都可以轻易以这种方式通达的。获得对持续时间非常短的对象的通达或者对观察要求一个高水平的识别，中介者可能就不能提供所需的调节。①

在这里，心理学首先可以向现象学吸取对元—内省维度的关注与反思；其次可以向各种冥想传统吸取训练内省能力的系统方法；最后，新近开发的各种第二人称访谈方法，正是在心理学内省的发展上，发展起来的一种以实验者介入引导帮助被试内省的方法。

接下来就让我们进入其他几种更注重第一人称训练的方法。

第二节　现象学方法

现象学是将体验和意识作为其关注焦点的最重要的西方思想流派。现象学以反思的特定姿态或现象学还原确立了其对体验的一种新的关注

---

① Vermersch, P. (1999), "Introspection as Practice", in *Journal of Consciousness Studies*, 6 (2—3), pp. 34 – 35.

方式。

现象学为意识研究与认知科学带来的资源与启发是众多的。首先，现象学对表象主义的批判带来了具身认知观的革命："根据胡塞尔，我们'首先和大多数'指向的是世界上的真实对象。这个指向是直接的，也就是说不以任何心灵表象为中介的。所以，与其说我们经验到表象，不如说我们的经验是表象性的，并且它们将世界作为具有特定属性的而表象出来。"① 作为一开始就存在的"超越"，现象学反对表象主义的表征认知模式。其次，现象学对"身体的体验"、"动觉"等的研究，一方面为具身认知观的发展提供了诸多理论资源；另一方面，对这些体验的现象学分析正是现象学还原这一方法论本身的理论实践，通过"悬搁"等方法，现象学不断带领我们回归到鲜活与纯粹的体验中去。

要实现"面向事物本身"的旨趣，除却作为一种纯粹理论理性批判，现象学方法更是一种朝向第一人称体验的实践活动与实际操作程序。"现象学的还原构成了导向超越论考察方式的通道，它使得向意识的回返成为可能。我们直观到，对象在意识中是怎样构造自己的。"② 正是在这一实践的意义上，现象学成为了一门关于第一人称体验现象的描述、分析的科学，开辟了自成体系的第一人称研究进路；并在新近的实验心理学与认知神经科学的探索中，为指导产生更精确的第一人称报告和开发相关的第一人称方法占据了理论资源的重要地位。

自然态度

有意识的体验的内容是非常广泛的，它涵盖了人类生活的各个维度以及各类认知事件。但是，大多数人们的日常体验的固有特征却是"前反身"、"前知觉"以及"习惯性"的，换言之，"自然态度"大面积地覆盖了我们的体验。在现象学家以第一人称视角对主体性体验执行的情景化实践中，首先是对"自然态度"的"悬搁"——自然态度不会自己停下

---

① ［丹］丹·扎哈维：《胡塞尔现象学》，李忠伟译，上海译文出版社2007年版，第14页。

② ［德］埃德蒙德·胡塞尔：《现象学的观念》，倪梁康译，人民出版社2007年版，第2页。

来通向它自己的内容。"在日常生活中，我们通常直接地沉浸在各种各样的情境或计划中……除了被导向这些或多或少特定的、主题化的事项，我们还被导向一个作为我们全部生活的非主题化视域的世界。胡塞尔将这种直接沉浸在世界中的态度称之为自然态度。"① 通过悬搁自然态度，悬置任何信念的前提性预设，包括主观偏见理论知识、传统等，并悬搁形而上学问题与二元本体预设，我们才有可能通达解释性信念与判断涌现之前的"绝对被给予"，摆脱一切非现象成分。"在开始任何具体的研究之前，有必要采取某种方法论的反思来摆脱自然态度。只有通过一个对所有这些超越的前概念的方法论上的悬置，通过彻底转向那些在严格意义上从第一人称视角被给予的东西，先验分析才能够开始。"②

由于"生活和科学中的自然的思维对认识可能性的问题是漠不关心的——而哲学的思维则取决于对认识可能性问题的态度"③，现象学肩负着对现实沉沦（ruinance）的抗争和回到事实本身的使命："它将实际生活带向真正的自身被给予性。这或许是海德格尔在《存在与实践》中称生存论对它具有某种暴行的原因。只有当直接面对此在自身遮蔽事物的倾向时，才可能赢得对此在自身原初存在的揭示。事实上它必须从此在那儿被夺得和赢获。"④

但是，虽然现象学以现象为出发点，以描述现象为己任，但其在理论和实践及其方法论之间也仍然存在张力，正如瓦雷拉评论道："在梅洛—庞蒂（M. MerleauPonty）看来，科学和现象学都总以事后的方式阐释我们具体的、具身的（embodied）存在。它试图抓住我们非反思体验的直接性，并试图在意识反思中表达它。但正因为理论是作为事后活动而成之为

---

① ［加］埃文·汤普森：《生命中的心智：生物学、现象学和心智科学》，李恒威等译，浙江大学出版社 2013 年版，第 15 页。

② ［丹］丹·扎哈维：《胡塞尔现象学》，李忠伟译，上海译文出版社 2007 年版，第 49 页。

③ ［德］埃德蒙德·胡塞尔：《现象学的观念》，倪梁康译，人民出版社 2007 年版，第 3 页。

④ ［丹］丹·扎哈维：《主体性和自身性：对第一人称视角的探究》，蔡文菁译，上海译文出版社 2008 年版，第 108 页。

理论，所以它无法重新把握体验的丰富性，它只能成为对体验的谈论。"①
为了对第一人称方法起到实质性的指导作用，在这里我们需要的是一种
"实践的"现象学而非一种文献学、解释学的现象学：

> 正如海德格尔所说的，现象学中的概念是与那些在实证科学中被
> 运用的对象化、排序的概念完全不同的一类。现象学的概念无法传达
> 出其全部内容，而是仅仅指示出它，而且实现概念及其内容的工作是
> 由从事现象学的个人来完成的。最终的决定并不是在定义中被给出
> 的，而是在现象学活动本身中实现的。在定义中形式地被给予的东西
> 只有通过解释者具体的实行，即在应用中才能够成为本真被给予的。②

现象学还原

为了实现"面向事实本身"与洞察事实本质，为了考察对象在意识
中的构造问题，在悬搁自然态度之后，我们需要对意识现象进一步进行
"现象学还原"。还原是现象学方法的一般概称，它也包含了一种现象学
的"开工"姿势，在还原动作中，我们与对象世界和他者的关系和朝向
它们的自然态度被彻底改变了。

现象学还原以悬搁自然态度为基础与起始点："现象学的还原就意味
着：所有超越之物（没有内在地给予我的东西）都必须给以无效的标志，
即它们的实存、它们的有效性不能作为实存和有效性本身，至多只能作为
有效性现象。我所能运用的一切科学，如全部心理学、全部自然科学，都
只能作为现象，而不能作为有效的、对我说来可作为开端运用的真理体
系，不能作为前提，甚至不能作为假说。"③并且，这种对自然态度的悬

---

① Varela, F. J., Thompson, E., and Rosch, E. (1992), *The Embodied Mind: Cognitive Science and Human Experience*, MIT press, p. 22.

② ［丹］丹·扎哈维：《主体性和自身性：对第一人称视角的探究》，蔡文菁译，上海译文出版社 2008 年版，第 100 页。

③ ［德］埃德蒙德·胡塞尔：《现象学的观念》，倪梁康译，人民出版社 2007 年版，第 7—8 页。

搁"不是排除实项的超越之物（完全在心理学—经验论意义上），而是排除作为一种仅仅是附加实存的一般超越之物，即：所有那些不是在真正意义上的明见的被给予性，不是纯粹直观的绝对被给予性的东西"①。

　　在此基础上，还原是"一个有效的活动（an effective act），一种内在的操作，一种活力（activity）（Leistung，德文，能力），这一活力使得我既是一个自主体，通过对我的—自身（my-self）的超越而完成对世界的超越，又是一种状态、一种自我—观察（self-observation）的模式、一种态度（attitude）（Einstellung，德文，态度），这种态度让我置身于一种延伸的不偏不倚、公正无私的旁观者的姿态"②。

最终，还原所希望带来的是这样一个目标领域："它是一个绝对认识的领域，对它来说，自我、世界、上帝和数字的杂多性以及那些科学的客观性都被悬置起来了，它们并不独立于这些绝对的认识、无论人们是否与那些怀疑论者有关，它们仍起着它们应有的效用。这一切因而都保留下来。但这一切的根本都在于把握绝对被给予性的意义，把握排除了任何有意义的怀疑的被给予。"换言之，还原并不是要陷入怀疑论中，并不是在体验中无限倒退，而是要探索到体验的"先天本质领域"："我们曾说过的一切依然留存着：从假说、事实、公理中科学地演绎出、归纳出的有效性、真实性等仍然留存着，只允许作为'现象'，并且，任何对某种'知识'、某种'认识'的回溯当然也同样如此：研究只能限制在纯粹的直观中，但并不因此就坚守着实项的内在之物：它是一种在纯粹明见性领域中的研究，而且是本质研究。我们也曾说：它的领域是在绝对自身被给予性之中的先天。"③

---

　　① ［德］埃德蒙德·胡塞尔：《现象学的观念》，倪梁康译，人民出版社 2007 年版，第 10 页。

　　② Depraz, N. (1999), "The Phenomenological Reduction As Praxis", in *The View from Within：First-Person Approaches to the Study of Consciousness*, 6 (2—3), p. 97.

　　③ ［德］埃德蒙德·胡塞尔：《现象学的观念》，倪梁康译，人民出版社 2007 年版，第 10 页。

可以看到，现象学还原无疑是内省的一个艰难的创新，它要求一个反身的转变，一个基本的悬搁，进而通向体验的绝对领域与纯粹明见性领域。这第一步绝不简单。对自然态度的悬搁一点也不幼稚，自然态度使我们卷入知觉景象中去，比如为了领会它的实际展开我们就要悬搁自然态度。而如何获得对还原的实际掌握，却为对此议题的研究者提出了一个真正的难题。

而胡塞尔在"现象学还原"的一般题目下设列了诸多不同形式的还原，每种还原都拥有各自不同的意义和方法。例如，通过"本质还原"，我们将我们的注意力从变化的事实（Tatsache）领域中转向先验本质。又如，本质还原可以通过"自由想象"，变更对象中无数可能的变项，从而捕捉贯穿于整个本质直观中保持不变的实项。最终，被胡塞尔视为一门本质科学的现象学还原的目标就是要抓住我们对世界的体验的先验本质。

在现象学还原作为一种实践的实际操作上，娜塔莉·戴派兹（Natalie Depraz）将胡塞尔的诸多名目的还原主要分类为三种：（1）最基础的一种反思转向（reflective conversion），她将其称之为所谓的"心理学还原"。（2）动用悬搁动作的现象学先验还原。（3）最终的以及彻底的"本质还原"。①

心理学还原是一种从主体作为知觉的主体端返回到知觉活动本身的反思形式，换言之，这种活动是从对一个特定对象的知觉理解逆向、朝内到鲜活的觉知体验中。在这种活动中，我不再"坚守"我的对象，而是改变自然态度去观察内部活动："我回到了我自己的体验，它直接把自身给我。这在体验的解释层次意味着，为了注意到朝向对象的意识活动而把我自己从对象中摆脱出来。用这种方法，我通过加强我的体验来扩大它的领域，通过另一个从它之中涌现的维度，这个维度清晰地使我从普通世界的前—被给予性（pre-givenness）中摆脱出来。"② 但它有一种脆弱性，即维持自身的瞬时的短暂性。

---

① Depraz, N. (1999), "The Phenomenological Reduction As Praxis", in *The View from Within: First-Person Approaches to the Study of Consciousness*, 6 (2—3), pp. 95–110.

② Ibid., p. 98.

先验还原以悬搁为操作程序，是一种试图打破世界单纯在那里的方法论原则和态度。但与心理学还原相比，前者并不意味着能通达纯粹意识的先验领域，而先验还原则以现象学探索先验的主体性为目标。在先验还原中，悬搁作为还原的起始姿势，不仅是一种注意力的反思转向，更是一种悬置人们的习惯性思维过程的心智动作，它试图摆脱习惯性思维的持续流和对对象的单一指向而达到一种"中立态度"。随着悬搁的彻底化，最终"这种彻底化不仅延伸到纯粹意识的所有视域隐含上，而且也延伸到意识的'世界化的（世间的）自身统觉'上，或者相关地时候，延伸到'世界的基地有效性'之上"①。从而使得探讨先验体验及其展开的先验构造理论得以可能。

最后，和心理学的反思转换相比，实现本质还原的方法则根源于一种先验悬搁（transcendental epoche）的操作及其所达到的知觉强度。本质还原的目标是要在悬搁的基础——悬置世界和对象的直接与前被给予的实在性——上追问到对象的纯粹本质和意义，这样会引发主体产生眩晕的场景（vertiginous spectacle）："它对哪怕是最明显的在世结构也不再有任何信心，本质还原把所有对象的本质当作它的主题，并把本质理解为一种具体的本质。我们是知觉存在者，具身于世界中的存在者。还原的前两种形式粉碎了这些链接的证据，以至于让我们面对着反思的深渊，并感到由世界的脱落而带来的晕眩。"②

悬搁

最后，我们需要来探讨一下现象学中最为关键的一种如何直观体验的"起始动作"——悬搁，它是通往本质的现象学还原所绝对必须的以及最一般的方法论。首先，悬搁需要一种向意识活动本身而非活动内容回返的视角，即从对对象的注意转向对意识活动本身的注意。其次，在此基础上，悬搁需要中止我们任何未经思索和自动奔腾不息、固有的思维和情感之流，以及每一信念和偏见等知觉内容。这种态度和动作姿势需要不断地

---

① 倪梁康：《胡塞尔现象学概念通释》，生活·读书·新知三联书店 2007 年版，第 404 页。

② Depraz, N. (1999), "The Phenomenological Reduction As Praxis", in *The View from Within: First-Person Approaches to the Study of Consciousness*, 6（2—3），p. 100.

重复和重新启动——因为知觉活动很容易落入对对象的知觉的余波里去，相比于悬搁的逆向体验，那是一种毫不费力的自然状态。

由此，我们的日常经验告诉我们，悬搁带来的对意识本身的注意力的回转是脆弱和不稳定性，它需要不断地警觉防止落入习惯性态度的陷阱中去并不断重置悬置的任务：

> 悬搁相当于一种悬置的姿态，悬置人们的习惯性思维过程，通过对中断它们的持续流来导致这种悬置。蒙田（Montaigne）曾在他的文章中用"悬搁（Epekhô）"和"我中止（I stop）"这样的词，这里又一次使用了皮波主义的关键词。只要有心智活动（mental activity），思维就会单一固定在被知觉到的对象上，它把我从对知觉活动的观察中拉出来重新投入到对象的知觉中去，我要把它用括弧括起来。它在我面前持续存在着，我既从没有根除它也没有否定它——它会大量回归——它一直在我跟前，缺乏任真正的效力，没有有效性（Geltung，有效性）。我其实已经离开它了，我对它不再感兴趣，所以我可以在一定的距离外沉思它。这就是胡塞尔所谓的有效性的"中立状态"，由此可以明显区分悬搁和任何消极的否定。
>
> 以这种方法，人们可以说，悬搁熄灭了世界的有效性，从而进一步发展了反思转向的不稳定结构。随着时间过去，这是它自动地维持自身的能力的一条引导线。基本上，为了使还原一直是一种活生生的活动，它的鲜活在于一种不断在我内部更新的功能，而从不是一种简单的沉积的习惯性状态，反思转向的每个瞬间都在被运行着，同时被这种彻底的、警觉的还原姿态所长久地维持着。
>
> 但是由于悬搁（不像笛卡尔的怀疑具有暂时性特征）只是限定性的，所以如果它对任何积极给定的感觉资料（datum）都是一种悬置的一般姿态，在每个瞬间都要激活，它自身是不能确保彻底保持着反思转向的。实际上，事实证明，它自身受制于由于不断更新而产生的一种脆弱的时间化（fragile temporalization）。因为这点，先验的还原不停地被重新导向远离它的悬置任务，又陷入到习惯性的态度中去。然后它就仅仅成为了一种形式的外壳，不再对它自身持有警惕。这种

"方法论主义"的风险是确实存在的。①

悬搁，作为最重要的现象学方法之一和一种方法论的创新，它的重要价值是无可置疑的："我不需要强调现象学悬置对于哲学中纯粹描述的可能性有多么恰当与必要。胡塞尔的天才让他在复兴了哲学的描述方法的同时将'悬置'方法提了出来，要是没有他，我们根本不能开始我们的工作。在哲学可以开始面对现象作为现象之前，前概念必须被放在括号中，信念被中止了。这再次并不是一个中止世界信念的猝发的行为或将我们的目光导向作为现象的现象，而是涉及这样一个艰苦的努力：识别前概念，解开积淀的诠释，理解假装是自明真理的臆想，并且通过这样的过程逐渐接近前反思的体验。"② 但悬搁动作却具有极大的不稳定性与脆弱性，同时，现象学中对达到悬搁状态本身的方法论程序描述却寥寥无几。相比于现象学在理论上的丰富建树，关于真正提高内省、悬搁等还原技能的实践操作方法本身的方法却仍有缺失——在第一人称方法的研究上，我们更需要的不是描述悬搁是怎样的一种体验，而是悬搁是怎样的一种动作，它的操作程序是什么。

另外，在方法论上现象学仍然遭遇了致命的关于真正的"直观"而非反思如何可能诘难，即直观的"滞后"的批评。关于这一问题我们在第二章中已经多有论述，而悬搁的操作无疑同直观何以可能同样有密切联系：

> 如何使时间意识的绝对之流对于现象学敞开？现象学描述基于反思，但是，反思通常被认为是一个主题化的和对象化的过程。反思以捕捉前反思的运作的主体性为目标，但它是否总是到达得太迟呢？
> 关于主体性最根本的构成性维度、意向性生活来源的研究，要做

---

① Depraz, N. (1999), "The Phenomenological Reduction As Praxis", in *The View from Within: First-Person Approaches to the Study of Consciousness*, 6 (2—3), pp. 99 - 100.

② Mohanty, N. (1989), *Transcendental Phenomenology*, Oxford: Basil Blackwell, 1989, pp. 12 - 13. 转引自［加］埃文·汤普森《生命中的心智：生物学、现象学和心智科学》，李恒威等译，浙江大学出版社2013年版，第17页。

出一个符合胡塞尔自己方法论原则的忠实的现象学描述，似乎是不可能的，特别是当这个描述要符合所谓的诸原则之原则——我们原初的给予性的直观必须成为所有知识的源头——的时候。我们不能够将我们所有的思考都建立于在某种现象学反思下被直观地给予东西，因为反思永远不能把握进行着的生活，而总是来得太迟。要么现象学已经达到了它的界限，要么诸原则之原则的有效性必须被重新评价。所确定的是，对绝对之流那种完全不同于其他任何对象的描述，使语言延伸至其极限。这再三被胡塞尔显要地申明，他不断地强调我们所能够支配的语言的根本性不足。①

为了探究悬搁的操作程序，瓦雷拉等人提出了一种称之为"变得觉知（becoming aware）"的心智动作，这种变得觉知的姿势的核心构成动作即为悬搁。另外，"变得觉知"在第一人称方法中也具有自身的任务和目标——和"现象学还原"、"反思动作（a reflective act）"、"正念（mind-fulness）"等是近义词，它们都旨在让自然状态下的前反思（pre-reflec-tive）体验进入清晰的反思意识的领域中，即它们的目标都是寻找一种通达有意识的体验之维的可靠方法，用现象学的语言来说，也就是考察体验如何被给予的过程。通过这种动作，我们可以审查我们正在体验什么；换言之，通过熟练地运用这种动作，我们能够有意识地通达我们的主体性的前反思、前给予地带②。

在现象学还原或悬搁的基础上，变得觉知的结构动态由三个最小的自足循环或三个阶段组成，它们的名称分别为："悬置"、"转向（或重定向）"和"知而不随"，瓦雷拉把这些三层组分活动合起来统称为悬搁（epoche）（见图24）：

A. 悬置（suspension）习惯性思维和判断的阶段。这是主体有可能改变对他自己的体验的注意力的一个基本先决条件，这也代表着对"自然

---

① ［丹］丹·扎哈维：《胡塞尔现象学》，李忠伟译，上海译文出版社2007年版，第96页。

② Depraz, N. , Varela, F. J. , & Vermersch, P. （Eds. ）. （2003）, *On Becoming Aware：A Pragmatics of Experiencing* （Vol. 43）, John Benjamins Publishing, p. 2.

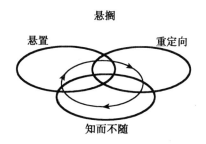

悬搁

悬置　　　　重定向

知而不随

图 24　变得觉知（悬搁）及其三个组分

的"或无—审查的态度的突破。

B. 注意力从"外部"向"内部"转换（conversion）或重定向（redirection）的阶段。

C. 对体验知而不随（letting-go）[①] 或接受的阶段。[②]

这三个阶段是有机相连：阶段 B 和 C 总是被 A 阶段重激活以及重激活 A 阶段；而阶段 A 即是启动步骤，实际上又贯穿于整个悬搁动作的过程中，并且在每一步中都有一个新的品质。阶段 C 是阶段 B 的进一步深化，并且阶段 C 是整个变得觉知的目标状态。在这个阶段中，注意力的品质发生了从对对象的寻找到对对象的纯粹接受的转变，此时，变得觉知的状态就蕴含在这一动态动作中，并且在这种理想状态下，我们能够有意识地通达前反思的维度，换言之，所有体验的维度将翻转为反思的维度。

相较于传统内省的困境，"变得觉知"区别于传统现象学的思路在于它加入了一种"知而不随"的状态与其中的特殊注意力形态：

---

① 本书将瓦雷拉的术语"letting-go"翻译为"知而不随"是借鉴了一个佛教术语的一般含义：在佛教中，"知而不随"常常作为禅修练习中一种对质"妄念"的方法，妄念（即普通的思维活动）升起时，能自知，却不跟随它、"不相续"、不随妄念转，任其"自生自灭"，即所谓的"知而不随"。这和本文中"letting-go"所描述的状态非常相似，即在"letting-go"的状态中，我们保持着一种开放的注意力，对体验单纯地觉知与接受，而不专注于或纠缠于某一特定体验对象或内容。所以我们在全书中，统一将"letting-go"一词意译为"知而不随"。

② Depraz, N., Varela, F. J., & Vermersch, P. (2000), "The Gesture of Awareness: An Account of Its Structural Dynamics", in *Investigating Phenomenal Consciousness*, Amsterdam: Benjamin Publishers, pp. 123 – 124.

　　这种探索被一种特殊的注意力倾向所鼓励着，这种注意力倾向既是开放的，又是善于接受的（receptive）。不像聚焦的注意力是狭窄的、只专注于一个特定的内容之上；这种注意力是全景式、外围型的，它打开了一个宽广的领域。这种弥散的（diffuse）注意力是非常好的，它对大多数细微的变化都非常敏感。有些人已经向我们描述过这种开放性了：通常被知觉为注意力中心的区域微妙地转变到了头骨后面，或从大脑转移到了身体上。①

　　这种注意力倾向还被描述成是非意向性的、善于接受的。这种特征看上去似乎是矛盾的，因为对我们来说，除了意向性的、主动地聚焦在一个目标和一个既定的对象上面的注意力之外，我们想不出还有别的什么样的注意力。然而，大量证据描述了注意力的另外一种类型：它在非常警觉和清醒的同时，仍然保持着放松、超然、善于接受。它不涉及朝着体验延伸去详细检查它、分辨它，并即刻描绘它。而是在一种罕见的情况中，当下在场，对任何可能生起的事物都开放。这种倾向使我们能够觉知到那些由于伸向了目标对象而常常知觉不到的体验的维度。人们唯一能做的就是接受这种所需的注意力倾向，随意识来（let consciousness come）。它更像是一个立体图：由于它所有的深度和透明度中都显现了图案，所以没有什么是必须专注的；人们必须单纯地采取所需的接受性动作表达，然后等待。这种活动是没有意向性的，没有意向性有两层含义：既不意向一种意愿或特定的期望，也不抓牢一个对象。②

　　变得觉知的结构明晰了悬搁的操作程序，同时变得觉知在理论上有诸多优点。首先，它避免了一种意识的二阶理论；其次，在一种单一水平的有意识的体验中，意识即非"不及物"（它是反思的）又非"及物"（它

---

　　① Petitmengin, C. (2009), "The Validity of First-person Descriptions as Authenticity and Coherence", in *Journal of Consciousness Studies*, 16 (10—12), p. 378.

　　② Ibid. .

是接受性的，而不将体验对象化）。当然，这种注意力品质的训练与保持是困难的，对这一理想状态的操作程序的描述也仍然是困难与模糊的，对该状态何以可能的机制仍待进一步研究。

第三节　佛教禅定实践

另一种关于第一人称体验研究的丰富资源来自佛教传统的理论和实践："佛教传统已经在训练心智与培育心智的反思和内省能力方面积累了大量的专门知识。它已经这样做了几个世纪，并且表达了一些它的所见，这些内容与内省的心理学或现象学心理学有相似之处（根据我们所读到的）。西方沙文主义否认这类作为数据的观察和它们的潜在有效性，这将是一个巨大的错误。"①

这是一种与普通的内省所不同的传统，它有着自身对如何提高现象体验的品质的系统性方法和对心智结构的完整理论：

> 詹姆斯仅仅把内省描述为"深入观察自身的心智并报告我们在其中的发现"，但佛教则认为内省是对自身心理过程的持续关注和分析性的辨识。佛教现象学区分了因心理兴奋所导致的注意力的稳定性和不稳定性，以及因心理松弛所导致的注意力的活跃和迟钝。佛教现象学还讨论了这些注意力品质的元认知调节，佛教认识论则讨论了在不同条件下心理认知确认其心理对象的程度。按照这个观点，如果思想流和感受流是清明的，而非混乱模糊的，那么詹姆斯意义上的内省将在其发现和报告中会丰富得多。②

由于历史的良好累积，佛教禅修通过禅修实践所获得的理论系统是庞

---

① Varela, F. J., & Shear, J. (1999), "First-person Methodologies: What, Why, How?", in *Journal of Consciousness Studies*, 6 (2—3), p. 6.

② Thompson, E. (2006), "Neurophenomenology and Contemplative Experience", in *The Oxford Handbook of Science and Religion*, edited by Clayton, P., Oxford: Oxford University Press, p. 229.

大的，对禅修训练实践经验的丰富累积也是可观的。神经现象学由于其宣称能够捕获清晰的现象体验而对佛教传统给予了极高的关注，并积极促进禅修训练与第一人称方法论的研究，以及与第三人称神经科学的相关探索：

> 重新承认第一人称的观点提出这样一个问题：如何获得关于体验的既精确又细致的第一人称描述？一方面，显而易见地，作为自身心智生活的观察者和描述者，每个人的能力各不相同，这些能力能够通过注意力、情绪和元认知的心理训练而得到加强。禅修训练正是这种认知和情绪训练的手段。另一显而易见的方面是，心智训练应该在大脑结构、功能和动力学的改变中得到反映。因此，禅修训练既能作为一个开发更好的主观体验的现象学的工具，也能作为一个研究意识神经相关物的工具。
>
> 禅修心智训练对于意识的科学研究的潜在重要性对于神经现象学至关重要。具体说来，神经现象学家建议把考察体验的"第一人称方法"与对主观性和意识的实验研究整合起来。第一人称方法通过系统地对注意力、情绪调节和元认知觉知（对认知本身的觉知）的训练，使个体对其自身的心理状态变得敏感。这种方法和训练自一开始就是佛教传统的重点。在藏传佛教中，沉思心理训练通常被描述为"使自己熟悉"心理事件连续瞬间特征的系统过程。这种描述指出了沉思心理训练与神经现象学的相关性：沉思训练培养一种能力，即持续、专注地觉知到体验的连续瞬间流或因詹姆斯著称的"意识流"。出于这个原因，佛教传统引起了神经现象学特殊的兴趣。①

另外，据说，佛典中所记载的诸多关于心智现象的发生、结构与机制

---

① Thompson，E.（2006），"Neurophenomenology and Contemplative Experience"，in *The Oxford Handbook of Science and Religion*，edited by Clayton，P.，Oxford：Oxford University Press，p. 228.

的丰富内容，这些理论的获得，是通过禅修者在"禅定"实践中反观自身内在心智现象所记录的。与普通的内省中的粗糙反思不同，佛教禅修训练首先是以内在体验过程中对体验对象的注意力的稳定性与清晰性的训练为基础。这种高度集中的注意力之于心智现象的科学探究正如望远镜之于天体现象的科学探究。正如佛教学者陈兵所描述的："经过止观训练而达到禅定心，可排除内外一切干扰，高度凝集智慧力，观照自心，明察秋毫，冷眼旁观心理活动，照烛暗昧隐密的心识深层景观。佛教徒在禅定的澄寂中以观心，其照察之深细精密，自非心理学家在未经锻炼的寻常波动心的内省可比。"最终，当这种注意力平衡达到超凡的程度时，散乱的思想就会寂止，一个人自身、他人、自己的身体和环境的所有显象（appearance）都会消失，而"剩下的是一种发光、清晰的意识状态，它是个体心智流中所有显象的基础。显现于感官和心智知觉的所有现象都浸润在这个基底意识的固有光明中。就像一池清水中的星月倒影，整个现象世界也是这个虚空、清明的心灵基态中的倒影"。

对于禅修中的非常规体验的通达肯定是困难的，但佛教止观等禅修训练在实践上的丰富历史文献资料为意识的第一人称研究方法的严谨性、精确性和客观性提供了有力的方法论资源。佛教止观禅修的这种训练有素的第一人称研究正是神经现象学所要求与希望的，也将为我们的意识研究贡献思路。

禅的定义与分类

禅的名称是由梵语 Dhyāna（禅那）音译简化而来的，义为静虑，即所谓的"宁静散乱之心而起契理思虑也"，也常泛称为"禅修"。而"禅定"往往是"禅"和定（三昧、三摩地）的复合名称。在佛典中，禅修的种类繁多，且根据划分的方法不同分类方式也十分多样。我们可列举一种佛教常见的分类方式（见图25）：佛教中把禅修分为"世间禅"和"出世间禅"。世间禅主要包括通常所谓的"四禅八定"，即四禅定、四无量心与四空定，统称为"十二门禅"，它们分别对应着不同的心智状态：

四禅：（1）初禅；（2）二禅；（3）三禅；（4）四禅。

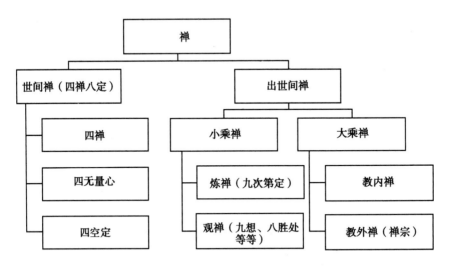

图 25　禅的分类示意图

四无量心：（1）慈无量心；（2）悲无量心；（3）喜无量心；（4）舍无量心。

四空定：（1）空无边处；（2）识无边处；（3）无所有处定；（4）非想非非想处定。

佛教认为世间禅是各种宗教所能共有的，并且所得成就不出三界（欲界、色界、无色界）。根据四禅八定所对应的界逐渐升高，小乘佛教将其以"九次第定"——即四禅（包含四无量心）、四空定、加上佛教独有的灭受想定（或称之为"灭尽定"）——的方式划分：

初禅	色界
二禅	
三禅	
四禅	
空无边处	无色界
识无边处	
无所有处定	
非想非非想处定	
灭受想定（灭尽定）	

　　出世间禅由于富含了佛教"无我"和"空性"等特点以及所证得的识的水平不同而为佛教所特有。出世间禅分为小乘禅和大乘禅。小乘禅中又分："观禅"，如九想、八背舍、八胜处、十一切处等；"炼禅"，如九次第定等。大乘禅种类繁多，以能否见佛性而分为教内禅与教外禅，"教外别传"的"禅宗"禅法由此冠以"宗"字而区别于一般禅法。或者，又可以将佛教体系内的禅修实践分为如来禅、祖师禅、秘密禅。[①] 诸如此类，分法众多。

　　而对于单个禅修活动的过程而言，从禅修开始，通过实践、磨炼各种"三昧"方法，得到禅定（三摩地）的境界，这种中间可以所经过的过程也有不同的名称和分类（详见图26）。在这个禅修过程中可先后经历安那般那（ānâpāna）[②]、三摩钵底（samāpatti）[③]、三摩半那（samāpanna）[④]、三摩地（samādhi）[⑤]、三摩呬多（samāhita）[⑥]、奢摩他（śamatha）、毗钵

---

① 相关讨论内容可详见吴信如《禅定述要》。

② 安那般那（ānâpāna）：译曰"数息观"。数出息、入息镇心之观法名。《大乘义章十二》曰："安那般那观，自气息系心数之，勿令忘失，名数息观。"《安般守意经》曰："安名出息，般名入息。"——丁福保编：《佛学大字典》（电子版），"安那般那"词条。

③ 三摩钵底（samāpatti）：意译等至、正受、正定现前。指由远离惛沈、掉举等，而使身心达于平等安和之境。即身心安和之状态，为三摩地之进境。巴利文"samāpatti"有"达到"、"入定"的意思。——《佛光大辞典》（新版）（电子版），"三摩钵底"词条。

④ 巴利文"samāpanna"意为"著手，从事"。正在定中名三摩半那。——《佛光大辞典》（新版）（电子版），"三摩半那"词条。

⑤ 三摩地（samādhi）：别境心所，"译曰定、等持、正定、一境性。心念定止故云定；离掉举故云等；心不散乱故云持"。——丁福保编：《佛学大字典》（电子版），"三摩地"词条。"意译为等持、正定、定意、调直定、正心行处。即远离惛沉掉举，心专住一境之精神作用。三摩地之语义诸多，若于说一切有部中，为十大地法之一，与一切心、心所法相应，通于定、散，亦通于善、恶、无记之三性，而无别体。于经量部，心之一境相续而转，称为三摩地。行者住于三摩地，观想凝照，智慧明朗，即能断除一切烦恼而证得真理。"——《佛光大辞典》（新版）（电子版），"三摩地"词条。

⑥ 三摩呬多（samāhita）：意译等引、胜定。指由定力所引生之身心安和平等。又由前加行等所引发的定之分位，亦称为三摩呬多。据《成唯识论述记》卷六、《瑜伽论略纂》卷一等所载，三摩呬多唯限于"定"，而不通于"散"；然广通有心、无心，而以有漏、无漏之五蕴功德为其体性。等引之地可包含：四静虑、八解脱、三等持、五现见三摩钵底等四种。故知等引（三摩呬多）

舍那（vipaśyanā）、优毕舍（upekṣā）① 的阶段。这些属于禅定活动中的差别心智状态：

> 禅定的行相，也有各种不同的名称。如入定初门的息道，梵名安那般那，简称安般，义为持出入息。安那为入息，般那为出息。欲入定时名三摩钵底，义为等至。正在定中名三摩半那，义为正定、等运。定中心一境性即名三昧，或称质多翳迦阿羯罗多，义为等持。定中引发功能即名三摩呬多，义为等引。定中的止分名为奢摩他，或称舍摩陀，义为止息，或译为寂静、远离、能灭、能调、能清。定中之观分名为毗婆舍那，或称毗钵舍那，义为观见，或译正见、遍见、次第见、别相见、种种观察。定中止观平等之舍分名优毕叉，或称优毕舍，义为舍离，或译平等、不净、不观、不行。凡此种种名相，都是禅定行相的一部分，中文总名，便是禅定。②

经过历史的长久累积，中文佛教传统中有自身对禅的明确定义和系统分类。但在现代西方语境中，与禅修所对应的英文单词 Meditation（可对应于"禅修"或"冥想"等）被改编成各种各样家族类似的实践，范围从用来促进放松的技巧到为实现诸如幸福这样更深远的目标而做的心智练

之范围实较"等至"（三摩钵底）一词为广。《俱舍论光记》卷六："三摩呬多，此云等引，通有心、无心定。多分有心定中说不通散，若有心定名等引，谓定前心离于沈、掉，名等，能引起此定名引，此从加行立名。又解即定离于沈、掉，名等，能引起平等身心，名引。若无心定名等引，还作两解，准有心定释，唯无心为异。"依此，等引具有：（一）远离沉掉等；（二）能引平等；（三）引发平等方便等三义。——《佛光大辞典》（新版）（电子版），"三摩呬多"词条。

① 优毕舍（upekṣā）：译曰舍、平等、持心平等，不偏一方。舍者，舍偏心也。《涅槃经》三十卷曰："优毕叉者，名曰平等，亦名不净，又名不观，亦名不行，是名为舍。"《慧琳音义》二十六卷曰："优毕叉，此云舍也。"《大乘义章》十卷曰："止观舍者，经中亦名定慧及舍，此乃修中之差别也。修义不同，一门分为三：止者外国名奢摩他，此翻为止，守心住缘，离于散动，故名为止。止心不乱，故复名定。观者外国名毗婆舍那，此翻为观。于法推求简择名观，观达称慧。舍者外国名优毕叉，此翻为舍，行心平等，舍离偏执，故名为舍。"——丁福保编：《佛学大字典》（电子版），"优毕舍"词条。

② 吴信如：《禅定述要》，民族出版社2002年版，第15—16页。

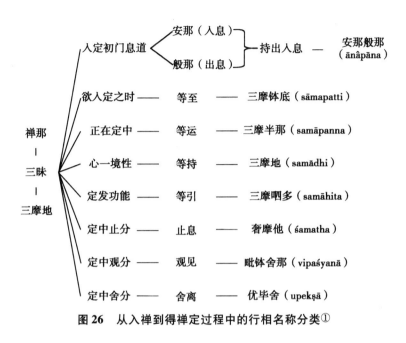

图26　从入禅到得禅定过程中的行相名称分类①

习。由此，禅修被宽泛地解读为一个为了各种各样的目的而开发的复杂的情绪和注意的管控策略，包括对幸福感和情绪平衡的培养等心理治疗措施。这对禅修的研究造成了极大的困难与混淆：

> 虽然"禅修（meditation）"一词广为使用，但人们使用它时常常有一种高度不精确的感觉，以至于使它的描述力大打折扣。这个术语不充分的一个根本原因之一就是，它的典型用法就是通常指称了一类非常广泛的实践。所以，关于这点的典型讨论，维斯特认为（West，1987）形形色色的实践，像一些非洲部落的仪式舞蹈、沙漠教父的灵性操练、西藏人擅长的密宗实践，都是禅修的各种形式。……此外，不能证实的假设的另一个难题在于，把禅修的一般性使用应用于范围如此之广的各种实践中，以至于淡化了这些实践本身。比如，如果要把苏菲赞念（Sufi zikr）等同于一种太极的道教实践的话，就要忽略

---

① 图片转摘自吴信如《禅定述要》，民族出版社 2002 年版，第 16 页。

它的特定技能和语境。简言之，如果要用相同的术语来描述赞念和太极，人们就必须要忽略大量使它们彼此彻底不同的内容。这有点类似于用"种"这个词来指称所有的种，就好像它们在本质上是相同的似的。这种方法的一个典型结果就是费歇尔（Fischer，1971）所提出的极端一般化的模型，在这个模型中禅修的所有形式——例如禅宗（Zazen）和一些未指明的"瑜伽"实践——都属于同一个低唤醒的放松范围（trophotropic scale of hypoarousal），即使注意到了许多佛教实践的细节，例如禅宗（Austin，1998），想从低唤醒的角度去给出一个描述也是很成问题的。①

在西方，很多名词被技术性地用到佛教专用术语的翻译上，最常见到的是专注（Concentration）和禅定（Meditation）。在中译本上，通常前者相当于禅那或静虑（Dhyana），后者则相当于三摩地或三昧（Samadhi）。大多数人对这两个英文字并未加以明确的辨别，却把它当"聚集"和"冥想"的混合体来看；可见得，他们根本不知道禅那和三摩地的差别。（邦帝说这种混乱并不惊奇，好比在欧洲，每位教授都给自己的名词下定义，除非小心分辨，否则将会很混乱。目前在著作者和翻译佛教书籍者之间也是，比如：像在中国所发展的情况一样，还没有统一的名表，于是他们各用自己的专用术语；这对初学者是很困难的，而他们亦将因此而迷惑。在梵文和巴利文的佛教传统中就不一样，每一个名相都有精确和受认可的含义，使得阅读者和修行者更加方便）。②

对禅修概念的定义在多文化碰撞的背景下遭到了极大的困难，除了东西方对禅修术语的差异与混淆之外，还存在诸多相关术语的翻译混乱问题，例如"正念"、"念心所"、"觉知"、"定"等中英文术语的混淆。由

---

① Lutz，A.，Dunne，J. D.，& Davidson，R. J.（2007），"Meditation and The Neuroscience of Consciousness：An Introduction"，in *The Cambridge Handbook of Consciousness*，Philip David Zelazo，Morris Moscovitch and Evan Thompson（edit.），Cambridge University Press，pp. 499 – 551.

② 陈建民：《佛教禅定》，宗教文化出版社 2010 年版，第 24—25 页。

此，在这种情况下定义禅修的概念是困难的，它是一个在具体活动中待解释的词，换言之，对这个概念的定义可以替换为对该术语所指称的具体环境下所包含的具体心智活动的描述。

另外，我们可以根据如火如荼的禅修神经相关物的神经科学研究，来分类具体实验中所关注的主要禅修类型——根据其历史发展、实际操作程序所涉及的心智功能及其运作的方式，主要被归纳为"集中注意"［Focused Attention（FA）］和"开放监控"［Open Monitoring（OM）］［或称之为"开放呈现"（Open Presence）］两种。又或者，诸如卢茨（Antoine Lutz）和戴维森（Richard J. Davidson）等人的研究，将他们神经科学实验研究中所涉及的藏传佛教中的禅修实践主要分为"集中注意"［Tsé-cig Ting-ngé-dzin（rtse gcig ting nges'dzin）or Focused Attention］，"开放呈现"［Rig-pa Chôg-zhag（rigpa cog bzhag）or Open Presence］，和"无缘大悲"［Mîgmé Nying-jé（dmigs med snying rje）or Non-Referential Compassion］三类。

在其论文中，"集中注意"主要指一种心智不动摇，清晰地专注于一个单一对象的活动——这个对象可以是呼吸、咒语、视觉对象、心理意象或者观想意象等。这是一种最典型与基础的禅修类型，它可以贯穿于其他禅修类型的活动中，或用来集中开发注意力："集中注意的主要结果就是一种更大的专注能力，同时被扰动从专注状态中出来的易感性相应减少。这种实践不仅被认为增加了专注力的稳定性，还被认为增加了它的强度。在一种实践的更高水平上，这种类型的禅修还据说能减少睡眠的需求，而且被认为是能在禅修过程中引发愉悦的感觉，包括身心的轻柔。"①

而"开放呈现"则是在"集中注意"基础上的一种"观"的心智活动：在掌握一定的对对象的专注能力之后，以减弱对象的方式加强培养对主体性的觉知，直到完全掌握对主体性的自身觉知（即意识体验活动中的不变量）的现象通达之后，进一步削弱主体性的感觉，即削弱认知的意向结构，从而达到对体验的"知而不随"的查照。最终，这种禅修所要达

---

① Lutz, A., Dunne, J. D., & Davidson, R. J. (2007), "Meditation and The Neuroscience of Consciousness: An Introduction", in *The Cambridge Handbook of Consciousness*, Philip David Zelazo, Morris Moscovitch and Evan Thompson (edit.), Cambridge University Press, p. 513.

到的目标最高状态是使实践者体证到使所有认知成为可能的觉知。我们可以通过与"集中注意"相对比，来理解"开放呈现"的特殊之处：

> 在对开放呈现的这种理论理解上，有两个实践特征尤其突出的。第一，属于毗钵舍那的一般范畴的其他禅修中所培养的一种心的能力最好被描述为一种元—觉知；它是"元"的，在于它有赖于念（mindfulness，smrti），念使心专注于手头上的（at hand）对象。正如上面所看到的那样，这种元—觉知能审查心智本身，所以也能侦查它是否昏沉或掉举。所以，因为它能专注于认知本身，这种元—觉知是反身的，并且在这一程度上，它与开放呈现实践中所培养的状态非常相似。但不同点在于，在开放呈现中，前缀"元"是不恰当的；相反，人们认为，与其作为一种念的基本能力的伴随——也就是专注于对象的能力——更不如说，心智的反身方面实际上是一种比念更根本性的能力。换言之，念必定伴随对象出现，但对象呈现在体验中这一可能性本身就扎根于一种更根本的反身性中。
>
> 开放呈现的第二个不同之处在于，不同于其他禅修，这种实践的高级阶段不试图去悬置或培养任何特定的心理内容。人们不用专注于比如观想的意象或感觉对象（比如像呼吸的感觉）等等。在这个意义上，开放呈现是无对象的。不过，虽然这种实践的高级水平不包含任何特定的内容或对象，但它对心智中所发生的内容仍然是很重要的，因为要培养作为体验的不变本性的觉知，人们就必须得拥有体验。确实，对初学者来说体验若是格外醒目或清晰会更好些。所以，虽然禅修是无对象的，但它绝不是空白或者消除的状态。仍然可以体验到感觉事件，有时甚至更生动。[1]

"无缘大悲"则是在"开放呈现"的基础上，进一步培养一种慈悲的情

---

[1] Lutz, A., Dunne, J. D., & Davidson, R. J. (2007), "Meditation and The Neuroscience of Consciousness: An Introduction", in *The Cambridge Handbook of Consciousness*, Philip David Zelazo, Morris Moscovitch and Evan Thompson (edit.), Cambridge University Press, p. 515.

绪与胸怀。"无缘"意味着不"聚焦"或执着于任何对象，所以"无缘大悲的两个方面——慈悲和开放呈现——一定是在成功的禅修中一起发生的，虽然对这种实践的精确描述还没有获得，但对很多践行此道的实践者来说，它表现为在实践期间要求有一个次第。在某些情况中，一个禅修者可能首先要培养开放呈现，然后培养慈悲，同时最大可能地保留开放呈现的状态。慈悲被诱发之后，禅修者要再次加强开放呈现，因为培养慈悲的技巧可能会使禅修者偏离无对象的状态。在其他情况中，禅修者也可以先从诱发慈悲开始，然后伴随着心里充满了慈悲，禅修者开始培养开放呈现。"①

下节我们将继续进一步探讨主要禅修范式止观，以及它的操作程序。

禅修范式：止观

即便有名目繁多的禅修种类，但每个禅修活动的核心特征仍然在于它的止（奢摩他）、观（毗钵舍那）的品质，即便是不同的佛教流派，也都赞同禅修中定（止）慧（观）等持的重要性——止对应于奢摩他②、定，观对应于毗钵舍那③、

① Lutz, A., Dunne, J. D., & Davidson, R. J. (2007), "Meditation and The Neuroscience of Consciousness: An Introduction", in *The Cambridge Handbook of Consciousness*, Philip David Zelazo, Morris Moscovitch and Evan Thompson（edit.）, Cambridge University Press, p. 518.

② 《杂集论》十卷云："奢摩他者：谓于内摄心令住、等住、安住、近住、调顺、寂静、最极寂静、专注一趣、平等摄持。如是九行、令心安住，是奢摩他。"《瑜伽师地论》十一卷云："奢摩他者：谓九种住心，及奢摩他品所摄诸法。谓于自他、若衰若盛、可厌患法，心生厌离、惊恐、恶贱，安住寂静。"《瑜伽师地论》三十八卷云："云何奢摩他？谓诸菩萨、由八种思善依持故；于离言说唯事唯义所缘境中，系心令住；离诸戏论。离心扰乱想作意故；于诸所缘而作胜解。于诸定相，令心内住、安住、等住，广说乃至一趣、等持。是名奢摩他。"

③ 《杂集论》十卷云："毗钵舍那者，谓拣择诸法，最极拣择，普遍寻思，周审观察。为欲对治粗重相结故；为欲制伏诸颠倒故；令无倒心善安住故。此中诸句，依正行所缘境说。或依善巧所缘境说。或依净烦恼所缘境说。拣择诸法者：尽所有故。最极拣择者：如所有故。普遍寻思者：由有分别作意俱行慧，建立诸法相故。周审观察者：委具推求故。"《瑜伽师地论》三十八卷云："云何毗钵舍那？谓诸菩萨、由奢摩他熏修作意，即于如先所思惟法，思惟其相；如理简择，最极简择，极简择法；广说乃至觉明慧行。是名毗钵舍那。"《解深密经》云："如是菩萨能求奢摩他。彼由获得身心轻安为所依故。即于如所善思惟法。内三摩地所行影像。观察胜解舍离心相。即于如是三摩地影像所知义中。能正思择最极思择。周遍寻思周遍伺察。若忍若乐若慧若见若观。是名毗钵舍那"。

慧，前者强调了禅修体验的稳定性和注意力强度，后者则侧重于对体验中心智现象的觉知、观察能力，以及在这种观察下体验的清晰度。它们两者对于一个禅修活动来说，相当于一驾马车的两个轮子或者一盏灯的灯火的亮度和稳定性：

> 注意力稳定性的开发大概可以比作把望远镜安装在一个坚实的平台上；而注意力清晰度的开发就像高度抛光镜片使望远镜能够明晰目标。杰出的西藏佛教修行者和哲学家宗喀巴（1357—1419）引用了一个更为传统的比喻来刻画注意力稳定性和清晰度对禅修领悟的培育的重要性：在夜晚，为了看清一张悬挂的挂毯，如果你点了一盏又亮又不摇晃的油灯，你可以清楚地看到上面所描绘的图案。但是如果是一盏或暗或——即便它很亮——被风吹得跳动的灯，那么你将看不清那些图案。①

这种注意力的稳定性方面的训练被统称为"止"（Samatha，梵语"奢摩他"），而清晰性训练则统称为"观"（vipasyana，梵语"毗钵舍那"）。"止"依止于"定"："于所缘处，令心善住，名之为定；由不散乱不动摇故。"②"定"要求对固定体验对象的专注而不走神。这里需要作出的一个区分是三种常常非西方学者所混淆的心所功能，即"作意"、"定"和"念"：

> 需要把作意与其他两种相关的心所区分开来。第一种是定（concentration, sama-dhi, ting nge' dzin），它是心智单一地凝视它的对象的能力。第二种是念（mindfulness, smrti, dran pa，也被翻译为recollection），它是心智保持对象在关注点上不被忘记，不被分心、晃动和流走的能力。这两种能力不是每个心智状态中都会出现的。定和

① Wallace, B. A. (1999), "The Buddhist Tradition of Samatha: Methods for Refining and Examining Consciousness", in *Journal of Consciousness Studies*, 6 (2—3), 177.

② （唐）义净译，无著造，世亲释：《六门教授习定论》，大正新修大藏经，第三十一册 No. 1607。

作意不同，它不仅包含让心智参与对象的能力，并要维持这种注意一段时间。同样的，念不仅是简单地参与对象，它还包括让心智把对象放它的焦点上并防止它在失念中滑走的能力。因此这两个心所，对佛教禅修来说都是很重要的，是决定性因素之一。只有以一定的清晰度和持续的专注度捕捉对象时，它们才会出现。①

而"观"需要"定"做基础，在"定"达到一定稳定程度的基础之后，能获得相应的清晰地照察自身念头的观的能力。

或许展现了这些特点的最无所不在的佛教禅修类型就是以提高专注度为目标的禅修——这种类型的禅修根植于以获得奢摩他（śamatha）为目标的实践中。奢摩他的字面意思是"止（quiescence）"，它是这样一种状态，即理论上实践者能够保持无限久地专注在一个对象上。因而作为一个术语，奢摩他也可以描述历史上最早的、最基本的以获得上述这种状态为目的的佛教禅修。在这种实践中，实践者特别增强了一种被称之为"念"（smrti）的心所（mental faculty），它被混乱的翻译为"mindfulness"和"awareness"；在单纯的术语中，它是一种将心智集中在一个对象上的心所（mental function，caittāsika）。同时，禅修还包括了一种检查念心所是否专注在一个意向对象上或是否丢失了对象的能力。由此，这个另外的能力常常被称之为"正知力（samprajanya）"，它包含了一种元—觉知的类型，这种元—觉知不仅要专注在一个对象上，还是一种意向关联自身的觉知。

作为一种禅修状态和类型，奢摩他为许多其他佛教实践提供了实践和理论的基础，尤其是因为它构成了包含对一个具体对象专注一境（one-pointed concentration）（ekāgratā，一境性）的任何实践的基本范式。但同时，佛教理论家一般在讨论奢摩他时，并不认为单纯的奢摩

---

① Dreyfus, G., & Thompson, E. (2007), "Asian Perspectives: Indian Theories of Mind", in Philip David Zelazo, Morris Moscovitch and Evan Thompson (edit.), *The Cambridge Handbook of Consciousness*, Cambridge University Press, pp. 99 – 100.

他就是佛教的。也就是说，获取奢摩他导向的实践必须创造出一种高度发达的能力，来维持对对象的高度专注，然而这种能力的开发并不会导致某些品质的改变，它不会导致佛教所追寻的所有改变，尤其是关于情绪管理方面。因此，虽然一种奢摩他导向的实践对大部分佛教禅定传统来说是一个必要的组成部分，但它必须伴随另外一种佛教实践的基本形式，即毗钵舍那（vipaśyanā）或"观（insight）"。

伴随着奢摩他的实践类型，毗钵舍那也是最早最基础的禅修形式之一。在佛教理论中，毗钵舍那作为一种禅修类型，结合了由培养奢摩他所提供的专注力或稳定性，它使得实践者能够对自己的习性和假想的同一性与情绪获得洞见。一般来说，这种洞见尤其包含了对"无我（self-lessness）"（nairātmya，无我）的实现——即意识到牢固、本质的同一性是一个错误的信念，因而反映这一信念的情绪性习性也是无根基的。不过，虽然佛教禅定传统都一致认为，这种实现一定是毗钵舍那的一部分，但准确定义毗钵舍那的方式及其在实践中所发展的方法，仍然面临着相当大的多样性。比如，在有些传统中，推理和某类内部概念话语在实践中是受到批判的，但在另外一些传统中则主张在对毗钵舍那的获取中有限地使用推理和概念。同样的，一些传统主张毗钵舍那禅修一定要有一个对象，这样可以对其进行某种类型的分析，反之，其他一些传统则主张禅修最终一定会变成完全无对象的。①

据此，我们可以简要勾画出对止和观的操作模型图。止的训练较接近于上节中"集中注意"的禅修方式，它以训练对象的专注力为核心。在具体实践中，我们将注意力集中在目标对象上，随着注意力的逐渐散乱，会发生非自主的心智游移；直到我们警觉到这一游移现象之后，我们才能再一次重新定向我们的注意，又一次专注于目标对象上（见图27）。

在止的练习的基础上，随着注意力的不断稳定，止的能力会不断增

---

① Lutz, A., Dunne, J. D., & Davidson, R. J. (2007), "Meditation and The Neuroscience of Consciousness: An Introduction", in *The Cambridge Handbook of Consciousness*, Philip David Zelazo, Morris Moscovitch and Evan Thompson (edit.), Cambridge University Press, p. 504.

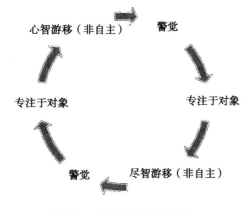

心智游移（非自主）　　警觉

专注于对象　　专注于对象

警觉　　尽智游移（非自主）

图27　"止"的操作模型

强。在佛典中记述了，有九种循序渐进令心不散乱的心智活动，称之为"九住心"："云何名为九种心住？谓有苾刍令心内住、等住、安住、近住、调顺、寂静、最极寂静、专注一趣及以等持，如是名为九种心住。"在九住心中，止的能力逐级递增。初住、续住和回住相当于我们提出的关于止的操作模型。而佛教中严格意义上的定，要到等住以后才能实现，这时我们才拥有了驾驭、掌控心念的能力。详见下表中，配以六种助缘的辅助下所得到的九种水平的止的状态：①

次第		内容	助缘
一	初住（内住）	须有能力将心念从外境及邪见中收回（断绝），坚固的专注在内观上	听闻开示
二	续住	有能力将心念住在内观上	正思惟②；一切思惟得汇归到专注的对象上
三	回住	如果心念从内观上失落了，有能力将它拉回	经常忆念③不忘

---

① 陈建民：《佛教禅定》，宗教文化出版社2010年版，第105页。

② 丁福保编：《佛学大辞典》（电子版）："思惟：思量所对之境而分别之也。《无量寿经》曰：'具足五劫，思惟摄取庄严佛国清净之行。'又对于定心之无思无想而定前一心之思想，谓之思惟。《观无量寿经》曰：'教我思惟，教我正受。'《善导序分义》曰：'言我思惟者，即是定前方便，思想忆念彼国依正二报四种庄严也。'"

③ 《瑜伽师地论》八十三卷云："言忆念者，于所观察一切法义，能不忘失；于久所作久所说中，能正随念。"——朱芾煌编：《法相辞典》（电子版）"念"词条。

（续表）

次第		内容	助缘
四	近住（接近良好状况之住）	一切向外攀缘的心念已转成内观	经常忆念不忘
五	伏住	向外攀缘的心念已经被内观所降伏	正确的认知
六	寂住	心念得到了平和并且保持了寂静	正确的认知
七	最寂住	昏沉及散乱的信念已经被最寂住所降伏	精进
八	专注	心念只可以集中在一点上，即集中于内观上，一点也不游移或产生瞬间的中止	精进
九	等住	心念本身可以没有丝毫将之感地、连续而平等地住于任何一处	习惯性修行的力量

　　由于观的训练强调了对体验的查照，所以这种实践的心智活动较接近于"开放呈现"——"毗钵舍那禅修似乎也包含了某种元—觉知的形式，这种元—觉知审查着禅修的状态，由此，它可以使人知道他是否失掉了所要专注的对象。同样的，相同类型的元—觉知也可用来侦查是否发生了昏沉和掉举。所以，即使在毗钵舍那的其他类型中，人们也能看到一类反身性，因为禅修状态原本就包含了对状态本身的一个觉知。"[①] 而这种元觉知则是开放呈现所拥有的，但是这种元觉知并非一种高阶意识，而是一种裸露的自身觉知所带来的意识自证、自明性。具体观的实践是在一定的止的能力之上来实现的：首先，我们对体验的自然态度有一种类似现象学悬搁的姿态，然后将注意力转向到内部体验；然后减少对对象的执着，并努力让体验内容"随它来"、"随它去"，保持一种"知而不随"的姿势；随后在稳定的知而不随的基础上，我们进行开放呈现的操作，观察体验流时保持觉知和警觉却不执着于任何对象。当开放呈现不纯熟之际，会发生非自主的心智游移，直到我们警觉到这种心智游移之后，我们才能重新定向我们的注意力，并操作下一轮的开放呈现活动。

----

　　① Lutz, A., Dunne, J. D., & Davidson, R. J. (2007), "Meditation and The Neuroscience of Consciousness: An Introduction", in *The Cambridge Handbook of Consciousness*, Philip David Zelazo, Morris Moscovitch and Evan Thompson (edit.), Cambridge University Press, p. 514.

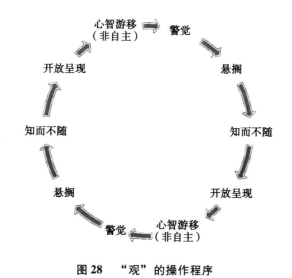

图 28　"观"的操作程序

在知而不随的基础上，随着开放呈现能力或观的能力的增强，这种实践将通向一种体验的不变量——一种自觉知作为体验的不变本质特征，通过实践练习可以把握到这种自觉知成分。为实现裸露的纯粹自觉知，在实践中需要消除将体验对象化的习惯性态度以及习惯性的自我感：

　　实践者被其指导者反复提醒要避免"执着"（grasping，'dzin pa）——即把心理内容当作对象。这里，严重的执着症状包括的一些迹象有，实践者开始专注于或审查内容或事件，并且随后精心雕琢它们——经常会在口头指令中用到的短语之一就是不要"跟随"（follow along，rjes su 'brang ba）思维链。然而从现象学角度来讲，在体验的主体性中分离出表象或事件单纯这一事实就是一种更细微的执着。所以，当一个人"释放"对象时，他还必须同时理解到对象实际上是不与觉知本身分离的，主体性也仅仅是它的一个方面。这种态度最初是通过一些话语策略开发的，它在开发开放呈现中起到了至关重要的作用。

　　在加强主体性之后——专注于觉知状态的同时，不要把它的内容和主体性一分为二——实践的下一个步骤包含了一种弱化主体性本身的技巧。理论上，在人们释放对象时已经部分地完成了这点。因为觉知被解析为关系到对象的主体性，所以释放对象的做法也会侵蚀主体性。但是这一策略的另一个重要方面是要不把主体性本身执着为一种对象。换言之，即当一个人试图安住在有觉知但不专注于一个对象的状态上时，他有可能仍然有一个主体性的感觉，这种主体性感觉会牵涉到一种超越特定瞬间的同一性——由此，这种同一性的感觉被认为是这种状态的偶然特征，因为它会随时间不断变化。①

最后达到一种开放呈现的成熟状态（见图29）："在实践的最高水平上，正如我们所描述的，对对象和主体的弱化达到了没有客体性和主体性元素的地步，至少理论上是这样的，也没有概念结构的形式、时空范畴或其他一些特征保留在体验中。这时，据说认知的不变特征就能被禅修者完全认识到，这也是开放呈现的成熟状态。"②

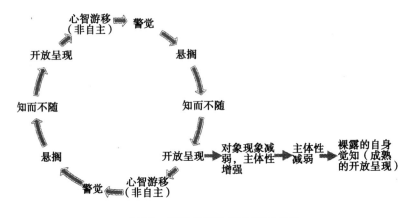

图29　开放呈现从成熟到不成熟

①　Lutz, A., Dunne, J. D., & Davidson, R. J. (2007), "Meditation and The Neuroscience of Consciousness: An Introduction", in *The Cambridge Handbook of Consciousness*, Philip David Zelazo, Morris Moscovitch and Evan Thompson (edit.), Cambridge University Press, p. 516.

②　Ibid., p. 517.

这种开放呈现的不成熟到成熟的实践过程，包含了奢摩他和毗钵舍那的综合实践。这一过程中所达到的次第过程状态的大体发展轨迹，可以用主体性、现象和自身觉知三者的此消彼长来归结（见图30）：

阶段	对象	主体	自证
1	＋	－	－
2	－	＋	＋
3	－	－	＋
4	Ø	Ø	＋ ＋

图30　奢摩他和毗钵舍那综合实践的次第过程

说明："－" = 减弱，"＋" = 加强，"Ø" = 缺失。这一轨迹是从开发专注于对象的禅修开始的。随后所采用的技巧就是以减弱对象的方式培养主体性的觉知。如此一来，人们就能获得对自身觉知的现象通达，它被认为是认知中的不变量。然后人们也要减弱主体性以至于可以进一步提高对反身性的通达，最终，实践是为了达到在禅修中完全意识到觉知的不变方面。①

昏沉与掉举

在止观的修习过程中，理想的状态是一种两者等持的状态，即体验的稳定性和清晰性保持平衡的良好状态。但新手在实践过程中，由于定力不够和经验不足，常常会出现"掉举"、"昏沉"、"贪"、"瞋恚"、"恶作"、"疑"、"睡眠"②等障碍止观实践的心智现象：

掉举（anuddhatya）：心理上的过度勇猛所造成的精神振奋状态。有如内在的能量之泉在喷射着，忆念不断的生起；看起来好像是一种内部的困扰，但通常是因为五官受刺激而产生的。摘要地说，其对治方法是一开始就要觉察到它，然后专注地用出离观和无常观探讨。

---

① Lutz, A., Dunne, J. D., & Davidson, R. J.（2007），"Meditation and The Neuroscience of Consciousness: An Introduction", in *The Cambridge Handbook of Consciousness*, Philip David Zelazo, Morris Moscovitch and Evan Thompson（edit.），Cambridge University Press, p. 515.

② "掉举"：不安于寂静境。"昏沉"：令心对境无所堪任。"贪"：染着诸有及有具。"瞋恚"：憎恚诸苦及苦具。"恶作"：追悔所作。"疑"：对于事理，起犹豫心。"睡眠"：令心昧略。

散乱（viksepa）：心理上不安或错乱即是。基本上是主观的困扰，这些是凡夫不容易感觉到或觉察到厌烦的；反之，他们却很喜欢这种经验；对禅修而言，它完全可以摧毁奢摩他（止）。修行者应该从中即刻觉醒而不使它持续下去才是。

昏沉（styana）：我们将它定义为一种消沉状态，或是一种半醒的情况，此时若不即刻识破，就会导致完全的睡眠。从醒时到睡时，通常有三个阶段：a. 首先意识变得呆滞不清把持不住意念且无法集中心神；b. 接着进入梦似的半睡状态；c. 最后堕入完全的睡眠中。假如可以立即发现第一个状态，在禅修时就不会经验到第二和第三个状态。①

其中，昏沉和掉举是两种主要的不良影响，它们分别能障碍体验的清晰性和稳定性：

对新手来说，禅修状态的稳定性越大，可能强度就越缺乏。而增加强度又可能缺乏稳定性。稳定性和明晰性之间的张力被表达为阻碍禅修的两种主要缺陷："昏沉"（dullness，Tib.，bying ba）和"掉举"（excitement，Tib.，rgod pa）。当昏沉刚升起时，对对象的专注还有保留，但随着昏沉的过程，对象的明晰性逐步被阻碍，一种嗜睡的感觉压倒了禅修者。如果昏沉继续，对象的昏暗会让禅修者失掉对它的专注，或者在严重昏沉的情况下，禅修者完全就睡着了。相反，当掉举发生时，对象的明晰性通常就会增加，但心智状态的强度会扰乱禅修，以至于很容易产生分心而失掉了所专注的对象。

在大多数实践中，理想的禅修状态是——超越了新手阶段——一种既没有昏沉也没有掉举发生的状态；简言之，稳定性和明晰性处于完美的平衡中。因此，对藏传禅定传统来说（而事实上，几乎是每个佛教传统），把佛教禅修解释成"放松"是不正确的。这并不是要否认有助于实践者放松的心理和生理技巧的重要性。没有这些技巧，就会造成生理或心理的过度紧张，而当这种紧张发生时，掉举几乎肯定

---

① 陈建民：《佛教禅定》，宗教文化出版社 2010 年版，第 30—31 页。

也会随之产生。然而，如果这种放松技巧被过度使用了，它们也会促使实践者掉入昏沉，从而阻碍禅修。确实，从佛教角度来看，实践者仅仅只放松心智最终会被证明是有害的。即那样会产生大量的昏沉，结果就是禅修者会变得退缩、体力不支和心理沮丧。总体来说，佛教禅修要避免一种过度的放松，出于这个原因，也就很少有实践活动是躺下来做的。还值得注意的是，正如这个传统包含了缓解心理或生理的紧张的技巧一样，它还有中和过度的放松或昏沉的方法。①

为提高禅修的能力与质量，教授禅修的诸多文本（例如《六门习定论》、《童蒙止观》、《释禅波罗蜜次第法门》等）中还详细描述了诸多心理散乱的现象及其原因，并总结了诸多提高注意力稳定性与清晰性的方法。为应对这些内心散乱的现象，又有各个不同的多种训练方法，如"若心沉没，可修策举相。何者是耶？于妙事起缘，令心喜为相。又寂止相者，若心掉举或恐掉举，应修寂处。此云何修？厌背令除灭：于所缘境极生厌恶，于自内心令过止息。舍相者，谓离沉掉。于何心中谓'心住舍'？此舍相者，即是'无功任运流，恒修三种相'。如是次第修三相时，诸习定者得清净相"②。"佛告慈氏菩萨曰：善男子！若心掉举，或恐掉举时，诸可厌法作意，及彼无间心作意，是名止相；若心沉没，或恐沉没时，诸可欣法作意，及彼心相作意，是名举相；若于一向止道，或于一向观道，或于双运转道，二随烦恼所染污时，诸无功用作意，及心任运转中所有作意，是名舍相。"③

由此，在禅修中，除了不断训练控制心智的能力之外，根据导致昏沉和掉举、散乱的原因，我们可以通过适当的控制自己的饮食，调节室内外环境、温度、明暗，调整情绪、心态等手段来辅助更好地进行禅修训练。

---

① Lutz, A. , Dunne, J. D. , & Davidson, R. J. （2007）, "Meditation and The Neuroscience of Consciousness: An Introduction", in *The Cambridge Handbook of Consciousness*, Philip David Zelazo, Morris Moscovitch and Evan Thompson（edit.）, Cambridge University Press, pp. 506 - 507.

② （唐）义净译，无著造，世亲释：《六门教授习定论》，大正新修大藏经，第三十一册 No. 1607。

③ （唐）玄奘译：《解深密经》，大正藏 No. 0676。

具体导致昏沉和散乱的原因我们可以详见下表。①

表31　　　　　　　　　导致昏沉和散乱的原因

类别	导致昏沉的原因	导致散乱的原因
食物	太多 含地大者（如马铃薯、面包等）	太少 含火大者（如辣椒和刺激性食物）
食物	食用太多肉	只食用蔬菜
饮料	牛奶	咖啡和茶
气候	太热 雨天	太冷 有烈日时
季节	春秋	夏冬
光线	弱或昏暗	很强
衣着	太多	太少
颜色	绿、蓝、黑色	红、橙、黄色
眼睛	闭	张开
呼吸	只有左鼻孔呼吸时	只有右鼻孔呼吸时
循环	稳静	兴奋
行为	疲劳时	奋发时
脉搏	微弱	强
心毒	无明	贪、瞋
身	胖	瘦

第四节　第二人称访谈

　　除了现象学和佛教传统，为了更好地系统性测量、访问、获得体验的第一人称数据，以第二人称视角的研究者对第一人称数据产生过程的介入活动为辅助，在应用现象学、瓦雷拉的"变得觉知"操作模型等理论的基础上，也相应开发了许多"第一——第二人称"方法，用来促进训练体验者产生更为精确的第一人称数据。所谓的"第二人称"，即为研究者作

---

① 陈建民：《佛教禅定》，宗教文化出版社2010年版，第109页。

为中介，介入实验中，与被试产生互动，为了引导被试更好地报告第一人称体验，而开发了一系列利用言语与身体动作，来促进被试报告他们的体验内容和体验动态的能力的一种访问技术。在这些应运而生的一系列"第一——第二人称"方法中，较为广泛使用的主要由美国心理学家赫尔伯特（Russ Hurlburt）等人开发的"描述性体验抽样"［Descriptive Experience Sampling（DES）］，以及法国心理学家、心理治疗师皮埃尔（Pierre Vermersch）所开发并进一步为克莱尔·帕蒂明金（Claire Petitmengin）等人所推进的"显性化访谈"［Explicitation Interview（EI）］①。

DES 与 EI 方法

DES 与 EI 都以训练被试反思地觉知到前反思或过去的体验为目标。

标准的 DES 的程序为：让被试随身佩戴一个能随时发出提醒声音的仪器和一个小本子。在一天中，仪器不定时地会发出声响（一般在 24 小时中是 5—6 次），被试听到声响的同时继续从事自己的正常活动。这是为了确保体验是在自然情境中被留意到的。然后，被试要马上记下在仪器发出声音以前，在他们的体验中发生了什么。如此重复若干天。之后，被试会受到一位精通悬搁体验的自然状态的研究者对其进行"讲解性访谈"（expositional interview）。利用、针对在这几天内所收集到以及实时跟踪的体验样本报告，研究者引导、训练被试去更好地觉知到他们的体验。讲解性访谈的目的不仅要收集准确的现象学数据，而且要训练参与者更好地去觉知他们的体验，以使他们可以在下一次重复之后更准确地报告体验。②在对"心智游移"这一心理现象的心理学实验研究中，典型的应用了 DES 的跟踪和训练方法。赫尔伯特认为 DES 是一种运用科学手段来实践胡塞尔现象学的途径：

---

① Froese, T., Gould, C., & Seth, A. K. (2011), "Validating and Calibrating First-and Second-person Methods in the Science of Consciousness", in *Journal of Consciousness Studies*, 18 (2), 38, pp. 38 – 64.

② Ibid., pp. 38 – 64.

DES 寻求、探索以及描述了人们实际在自然环境中从事日常事务时的现象体验。DES 尝试忠实地、如其所是地接近这些现象，尽可能地摆脱失真；因此这是一个简单的意图：只要描述提示音响的那一刻正在发生的体验。DES 在一种单纯、直接的意义上，是纯粹的现象学：回到现象本身！①

EI 则从心理治疗、癫痫治疗、正念训练等实践活动中吸收了诸多理论资源和洞见。EI 通过让被试进入一种所谓的"唤醒状态"（evocation state）来促进他的某一特定的过去体验更细致地"复活"，从而可能通过记忆来描述体验。派特明金这样描述"唤醒状态"：

唤醒状态属于一种记忆，它被称之为"具体化的记忆"（concrete memory），近来则被称之为"情境记忆"（episodic memory），或"自传记忆"。这种记忆不是以深思熟虑的欲望或计划为基础而记住的；而是体验被主体非—有意地（non-intentionally）记住的。而且，在具体化的记忆中，回忆起记忆也是非自愿的（involuntary）：它不发生在散漫思维的主动性中，而是自发地，通常经由一个作为中介的感官感觉的触发。虽然，记忆不能有意地被引起，但是通过重新发现与该体验相连的感官感觉，可能可以为它的出现做间接的准备。比如，如果你被问到："今天早晨醒来时你的第一个念头是什么？"很有可能，只有通过返回到想起你醒来那刻的床，你才能恢复这段记忆。因此，触发器可能是视觉的（为了记起这段体验，你回想了体验的视觉内容，在那一刻你看到了什么）。触发器也可能是听觉的（你回想了声音，比如鸟鸣或闹铃响）。它也可能是动觉的（比如你回想起的是你身体的动作表达）。它也可能是嗅觉或味觉的［正如在普鲁斯特（Proust）著名的"玛德琳蛋糕"的例子中，唤起使他能够回想起非

---

① Froese, T., Gould, C., & Seth, A. K. (2011), "Validating and Calibrating First-and Second-person Methods in the Science of Consciousness", in *Journal of Consciousness Studies*, 18 (2), 38, p. 45.

常精确的场景，乃至于接下来整整几章的童年]。

唤醒状态允许体验的反思意识维度的涌现，这一维度不仅是被非自主地记住的，而且在体验的那一刻是没有被注意到的。这种涌现是逐步地展开的，穿越了连续的阶层，对一个给定的体验，它的每一个新的唤起都会诱发一个新维度的展开。①

在"唤醒状态"中，过去的体验被被试重新唤醒，而研究者负责引导被试去注意对该体验以前没有注意到的地方或遗忘的方面，这一访谈过程即为"显性化化访谈"：②

在这一状态中，过去的体验被参与者重新唤起，如此一来体验再一次变得鲜活起来，好像是当下的一样；访谈者随后负责把参与者的注意力导向对这一瞬间之前未注意到或遗忘的方面：在一次访谈中，为了引导被采访者朝向对过去情境或者刚刚发生的情境的一个具体的唤起，采访者帮助他去重新发现体验的时—空背景（时间、地点、人物），然后是与体验相关的有一定精确度的视觉、听觉、触觉和动觉以及可能的味觉，直到过去的情境被"重新体验"，达到比访谈情境更为当下（present）的程度。③

DES 与 EI 操作程序的理论探析

各种"第一—第二人称"方法在实践应用中，尤其像 EI 在癫痫治疗中的应用，取得了一定的功效。而这些方法背后关于意识结构的现象学理论以及其效度问题是值得探讨的。

---

① Petitmengin, C. (2009), "The Validity of First-person Descriptions as Authenticity and Coherence", in *Journal of Consciousness Studies*, 16 (10—12), p. 382.

② Froese, T., Gould, C., & Seth, A. K. (2011), "Validating and Calibrating First-and Second-person Methods in the Science of Consciousness", in *Journal of Consciousness Studies*, 18 (2), 38, p. 45.

③ Ibid. .

DES 支持一种意识的浅概念，即认为前反思的体验是无意识的，由此我们不能通达过去的前反思体验，换言之，即过去没有经过反思性觉知的体验事后是不能被通达的。由于假定了不能重新体验前反思的体验，在第二人称方法的设计中，DES 尽量少使用记忆，而将方法论重点放在了训练被试对当下体验的时刻反思性觉知。此外，还有一个假设，即这种反思性觉知当下体验的能力，能够通过不断的反复训练而得到提高——因为被试一开始的报告，不可避免地总是混杂了一些回忆和自我陈述等非真的内容，但 DES 相信，即便再多的采访和技巧都不能完全消除这些内容，但被试总会做得越来越好，离"真"无限趋近。

这一理论无疑遭到了 EI 的强烈抨击，EI 正好相反，它支持了一种意识的深概念，即认为前反思的体验是有意识的，我们事后通过一定的技巧和方法（例如引导至一种恰当的"唤醒状态"），再次通达过去的前反思体验，即在回忆中反思地重新体验一个原本是前反思的体验是可能的，并能通过不断训练提升它的准确性。

在 EI 的过程中，唤醒状态与记忆有关，对记忆的有效性的攻击成了 EI 所面临的最为核心的问题之一。在唤醒状态中，所反思的对象是过去的前反思的体验，它被保存在记忆中，等待在下一次鲜活的反思体验中被唤醒。由于过去的前反思体验一开始就没有被充分地意识到，它保留在记忆中本身就是模糊的，对它的唤起一般是非自主的。通过记忆，要把过去的反思意识在当下的反思意识中唤起，相对来说是可能的与容易的，但能否通过记忆，把过去的前反思意识在当下重新唤起，这是值得商榷的；显而易见，我们都可能会有这样的经历，即无论其他人怎么引导，我们无论如何也对某件做过的事情再也回忆不起任何细节了。对此方法的操作模型见图 32。

对此，EI 的创始人皮埃尔本人也做出了这样的感慨：

> 我们的整个生命为信息所包围，这些信息持续地以一种非自主的、被动的方式被获得。如果有用它们就保持着可获取性，如果没用就会从意识中消失，但不会从记忆中消失。我们这里有一些想法：第一个是滞留（retention），它是一个我的鲜活体验的永久被动的记忆元

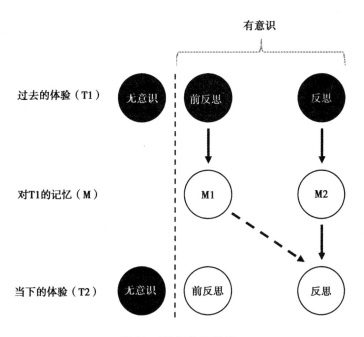

图 32 EI 操作流程图

在过去体验 T1 中，前反思与反思的体验被保留在记忆中。在 T2 体验中，通过引导唤醒状态，关于 T1 的记忆 M 被唤醒，从而借由在 T2 的反思体验中对 M1 的通达，重新通达 T1 的前反思维度。从图中我们可以清晰地看到问题的所在，从 T1 的反思体验到 M2 再到 T2 的反思维度是相对容易的。而从 T1 的前反思维度到 T2 的反思维度则值得商榷：（1）M1 是否与 T1 的前反思体验完全一致？（2）M1 是否能在 T2 的反思维度中被完全唤醒？

素；第二个是一定程度上是前反思的我的鲜活体验的内容，它当然在不断地获得滞留，我只有通过它的反思性认识到它时才能知道它。它的记忆（memorisation），如果有发生的话，对此我是加倍无知！在不拥有对它的反思性意识的意义上来说，我不知道它；进一步，我不知道什么东西被记在了我里面。人们因此可以了解追忆性内省的一大困难，它对于任何独自尝试它的人来说都是颇令人沮丧的：不仅我会具有我没有记忆的印象，而且不管怎样，它都近乎肯定（near-certainty）（一种虚假的近乎肯定）地向我显现，但又回忆不起任何东西。得到的结论是，它不起作用，用这一方法开展研究是不可能的！事实上人们"就是"（has simply to）创造了使鲜活体验的反思性得以可能的条件。①

而另一位 EI 的推进者派特明金坚持了 EI 的有效性，并认为 M1 是否与 T1 是前反思体验完全一致，或我们的内省及内省报告是否与原初体验完全一致，事实上并不是重点，更重要的是可以借用 EI 方法去探究当下体验的结构，即通过将研究对象从前反思的体验转换到当下的新体验，利用 EI 来研究内省的内省：

"但是我们如何确保被唤起的体验对于原初体验是真的而不是重建的呢?"——这是我们常常被问到的问题。这个问题暗示着，只有原初体验才是"纯粹的"，唤起的体验是第二阶的体验，是被不同程度地扭曲了的体验的替代品。我们会回答说，没人能经历"过去的"体验，体验只能是当下的。所以不可能"重现"一段过去的体验，也不可能通过成问题地让被试一分为二来观察他们自身这样来"回顾性地"通达它。在唤醒状态中，被试经历了一个新的体验。因此那种"宇宙中的流放地"（cosmic exile）立场上的理论上的知道（knowing in abstracto）就认识论上而言是无关紧要的，即使唤起的体验与原初体验相一致，或者是它的正确复制。只有在当下的体验中，体验之间存在的任何所谓的匹配才能被研究。随着我们后面的展开，"对……是真的"将不在两个体验之间，而是一个体验的内部标记。

事实上，这种特定体验包含了唤醒一个过去的体验，同时让体验的展开在某种程度上"慢下来"，此时此刻这使得我们能够接触到某些被隐藏了的体验维度，通常我们的注意力即时被对象吸引住了，所以体验的这些维度被隐藏了。一种记忆的特定类型使我们能够反思地意识到我们的体验的结构。因此，重要的不是被唤醒的内容恰好等同

---

① Froese, T., Gould, C., & Seth, A. K. (2011), "Validating and Calibrating First-and Second-person Methods in the Science of Consciousness", in *Journal of Consciousness Studies*, 18 (2), 38, p. 50.

于原初体验的内容。重要的也不是你现在所唤醒的山间瀑布恰好等同于前一刻你所想象的山间瀑布。重要的是，由于唤醒的体验，你反思地觉知到该想象体验的共时性与历时性结构。[①]

虽然面对这一诘难，EI 可以用一种更实用主义的方法来应对——尽管方法论在理论上有诸多难点，但在实际心理治疗例如癫痫治疗中，EI 确实起到了作用。而且进一步的，EI 第一人称数据的有效性还可以通过第三人称神经数据等来得到约束。实际上，这些第一——第二人称方法所面临的更一般的问题是，任何对内在体验唤起与觉知，纯粹靠外部的第二人称引导是否可能（虽然这种引导中本身也包含了训练被试变得觉知的部分），何种程度的记忆能够被重新唤醒，如何确保被唤起的记忆的准确性？这些问题仍然都值得进一步探讨。

---

① Petitmengin, C. (2009), "The Validity of First-person Descriptions as Authenticity and Coherence", in *Journal of Consciousness Studies*, 16（10—12）, p. 382.

第三章

第一人称报告的有效性与验证

　　本章所要讨论的问题是，如何确保第一人称报告即体验表达的准确性和有效性，以及如何为之建立可靠的验证手段。长久以来，行为主义色彩下的哲学和心理学理所当然地认为第一人称体验是私人的、主观的、有赖于观察者的，而相对之下科学方法所得的结果则是普遍的、客观的、独立于观察者的，这一深入人心的观念无疑阻碍了第一人称方法的研究。然而，在心理学中，研究私人的、主观的、心理实践的范例——例如疼痛、错觉、情绪等数不胜数，并且人们事实上无论实验怎么设计都不能完全避免询问被试他们刺激所对应的体验内容（例如疼痛的强度、其他知觉的强度等）。如果所谓的科学方法有赖于客观的、公共的数据，那么一种有赖于、至少部分的有赖于主观体验的意识研究如何通向一门"意识科学"呢？

　　一种可以称得上科学的方法，除了要有清晰的操作程序，从而确保方法的可重复性之外，还需要得到稳定的主体间交流和验证——即成为一种公共的可观察事件。针对与第一人称方法，除了清晰的操作程序（这正是我们在上一章中所要努力的工作，我们在此可以预设，只要操作程序足够清晰，虽然存在个体差异，但相似的体验类是可以重复的。这一点任何物理科学也是一样的，并没有什么特别之处）之外，熟练于该方法的实践者或被试还需要将自己的体验清晰的表达出来。同时，报告的有效性同样需要得到辩护、考量和验证。最终使这些第一人称方法在主体间得到稳定地操作与交流。这里的客观知识当然不是要将意识体验从研究中排除而替代以神经电等生理数据，而是如何在一种客观、公共知识的要求下，理解第一人称报告的有效性，以及该领域有效的广泛研究。

第一节　体验与语言

在讨论内省的言语报告之前，我们需要来关注一下语言本身和更为基础的语言与体验之间的关系问题。语言的一大功能即为表达，失去言语表达，尤其是言语的公共交流功能，第一人称研究将不可能：

> 人类最重要的创造，包括对我们本身、尤其是对我们大脑的最重要的反馈作用，是人类语言的较高级功能；尤其是描述功能和论证功能。
>
> 人类语言和动物语言共同具有两种较低级的语言功能：（1）自我表达；（2）发出信号。语言的自我表达功能是明显的：所有的动物语言都表现某一机体的状态。发出信号的功能或发放功能同样是明显的：我们并不把任何征候都称为语言的，除非我们假定它可以在另一个机体中释出一种反应。[①]

在讨论对体验的第一人称报告之前，我们需要回顾一些更基本的语言哲学问题，纵然它未必有足够好的回答——思维和语言的关系是哲学中的一个重要而又艰难的命题，整个意识哲学的语言哲学转向，就在探讨思维或体验与语言的关系，以及如何让能够说的东西说得更清楚。

哲学以生产鸿沟闻名，除了身心鸿沟之外，体验与语言之间也存在另一种鸿沟。历史上，柏格森道出了体验与语言之间的极端关系——任何语言描述都是对体验的破坏："直观所得到的知识（或许某种意义上不能称之为知识）根本无法表达。""按照柏格森的意思，'事物的绝对本质'是神秘不可说只可直观的，它和概念表达之间存在无法填补的鸿沟。而我们的'意识'或者说'思维'的特征是言语的（或者说概念的），我们无法想象没有概念的思维，不能用言语或概念表达的经验到底是意味着什么？

---

① ［英］卡尔·波普尔：《客观知识》，舒炜光、卓如飞、周柏桥、曾聪明等译，上海译文出版社2001年版，第128页。

甚至它是否进入了'意识'之中而被我们觉知到。"① 柏格森在原初体验与语言之间架起了一道鸿沟，认为所有符号表达都是对"原始的东西"的重建，而任何重建都不能替代与复原原始的东西。这一被冠以"非理性主义"或"直觉主义"的思想的影响是深远的，詹姆斯据此提出了先于概念思维的"纯粹体验"，胡塞尔则认同了某种无论是通过反思还是还原都永远无法取消的"构成性的主体性"的"匿名"状态特征，并强调了语言的根本性不足性。

除了语言与体验之间的鸿沟之外，20 世纪的哲学弥漫着对语言的不信任和怀疑：

> 在 20 世纪的哲学中有一个牢固的传统，其大意是如果我们无法确切表达我们的意思时，或许就意味着没什么值得说。"任何事都可以被说出来，可以被清楚地说出来。"路德维希·维特根斯坦（Ludwing Wttgenstein）写道。但是情况并非如此明确。维特根斯坦在剑桥的同事 C. D. 布罗德（C. D. Broad）声称"仅是清楚还不够"。他的意思是表述清楚并不能保证所讲的有意义——即清楚是不充分的，就算它是必要的。但或许完全清楚也是不必要的。众所周知，人类实际上彼此间交流的很多事情都没有被说清楚。然而，似乎，绝大部分时间我们都成功地表达了大部分我们想表达的内容。
>
> 我们不应该对人类语言持一种过分乐观的态度。庞勒斯博士（Dr. Pangloss）有句箴言是这样的："在理想的美好世界中一切都是为最美好的目的而设。"毫无疑问他认为与我们语言有关的一切都已经令人满意了。但无疑他是错误的。好比一个孩子在成长过程中必须要学习词汇，人类文化也是如此；并且很可能在一些所谈论的领域中我们的语言文化仍处于初级阶段。②

---

① 徐向东：《怀疑论、知识与辩护》，北京大学出版社 2006 年版，第 429 页。

② Humphrey, N. (1999), *A History of the Mind*: *Evolution and the Birth of Consciousness*, Springer Science & Business Media, p. 31.

维特根斯坦对语言的反思带来了哲学上的语言转向——把不能说的范围悬搁起来，而尽量在逻辑可把控的范围内说清楚能说的。然而，维特根斯坦在《逻辑研究》中关于体验与语言关系的名言——诸如"在超过某一个点之后，有一些东西是无法被说出来的，关于它我必须保持沉默"，以及"那些不能被说出来的一定不可以被说出来"——与其把这类陈述贴上神秘主义的标签，或者变成障碍第一人称研究的原因，还不如把它看作对体验与语言之间关系的如实论述——体验的范围要比言语思维更广、更深。以及发生一种语用学转向是必要的，正如普通语义学创始人柯日布斯基的名言："地图不等于那一片领土"所隐喻的那样，语词并不等于所指：

> 语言并不就是我们周遭的世界，可是对于我们遨游世界却是必不可缺少的向导。然而，地图所显示给游客的结构若是和他所要旅行地区结构不同，这幅地图便一文不值。这里所谓结构是指次序和关系，什么在前，什么在后。键入地图上城市之间的次序和地面上的次序不符，我们想去芝加哥，说不定就会发觉是在向蒙特利尔走呢。在这种情况之下，最好是根据太阳定准方向。
>
> 无论地图多么详细，也绝不可能把那一带的事统统都记载上去。与此相似，语言不能说明一件事的"一切"方面；有些特征总归要遗漏掉。每一个用语言所下的定义里面，推究到末了，都有一些未曾下过定义的用语；我们便达到可以意会而不可以言传的地步。加入天下无可指之事物，我们的通信线路便会中断。这正是现代物理学家不得不创造出操作定义的一个理由。①

语言对于描述是如此的重要——体验虽然是私人的，但它仍然可以通过公共的语言来实现主体间交流；如果语词描述体验的能力被质疑与否定，即体验无法表达的话，那么一切第一人称研究也就不能成功。

---

① ［美］切斯：《柯日布斯基的普通语义学》，《现代外国哲学社会科学文摘》，吴棠译，1961 年第 6 期。

在这里，我们简要陈述了一些关于语言的哲学问题，第一人称描述所面临的主要问题有：

第一，体验与语言的鸿沟问题。面对这一问题，在这里我们并不打算弥合鸿沟，但是需要进一步揭示描述活动本身的内部精确机制，即原初体验如何关联并准确关联语词的心智过程机制——我们在这里要考虑的是比报告更为在前的一个步骤，即如果鸿沟存在，在主体内部，实现体验与语词关联的这一活动本身的内部精细动作是什么？——"如果语词描述鲜活体验的能力已经被质疑了，那么描述过程本身也就几乎不会被研究和被描述。这种动作通常被迅速的和自发的言语表达所隐藏，很少有描述会显示它们是由精确的内部姿势（inner gestures）所组成的：进入连接到体验，测试这种连接的品质，加强这种连接，随语词出现（letting words come），让语词面对体验来评估它们的恰当性。"这些动作是最为基础的，只有对这一过程的心智过程机制有了进一步的明晰，然后才能对这些动作进一步"习得和完善，或者通过专业采访者的提问和提示来得到促进。描述的真实性有赖于正确实施这些内容"①。

柯日布斯基的在其语言学论文中简要地勾画出了一种从非语言的原初体验到体验的言语思维水平的过程（见图33）：

让我们来思考一下当我们"知觉到"一个事件时我们的神经系统做了什么。这里的术语"事件"的含义采用的是海特还意义上的一个过程的瞬时截面。比如一个火柴点亮，这里当我们有了一个第一阶的事件时，它发生在非语言或所谓的"沉默的"或"不可言说"的水平上。然后反射光映入眼帘时，我们得到了某些大脑中的电胶质构造；然后作为一种敏感的生物，我们能将那些构造反应为某种"感受"或评价等，那时它们仍然在"沉默的"水平上。最后，在语词的水平上，我们能够说出一些有机反应。②

---

① Petitmengin, C. (2009), "The Validity of First-person Descriptions as Authenticity and Coherence", in *Journal of Consciousness Studies*, 16 (10—12), p. 387.

② Korzybski, A. (1951), "The Role of Language in the Perceptual Processes", in *Perception*: *An Approach To Personality*, edited by Robert R. Blake and GlennV. Ramsey, New York: The Ronald Press Company.

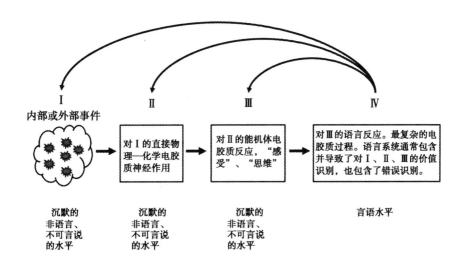

图 33 柯日布斯基描述体验中从非言语水平到言语水平的概要过程

柯日布斯基认为，对于沉默的维度的解释可以日益更替，但人们还没有给出确切的答案。并且我们原本的那些沉默的"感受"可能受到随后的言语层面的进一步的解释所造成的影响。进入言语层面后，我们可以向他人报告它们，当然，这个过程可能发生对体验的改造。

另外，在法称量论思想中，除了心智的自觉知本性之外，他还论述了体验与语言之间的关系以及言诠、表义等方面的问题。法称认为，现量境界的体验是我们对世界的认识活动的"开端"和最初的原初体验。由于现量是非概念的，从现量境到我们的知觉以及概念的产生之间要经过"行相"（akara）这一环节。即第六意识在作为五俱同缘意识时，是现量意识，但在此时对五种外境的缘取并没有达到分别意识的程度，而是只先领受了外境的"行相"①（如图 34 所示）：

拥有行相意味着，我们并非直接认识一种纯粹体验（现量），而是在纯粹体验（现量）和认识或理解对象的知觉基础之间，我们首先拥有了一种关于对象的形式。对这种形式的捕捉在理解产生之前就已经有了：

---

① "行相"：指心（心王）及心所所具有之认识作用或所映现之影像状态。心、心所以各自之性能，游行于境相之上，又行于所对境之相状，故称为行相。——《佛光大辞典》电子版。

图 34   现量经过行相到知觉

这一观点背后的立场是所谓的印度哲学的有相论（sa-ka-rava-da，assertion of aspect），它认为认知不是直接地（nakedly）理解它的对象的，而是要通过一个行相（aspect），它是对象在心智中留下的映象或印记。比如，一个视觉感觉意识不直接知觉到一种蓝色，而是捕捉到印在认知中的蓝色相似物。所以，要觉知到一个对象不是意味着要直接理解这个对象，而是要有一个拥有这个对象的形式并认识到这一形式的心智状态。行相就是允许我们识别我们体验中的心智片段和差异的认知形式或认识论元素。没有了行相，我们就不能区分比如蓝色的知觉和黄色的知觉，因为我们不能直接知觉到黄色。所以行相的作用在法称的系统中是关键的，因为它解释了意识的一个关键特征：意识不是直接实在论和常识所认为的那样在直接地看（bare seeing），而是对在意识域中表征了对象的行相的理解。行相不在意识外部的。它不仅是一个外部对象得以呈现自身给意识的形式，也是当意识知觉到它的对象时它自己所假设的一种形式。所以行相是在意识中的对对象的一种表征，也是看到这一表征的意识。[1]

而这种对内部表征的缘取的活动，能为心识的自觉知本性所了解——随着心识对行相（所取相）的缘取，心识的能取相也表现为一个行相，而这两个能取和所取都是心识不可分割的两个方面，即这个意向性结构内在于识体，组成了心识自身，而心识自身的反身性自觉知能对这两方面都有所了解——即在觉知到它的对象的同时觉知到觉知本身。这一方面的内容我们在第二章中已有所论述。

---

① Dreyfus, G., & Thompson, E. (2007), "Asian Perspectives: Indian Theories of Mind", in Philip David Zelazo, Morris Moscovitch and Evan Thompson (edit.), *The Cambridge Handbook of Consciousness*, Cambridge University Press, pp. 102-103.

　　这里，法称的自证和现象学中的自身觉知的比较研究是值得展开的，法称的自证理论为自身意识扩充了认识论维度。由于现量是一种无分别、离概念的体验维度，所以它与语言之间的关系以及语言形成的问题就变得非常有趣。法称在陈那的遮诠理论的基础上，对语言的表义方式作出了一定的解答。另外，由于现量是一种纯粹体验，所以它似乎与意向性相矛盾。这里我们可以扩展意向性的概念：虽然现量本身并不是完全意向性的，但"它有意向性的功能，能传递印象，我们可以通过我们的概念图式来吸收和组织这些印象"。由于这种准意向性的功能，或许使得对纯粹体验状态的言语报告是可能的：

　　　　因此，现量可以说有一个现象的意向性，这可以被禅定体验的某些形式所揭示。
　　　　当法称描述一种禅修形式时提到了这种体验。在这种体验中，我们空掉了我们的心智，但没有彻底使它与外部世界隔绝。在这种处于阈限的觉知的状态中，事物显现给我们，但我们不辨别它们。我们仅仅只是随它们便。当我们从这种状态中出来时，常规的概念流又回来了，随之而来的概念化就允许我们把事物识别为这个或那个。法称论证到，这种体验表明，识别不是现量上的，而应该归于概念化。在这种状态中，现量发生了，而概念化却没有。[①]

　　这一现象对意识的科学—哲学研究来说是有趣的：一方面，对纯粹体验的研究可能指向一种更深的意识特征或本性，另外，它为体验与语言之间的鸿沟问题提供了一些新思路。
　　第二，私人语言不存在，从而体验的私人性并不成为第一人称研究的障碍，语言成为了确保私人体验公共交流的得以可能的条件之一。或者，更激进的说，当体验与语言关联或被报告之时，它就已经是主体间性的

---

① Dreyfus, G., & Thompson, E. (2007), "Asian Perspectives: Indian Theories of Mind", in Philip David Zelazo, Morris Moscovitch and Evan Thompson (edit.), *The Cambridge Handbook of Consciousness*, Cambridge University Press, p. 105.

了。当然，这种报告是可错的，但那是另一个问题。

第三，地图不等于领土的问题需要一种语用学转向的回应。空洞的语词是没有意义的，例如对于一个没有吃过苹果的人，使用"苹果"这个语词来指称苹果的味道是没有用的。在第一人称报告的解释上，这就需要研究者拥有一种第二人称的视角。以及，在第一人称报告上，语词的作用在于如何与体验"连接"而非"符合"体验。关于后面两点，我们将在下面的小节中详细展开。

第二节　意识的交互主体性

在意识的第一人称方法的效度考量上，还会遭到唯我论的诘难：体验的私人性是否造就了一种唯我论的封闭？面对这一哲学诘难，两个资源可以为我们做出很好的解答：（1）生成现象学从一开始就论证了意向性对生活世界的开放性：世界是通过主体间作用的方式向我们显现的，从而揭示了人类体验的历史和交互主体的形成。（2）社会、文化认知的研究进路，关注人类体验在历史、社会、文化中的形成，人类心智活动本质上就是社会和文化的。在后维特根斯坦、后库恩时代，对认知的理解发生了从个体性与主体性到社会性和主体间性的转向。

> 文化不只是认知的外部添加物或支撑物；从一开始它就交织在每个人类心智的组织中，特别是象征性的文化塑造了人类心智的"认知结构"。如果剥夺了文化，我们根本就不会有使我们成为人类的认知能力。用神经心理学家梅林·唐纳德的话说："我们深深地依赖我们的文化，这种依赖性拓展至各种符号表征和思想。孤立于社会之外的个体不可能发展出语言或任何形式的符号思想，也不可能拥有任何一种真正的符号。"①

---

① ［加］埃文·汤普森：《生命中的心智：生物学、现象学和心智科学》，李恒威等译，浙江大学出版社2013年版，第338页。

维特根斯坦在《逻辑研究》中就对唯我论给出了这一思路的解答：客观性无疑将建立在一种交互主体的社会基础上，社会性被置于个体性之先。另外，体验的私人性并不等同于体验的主观性——任何体验都有一个私人的视角，包括任何科学观察活动的体验，但只要我们陈述它或思维它，它首先都被一种更为在先的社会、文化背景所浸染。而这种"主观的"体验，仍然有通往交互主体的客观性的可能性，否则任何理解与交流便是不可能的。

正是由于我们首先是一个社会、文化的主体间性的存在，当我们以语言、表情和姿势等符号交流时，我们能以这些公共符号的对话方式来理解和解释彼此。当语言符号参与我们的体验时，从一开始就包含了一个主体间的视角，从而超越了唯我论的单一第一人称视角。

第三节　第二人称视角

笛卡尔二元论的预设不仅禁锢了哲学思想的发展，也浸染了整个自然科学的意识形态——心智与物质的二分附带地也带来了"主观"与"客观"的二分。自伽利略以降，科学自信拥有了绝对中立的观察之眼，从而为"客观性"赢得了美誉，使"主观性"蒙上了恶名。在自然科学追求"客观性"的文化中，主体性体验被驱逐在"科学"领域之外——从第三人称实验科学的视角来看，意识体验的第一人称视角的主体性不过是一种个体的、私人的、随意的、非普遍的东西；而科学的观察视角则是要追求一种"无主体"的中立视角与程序。不仅行为主义"刺激—反应"的冰冷模式如是，乃至于认知科学，对生命现象的研究也曾一度与主体性无关涉。

关于"客观性"，一方面，库恩的"科学革命"使"纯粹客观"的梦想破灭，所谓中立的观察事实上无不渗透着文化与传统。事实上，人们在复杂的社会活动中，应对不同的情境，频繁地穿梭于第一、第二、第三人称的视角的转换之中，这些不同的视角构成了我们的生活世界的不同层面；而根本上，每一个视角都浸透了更大的共同体背景（见图35）①。

① 图片转摘自［智］瓦雷拉、［加］汤普森、［美］罗施《具身心智：认知科学和人类经验》，李恒威等译，浙江大学出版社2010年版，第9页。

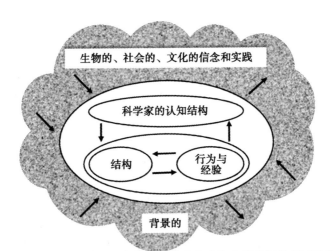

图 35　反思与生物的、社会的和文化的信念和实践背景的相互依赖性

　　瓦雷拉认为，我们的每个特定的行为和经验都对应着特定的大脑结构。而任何对这一现象的解释以及对身心关系的反思本身又必定是我们的认知系统结构的产物，即关于身心关系的观念本身产生于我们的认知结构。进一步，我们的认知结构也不是无水之源——"我们发现我们自己正在一个生物、社会和文化信念和实践的既定背景（在海德格尔的意义上）上实行着那个反思行为"。①

　　由此，瓦雷拉提出了研究意识体验科学家所应持有的第二人称的观察立场——在使用第一人称方法研究意识这一特殊对象的过程中，研究者不可避免的需要介入实验过程中；他认为在第一与第三人称之间需要一个作为中间调节者的第二人立场，科学家自身即是这个视角的拥有者。第二人称视角不是第一人称视角中直接鲜活的体验，也不是第三人称纯粹的观察，在某种程度上，对体验它已有了丰富的经验，因而能对体验的他者能够给予理解、判断，并提供有助于提高体验报告质量的提示与训练：

　　　　在第二人称立场下，人们明确地放弃他/她的超然状态，变得认同某种对他的资料理解和资料中的内在连贯性。事实上，他就是这么看待自己的角色的：一个移情的（empathic）共鸣体——熟悉体验、能在自身中找到共鸣。这种移情的立场仍然部分的是"异质的现象

---

　　① ［智］瓦雷拉、［加］汤普森、［美］罗施：《具身心智：认知科学和人类经验》，李恒威等译，浙江大学出版社 2010 年版，第 9 页。

学"（heterophenomenology）的，虽然少量的批判距离和批判评价都是必要的，但意图却完全是另一回事："作为同类在同一场所见面。"在那些我们已经考察过的人类实践范围内的传统中，这种立场的例子有很多。这种立场不是一个中立的人类学家的立场，而相当于一个教练或是助产师的立场。正如我们下面将会阐明的那样，他/她的职业基于对他的对话者的措辞、身体语言和表情等微妙迹象的敏感性，来寻找进入了共同体验范围的标志（多少是明确的）。在调查中，如果没有这种浸泡在体验领域中的中介者，那么这类"交心"是不可能的，就像没有东西可以替代亲证知识（first-hand knowledge）一样。因此，这是一种完全不同的验证类型，不同于目前为止我们所讨论过的其他类型。①

　　瓦雷拉认为，要想系统地研究鲜活的体验，科学家自身必须实践成为他们自身的"工具"。换言之，为了引导第一人称采访和更准确地理解第一人称报告、提出理论解释，科学家自身就首先要通过实践来获得准确的现象学理解。在此基础上，介入和引导对象，使之更好地精确地觉知到自身的体验并准确描述它。

　　第二人称立场为静态的观察活动注入了动态的实践，观察者介入于体验与被试的互动之中，由此，对体验的主体间评价从一开始就存在了。正如瓦雷拉所说的："必需要变通的是，不像人们常常所以为的那样，对待主观现象不同于对待纯粹私人体验。主观的东西本质上存在着主体间验证的可能性，只要我们为此在某种方法和程序上自我提升。"②

---

① Varela, F. J., & Shear, J. (1999), "First-person Methodologies: What, Why, How?", in *Journal of Consciousness Studies*, 6 (2—3), p. 10.

② Ibid., p. 2.

第四节　无主体的客观性和"陈述行为一致性"的有效性

意识的第一人称研究在迈向"科学"的道路上碰到的另一个问题是关于"客观性"的争论——如何规范个体"客观地"观察自身体验的"中立"方法。自然科学以产生"客观知识"为自身标榜和承诺，20 世纪初心理学在筹建过程中也以将自身打造成这种形象为目标，例如詹姆斯一开始就提出作为一门自然科学的心理学的口号，以及行为主义将意识体验转换为外部可观察、可测量、可操作化的行为，就是这一目标在方法论上的体现。"体验是私人的，因而是主观的；物理现象是公共的，因而对它的观测是客观的"，这样的观点在行为主义时代为人们所广泛接受。

观察对被观察到的东西的影响是一个巨大的认识论问题，这不仅是第一人称方法论所面临的问题，也是一个贯穿整个科学的难题。关于对观察者影响观察的反思，起源于天文学史上这样的一个小故事：1796 年，英国皇家天文学家内维尔·马斯基林（Nevil Maskelyne）很不情愿地解雇了他的得力助手大卫·金内布鲁克（David Kinnebrook），原因是他那位勤勉的助手观察星体通过的时间总是比他慢半拍，在助手经过一年的努力纠错的情况下，两人的差距还是停留在 8/10 秒。事实上，金内布鲁克根本都不能发现自己错在哪里。20 年后，这一观察误差现象引起了另一位德国天文学家贝塞尔（Friedrich Wilhem Bessel）的兴趣。贝塞尔认为这个误差由个体差异引起，而所谓的个体差异则是人与人之间自然存在的，个体无法控制它。贝塞尔对自己的假设进行了验证，结果发现即使是最有经验的天文学家在观察时间上都存在差异。后来这一现象被称为人差方程式（personal equation）。[1] 这个故事恰恰表明，观察误差在实验科学中处处存在，观察误差的减小并不来自观察的中立，而是来自其他辅助程序、协议和仪器。而如今在库恩时代，自然科学自信满满的年代早已过去——"观

---

① ［美］杜·舒尔兹、西德尼·埃伦·舒尔兹：《现代心理学史》，叶浩生译，江苏教育出版社 2011 年版，第 51—52 页。

察者不知怎么的就已经成功地将自己摆在他所从事研究的系统之外了"这种想法明显就是一个认识论的谎言:①

> 如今,新近的科学哲学和科学史通常都认为,这种表面上的客观性不能被描述为那种独立于内在心智内容之外的对外在事物的处理。科学渗透着程序化和社会化的规则,它们使"科学方法"之名破产,所谓的科学方法就是允许建立一个关于自然对象的共享知识的语料库。这种建构的关键就是以复杂的人类交往为基础的公共验证与确认。被我们当作客观的东西,就是那些可以从个人解释变成一批被管制的知识(regulated knowledge)的东西。这批知识不可避免地是部分主观的,因为它以个人的观察和体验为基础,但又具有部分的客观性,因为它受到经验实证的自然现象的约束和监管。
>
> 对主观性已然隐含于客观性之中的简要提醒是想强调:我们需要详细审查,所接受的客观与主观之间的区分如何被当作了内部与外部之间的绝对划界。必须要变通的是,不像人们常常所以为的那样,对待主观现象不同于对待纯粹私人体验。主观的东西本质上存在着主体间验证的可能性,只要我们为此在某种方法和程序上作出自我提升。②

众所周知,波普尔在知识内容意义上提出了一种的"没有认知主体的知识"并辩护和高扬了它的客观性,从而突出了科学知识的"无主体"形象:

> 我的第一个论点涉及两种不同意义的知识或思想的存在:(1)主观意义上的知识或思想,它包括精神状态、意识状态,或者行为、反应的意向,和(2)客观意义上的知识或思想,它包括问题、理论和

---

① Vermersch, P. (1999), "Introspection as Practice", in *Journal of Consciousness Studies*, 6 (2—3), p. 19.

② Varela, F. J., & Shear, J. (1999), "First-person Methodologies: What, Why, How?", in *Journal of Consciousness Studies*, 6 (2—3), p. 1.

论据等等。这种客观意义上的知识同任何人自称自己知道完全无关；它同任何人的信仰也完全无关，同他的赞成、坚持或行动的意向无关。客观意义上的知识是没有认识者的知识：它是没有认识主体的知识。①

然而，这种无主体的客观知识是指写成书面材料的那种知识形式，由此，脱离开主体之后，对它的传统与再解读不受主体的控制。这里的客观性并非一种观察的中立性。

另外，事实上在哲学与科学中，对知识的客观性的攻击从休谟的归纳问题以来就没有停止过，乃至概率论与量子力学的发展，将主观部分纳入知识之中，时至今日，成为了另一种"客观"类型的知识的发展进路。对此，同样是卡尔·波普尔，也对之颇有感慨：

> 主观探讨自大约 1926 年以来在科学中取得很大进展。首先它接收了量子力学。在这里它的力量是如此强大以致它的反对者被看作是笨蛋，他们本应该稳妥地保持沉默。后来，它接收了统计力学。在这里西拉德在 1929 年提出了人们现在几乎是普遍接受的观点：我们不得不用物理的熵增来支付主观的信息，而只是或信息等同于物理负熵。这一发展与信息论的类似发展正相适应，信息论开始是关于信息系统的完全客观的理论，但它后来与西拉德的主观主义的信息概念连结在一起。
>
> 因而，关于知识的主观理论已经在一个广阔的战场中进入了科学。最早的进口处事主观概率论。但是灾难已经散播到了统计力学、熵理论、量子力学甚至信息论中。
>
> 当然，在这次演讲中不可能把所有这些主观主义理论都驳倒。我只不过是提一下，我多年来（最近在 1967 年我的著作中）一直与它们做斗争。然而，我不抱有任何幻想。在这个潮流逆转（本格 1967

---

① ［英］卡尔·波普尔：《客观知识》，舒炜光、卓如飞、周柏桥、曾聪明等译，上海译文出版社 2001 年版，第 117 页。

年语言）以前可能要经历多年——如果它逆转的话。①

在综观历史上关于"客观性"的争论上，马克斯·威尔曼斯（M. Velmans）在其反身一元论理论基础上，支持一种对"科学客观性"更为精致的理解，他提出了关于客观性的四种类别：②

1. 科学在"主体间性"的意义上可以是"客观的"。
2. 对观察或体验的描述（观察陈述）在冷静、精确、诚实等意义上可以是"客观的"。
3. 在恰当地遵循指定的、可重复的步骤的意义上，科学方法（也许使用标准化的测量仪器）可以是"客观的"。
然而，如果离开了一个有意识主体的体验和认知的参与，观察无法进行（无人观察的仪表读数不是"观察"），如果这样：
4. 科学在不受观察者限制的意义上并非"客观的"。

并且在此基础上，威尔曼斯将"客观性"的定义剥析，表达为以下公式：

如果观察者 $E_{1\sim n}$（或主体 $S_{1\sim n}$）在观察条件 $C_{1\sim n}$ 下执行步骤 $P_{1\sim n}$，那么他们可以观察（体验）到结果 R（假设 $E_{1\sim n}$ 与 $S_{1\sim n}$ 具有相似的知觉和认知系统，$P_{1\sim n}$ 是构成实验或研究的步骤，并且 $C_{1\sim n}$ 涉及所有相关的背景条件，包括那些内在于观察者的条件（诸如他们的注意力）、对他们进行训练以便开展观察的范式等等）。或者更简单地说：如果你执行了这些步骤，你就可以观察或体验到这些结果。③

---

① ［英］卡尔·波普尔：《客观知识》，舒炜光、卓如飞、周柏桥、曾聪明等译，上海译文出版社 2001 年版，第 151—152 页。
② ［英］马克斯·威尔曼斯：《理解意识（第二版）》，王淼、徐怡译，李恒威校，浙江大学出版社 2013 年版，第 215—216 页。
③ 同上书，第 218 页。

　　这些标准不仅适用于物理科学，对一种研究第一人称的体验的意识科学来说同样也是适用的。据此四条客观性标准，我们用来建设第一人称报告的客观性所需要达标的即为（1）体验报告在"主体间"可表达与可验证。（2）尽可能做到冷静、精确、诚实的观察、描述体验。（3）明晰化、标准化第一人称方法操作程序，使其作为一种方法和指令能够重复再现体验类。详细论述第三条正是上一章所要做的，对另外两点的辩护将在下面的小节中详细展开。

　　另外，我们需要转换关于真理的"符合论"的观点。波兰逻辑学家阿尔弗雷德·塔尔斯基（Alfred Tarski）在逻辑学上恢复了真理的符合论：客观真理＝符合事实，即存在符合事实的陈述。从而，人们误以为所谓的科学知识都可以实现对真理的严格符合关系。事实上，我们绝大多数通过实验获得的知识并非如此神圣，至少这些知识是有范围限制的，它受限于它的理论预设与仪器操作等程序。在这里，同时，"客观性"转换为了"有效性"，真理的"符合论"转换成了一种"陈述行为的一致性"（performative consistency）：

　　　　科学描述的有效性的真正标准不是过程"本身"的对应物，而是另一个标准，这在最近的科学实验哲学中已经被称为了"放大的一致性"（enlarged consistency）或"陈述行为的一致性"。陈述行为的一致性包含了（a）各种理论（b）设备的结构和对它们的运行的理解（c）测量的理论引导（d）与结论（Pickering，1995）之间的一致。更简单地说，陈述行为的一致性被限定在对图像的知觉解释和被知觉所引导的行动结果之间的一致上。让我们来看看哈金（Hacking，1983）讨论的一个例子：对荧光显微镜（或 X 光）的图像的解释。为了认为它们是有效的，人们需要确定这些被解释的图像和"真实的对象本身"之间的对应关系吗？完全不需要。一方面，图像与"对象本身"的比较是不可能的（我们能比较的至多是不同类型的显微镜所产生的图像）。并且，另一方面，研究者在实践中可以完全不做这种比较。取代比较的是，通过确保由同个显微镜所产生的新图像所控制的活动结果，与他最初所预见的图像相符合，他对图像是正确的这一假设之下的"表演"感到满足。总之，图像的有效性标准将它自身限定在图像、干预（使引导成为可能）和另一个同类图像（突出了干预的结果）之间的放大的一致性中。有效性有赖于一种一致性的形式，而非"符合性"的形式。确实，当特定科学领域已经达到并稳定了陈述行为的连贯性时，人们很容易相信它就揭示了理论和理论的外部对象之间的符合性（correspondence）。用该理论来指导行动，作为一种临时动机，这种捷径可能是有用的。但它不应该被赋予任何本体论上的重要性。实际上，当一场科学革命发生，以及更广泛的陈述行为一致性的循环出现时，人们常常能回顾性地意识到，前面那种以为旧理论和它的假定对象之间是严格——对应的信念是毫无根据的。①

这里是一种更为实用主义风格的真理观。即便语言不等于所指，它可能会对原初体验造成这样或那样的篡改，但在其他协议的束缚之下，它仍然可以在操作层面上保持自身的有效性。事实上没有一种类型的科学活动本质上不是这样的。由此，客观性在实用主义的层面上完全可以由有效性来替代——验证体验报告是否符合体验的方法并非只有第一人称唯我论的一条途径，它可以在更大的第三人称背景中得到保障与证伪：

> 一种评估第一与第二人称方法的现象学结果的科学有效性的有效方式是去看它们是否有助于我们把科学做得更好。换句话说，我们通过求助于我们自己的体验可以验证现象学报告这点并不必然重要，只要拥有它们我们可以做更好的工作，这就足够了。

> 这里类比一下现代物理学可能是有用的：可能在直觉上很难理解，为什么物质的宇宙在量子的等级上这样运作，即以一种对我们的日常经验来说完全陌生的方式，但是量子物理学允许我们从事极端精确的实验工作，它受到了这一事实的验证。同样的，即便一种现象学

---

① Petitmengin, C. (2009), "The Validity of First-person Descriptions as Authenticity and Coherence", in *Journal of Consciousness Studies*, 16 (10—12), p. 391.

的研究揭示了某些我们缺乏个人理解的类别与概念，并且/或者对这些类别与概念存在一种测量的不确定性，这些问题也不能立即终结对鲜活体验的科学探究，只要这些发现具有连贯性（coherent）、可重复性，并且能够使我们做更好的科学。重要的问题是，这些现象学结果是否可以形成一种与认知科学的其他方面相一致的有用关联。①

在这种实用主义的有效性取代客观性的思路下，由此，建立一种第一人称数据与第三人称数据的互惠约束变得更为重要与有用，这正是神经现象学所倡导的，并已在实际的研究活动中得到了大量的运用。

第五节   第一人称报告的有效性

第一人称体验需要被描述、表达之后才能成为实验研究的数据和解释。并且，为使意识的第一人称研究成为一门科学，体验报告的准确性、有效性和可重复性成为了关键。正如我们上文所论述的，意识的主体间性先于体验的私人性，唯我论并不能成为阻碍第一人称研究的障碍，体验是可以被表达与准确理解的。体验报告具有可重复性与可公共通达，通过一定的第一人称方法，提高报告的准确性，通过第三人称方法，约束与验证报告内容，由此，建立第一人称报告在可操作层面上的有效性。

体验类和描述的可重复性与公共通达

首先，所有单个体验都是私人的和不可重复的——事实上，我们所有的体验都是只能为体验者个人所能通达，这样来说，所有的单个观察都是私人的，换言之，任何单个观察都是一定程度上"主观的"（当然，一种理论渗透的背景知识或多或少地融入了这种主观之中）。自然

① Froese, T., Gould, C., & Seth, A. K. (2011), "Validating and Calibrating First-and Second-person Methods in the Science of Consciousness", in *Journal of Consciousness Studies*, 18 (2), 38, pp. 39 – 40.

科学也一样，并非我们对体验有一种公共通达，才能建构起客观性。这种客观性是建立在，一方面，对于一个私人的观察的言语报告，一种公共的通达是可能的；另一方面，体验或观察结果的"事件类"是可重复的。没有一种科学观察在"不受观察者限制"的意义上是客观的，所谓的科学的客观性，也就是观察程序在主体间的可操作性，以及执行了这些程序步骤之后，得到的观察结果（类）在主体间的可重复性。科学观察的"可重复性"也是一种相似"事件类"的可重复性和主体间一致性；单个体验是不可重复的，但"体验类"可以在主体内部和主体间实现可重复性：

> 如果观察的条件足够标准（例如，用仪表读数、电脑打印等），观察就可以在（适当训练过的）观察共同体中具有可重复性。在这种情况下，通过集体协议就可以建立主体间性。然而，还需要指出的是，不同的观察者不可能具有完全相同的体验。即使他们在同样的位置、相同的时间观察同样的事件，但他们每个人都会拥有他们自己的独特体验。主体内的可重复性类似于主体间的可重复性，因为它仅仅需要观察足够相似，可以被认为是相同"类型"的"殊型"即可。这尤其适用于科学观察。在科学观察中，可重复性尤其需要在不同时间、不同地理位置、对相似的事件进行观察的科学家之间的主体间一致。①

> 虽然体验是单一的，但我可以经历一个给定类型的体验若干次：闻到玫瑰花香的体验，想象山间瀑布的体验，相似的一类体验是可以再现的。并且，描述一个给定类型的体验的体验也符合一种可再现的体验类型：如果我知道操作模式，我可以随意再现一个对想象山间瀑布的单一体验的单一描述。并且，任何想读到或听到的人都可以通达所有这些描述。

---

① ［英］马克斯·威尔曼斯：《理解意识（第二版）》，王森、徐怡译，李恒威校，浙江大学出版社 2013 年版，第 216 页。

因此，调查鲜活体验的研究者用不着通达他所采访的被试的体验，而是要通达他们所产生的描述。并且，对一个给定类型的体验的描述是可再现的（条件是人们知道操作模式）。

事情在实验科学中并没有不同。类型分析同样适用。无论是天文、地理或心理学事件，都是单一和不可再现的。对特定事件的测量也是单一和不可再现的。另一方面，一个给定类型的事件是可再现的，也是相应可测量，只要研究者知道使他能够得以开展测量的操作模式就可以了。①

其次，我们认为，私人体验可以通过语言描述，达到主体间共享：

不同的观察者是如何通过对共享体验的公认描述进行谈判而达成主体间性是一个复杂的过程，这并不是我们在此需要研究的。只要说这涉及远超共享体验的东西就够了。人们还需要一种共享的语言、共享的认知结构，一个共享的世界观或科学范式、共享的训练和专业知识等。在一定程度上，体验或观察可以（被观察着共同体）普遍共享，这可以形成公共科学数据库的一部分。②

更进一步，体验的私人性可以在言语的交互主体层面得到约束与收敛；更深层的客观性，则可以在体验报告与神经科学的相互验证中得到更稳固的建立。

每一个（私人的）观察或体验必定使主观的，因为它是一个既定的观察者的观察或体验，从他（她）的个人视角得以观察和描述。然而，一旦这个体验与其他观察者进行共享，它就成为了主体间的。

---

① Petitmengin, C. (2009), "The Validity of First-person Descriptions as Authenticity and Coherence", in *Journal of Consciousness Studies*, 16 (10—12), p. 390.

② ［英］马克斯·威尔曼斯：《理解意识（第二版）》，王森、徐怡译，李恒威校，浙江大学出版社 2013 年版，第 213 页。

这就是说，通过共享相似的体验，那种体验主体的观点与描述会潜在收敛，这使得对所体验到的东西达成共识成为可能。①

描述对应体验的准确性与连接性

体验报告的有效性是可以得到保障的，但另外，报告的准确性可能存在个体差异，我们研究第一人称方法的目的和初衷之一便是如何训练被试提高对自身体验的觉知，从而提高第一人称报告的准确性。

根据威尔曼斯对"客观性"的归纳，观察或体验个体作为自身体验的观察者，正是希望有可能通过各种第一人称方法的训练，使得被试变得在观察自身体验方面更加训练有素，从而能够达到像观察身外之物那样，对自身体验以某种程度上的"中立"态度去准确观察它——正如现象学的口号与目标那般，让体验"如其所是"的呈现。事实上，这种第一人称的训练并非不可能的：

> 《第九版新韦氏大学词典》这样定义"科学方法"："系统性追求知识的原则和程序，它们包括问题的识别和形成、通过观察和实验搜集数据、假设的构想和测试。"在这个定义中没有排除心智现象的第一人称观察的可能性和它们与世界的充分关系。正如科学家借助技术援助来开展观察和执行实验一样，默观者长期以来也一直借助强化的注意力技能和想象力的运用来开展他们自己的观察和实验。原则上讲，默观和科学之间没有根本上不相容的地方，但历史的重量仍然反对这两者之间的任何富有成效的合作。②

另外，由于言语报告中的语词指称了一场"鲜活的体验"，第三人称

---

① ［英］马克斯·威尔曼斯：《理解意识（第二版）》，王森、徐怡译，李恒威校，浙江大学出版社 2013 年版，第 213 页。

② Wallace, B. A.（2007），*Contemplative Science：Where Buddhism and Neuroscience Converge*，Columbia University Press, p. 1.

数据需要这些内省报告中的语言来"恢复"数字信号所蕴含的体验内涵，派特明金由此从一种研究体验报告的第二人称视角出发，提出了关于体验报告的另一种"有效性"概念。这里的"有效性"不再单指准确性，而在于它对鲜活体验的指向与连接，即如何通过文字在研究者的第二人称视角中恢复、再现体验报告所指称的鲜活体验：

> 然而，依靠语词、以先前的描述为基础的描述、不回归到体验中，会以激发抽象语词、并与体验切断而告终。一旦与体验连接的新鲜感消失，语词就会变得空洞。我们可能会感到只是空洞的词汇发音，"变得只有单词"。这里有一些内部标准可以告知我们这种失连情况，这些标准允许我们通过特定的细微操作来复活唤醒，并使新鲜的、更精准的词汇得以涌现。对这种内部标准的研究可以通过采访者的具体引导来促进。
>
> 语词不展示体验，它们只是指出它。正如海德格尔写道的："现象学概念不能传达它们的全部内容，只能指出它。"语词有帮助说话者放大、打开他的体验的力量。它们还可以激活体验在读者或听者身上的打开，借助具体的理解、认知、占用、模仿活动，进入到感受别人的感受的情况中。但是语词不是体验，它们也不提供体验。它们全部的作用就是有细化、放大、僵化或隐藏一个不同阶的维度。语词本身是空的，只有通过把它们与体验关联起来的姿势（gesture）它们才会变得有意义。
>
> 从这个角度来看，质疑一份口头报告是否精确地对应了体验、准确地反映了体验就失去了它的意义。描述的有效性不能根据它再现被描述的内容的能力来评估，而是要根据它自身的产生过程来评估。
>
> 更一般地说，我们见证了一个关于描述的有效性的新概念的出现，它不可以从符合体验的静态角度来测量，而是从变得觉知和描述的过程的真实性的动态方面来测量。无论它们是客观的还是主观的，我们所拥有的有效性的标准不会告诉我们关于描述的内容的充分性，而是会告诉我们关于被试与体验连接的水平。描述的效度不是通过将它与它的假设"对象"比较来评估的，而是根据产生它的过程的真

实性来评估的。[1]

第六节　心理学内省的言语报告研究

心理学在 20 世纪内省主义的研究中就对内省的言语报告及其规范程序展开了大量研究。例如，屈佩尔的系统实验内省就非常注重被试对执行任务的思维过程的第一人称内省报告，并把这些主观的、定性的内省报告作为实验数据之一进行分析研究。由于，人们认为语言表达事实上发生在任何内省活动中并在某种程度上促进了体验的知觉维度，心理学中很早就为研究意识现象而开发了一种"出声思维"（thinking aloud）的程序——在完成指定任务的过程中，要求被试将所有自身体验中想法、感受报告出来。完成任务并不是实验唯一的最终产品，研究者还要记录下被试所报告的每一句话，这些大量的言语报告数据作为另一种实验数据而为研究所分析。

在出声思维的基础上，心理学家西蒙（H. Simon）和艾利克斯（K. Ericsson）建立并极大地推进了口语报告的研究，在其著作《口语报告分析》中提出了对口语报告的描述、编译和分析方法，并认为只要规范口语报告的收集方法和分析程序，就能使报告的准确性得到提高。在西蒙等人之后，近来的心理学家在编码模型和分析技术上进行了进一步拓展研究，并将口语报告运用于教育学、心理学、认知科学等相关人类复杂认知的研究领域中。

但是，除了对分析技术和编码程序的质疑和反思以及批评之外，这种口头报告分析方法面临的另一大指责在于，使内省报告数据客观化的愿望和目标过强了，而从未关心过关于内省的元反思研究以及对被试用什么方法来回答一点也不关心。作为数据的来源，第一人称维度的研究在心理学口语报告的研究中仍然是缺失的，真正的内省维度在言语表达

---

① Petitmengin, C. (2009), "The Validity of First-person Descriptions as Authenticity and Coherence", in *Journal of Consciousness Studies*, 16（10—12）, p. 389.

之后消失了，换言之，这种研究丢失了关于被试内部发生了什么的本质部分：

> 正如布林（Boring，1953）所指出的，内省依然用另一种名字存在着：言语表达。最明显的例子就是艾利克斯和西蒙（Ericsson and Simon；1984；1993），他们成了整整一代认知心理学家的参照点，他们的《口语报告分析》（*Protocol Analysis*）赢得了巨大的成功。战略上，两位作者需要对实践内省的批评进行自身防御辩护。他们必须要表明尽管对被试使用言语化的描述也不会又回到一种"非科学的"内省。他们甚至走得更远，引用沃森（Watson）来支持收集这种数据也是"合乎科学地正确的"。以无数实验结论为基础，他们论证了活动的同时性言语报告（simultaneous verbalisation）的发生不会修改研究过程，并且这种转换成文字的同时性特征可以消除变形、遗忘、合理化等大多数风险，后期的言语报告可能就会带来这些风险。但说到同时性言语报告和语言编码，他们设法忘记了，为了产生这些言语报告，在描述他的心智活动和表征内容时，被试不得不通达某些东西，由此，他就一定用到了一些特定的认知活动。这些引人深思的方法论局限只考虑到了言语报告，没有把主体性活动考虑进去，它才是负责产生、孕育言语报告的东西，但它也能让人陷入极端穷困的主体性中。用一个简单的开放性指令来"大声说出来"就足够了，不需要关系维度，不需要测量内省过程中的中介元素的真正的维护技术（但它确实出现了）。这种用言语报告取消内省的方法使用了内省却不把内省考虑为自己的组成部分，从而构成了一种无法与被试的视角调和的间接证词。发生在内省上的这种禁忌的严重后果在方法论上已经有十五年没有任何发展和改进了。①

---

① Vermersch, P. (1999), "Introspection as Practice", in *Journal of Consciousness Studies*, 6 (2—3), p. 26.

第七节　促进描述的问题列表

为了更好完成第一人称报告，意识研究中开发了诸多第二人称访谈技巧。以 EI 为例，在访谈中，研究者介入实验，需要通过访谈技巧，将被试引导入一种对过去前反思体验的"唤醒状态"，从而在当下的鲜活反思体验中重新达到对过去前反思体验的通达。在这里，我们可以通过具体的访谈案例，即在访谈过程中研究者通过一系列问题询问，如何实现对被试第一人称报告的促进作用。

在一个访谈案例中，研究者让被试想象一幅关于山间一条瀑布的场景图，而访谈问题的关注点在于通过这些问题使体验中的这幅图像的各种特征更为清晰（详见表36）。

访谈的问题的目标在于促成被试鲜活体验的形成，以及体验特征的清晰化。另外，在像对禅修体验这样的特殊意识状态的研究中，由于"禅修"这个术语是一个待解释的概念，为了更好地保证第三人称数据解释的准确性，我们需要就被试所从事的禅修实践生成一个更为具体的描述报告。例如，关于禅修的具体技巧、传统背景等问题，对于促进研究者更清晰的定义禅修实践的体验方面是极为有用的（具体可能的问题可详见表37）。

表36　　　　　　　　关于想象山间瀑布的访谈问题[1]

我想请你参加一个小实验。花费你一点时间，此时此刻，请想象一条山间的瀑布。在你完成想象的工作之前请暂停一下，先别读下面的句子，完成之后再往下读。

现在，我请你回答下面的问题。这条瀑布有颜色或者是黑白的吗？想象是清晰的还是模糊的？它是稳定的还是转瞬即逝的？它是一条想象的瀑布，还是你以前曾经看到过的瀑布？视觉场景附带声音吗？有气味吗？有身体感觉吗？你看到的这幅图像它像一张照片还是像一场电影？或者你也"在场景内"？在瀑布的位置上？

如果你看到了一张照片：你看到了它的哪里（顶部、底部、右边还是左边）？这幅图像有多远？有多大？如果你在"场景内"：你是从你自己的眼睛里看到它的吗，是从你自己的视角看的吗？还是从场景中的其他人的眼中看到的？或者从场景的其他地方看到的？在最后这种情况中，你看到自己在看瀑布了吗？

---

[1]　Petitmengin, C. (2009), "The Validity of First-person Descriptions as Authenticity and Coherence", in *Journal of Consciousness Studies*, 16 (10—12), p. 376.

（续表）

> 我的问题的目标是什么？是要把你的注意力从通常吸引我们的注意力的视觉体验的内容（瀑布）中拉出来，重新导向这个体验的共时性（synchronic）结构特征，这些特征通常是前反思的：比如，图像的尺寸，它在空间中的方位，或者你在这一场景之内或之外的"知觉位置"。
>
> 现在，你可以获得一个稍微不同的动作，即把你的注意力从静态的图像转移到它的动态表现和它的发生上来：这一图像或场景前面还有候选图像吗？最终的这幅图像是一次性完全呈现的还是被逐步构成的？哪个知觉维度最先呈现？是视觉、触觉、听觉、嗅觉（或可能是味觉）？最开始我请你想象一条瀑布的时候，你对自己说了什么吗？你感到什么特别的东西了吗？什么时候你准确地知道了自己是在"想象山中的一条瀑布"？
>
> 这些问题帮助你把注意力从体验的内容转移到它的常常是前反思的历时性（diachronic）结构中来。

在处理量化的难题之前，对任何研究者来说一个重要任务就是，对一个禅修主体所从事的实践生成一个精确且具体的描述。开发一个问题列表可能是展开这个任务的最好方法，这个列表有助于促进实践者的描述不陷入传统范畴或文化翻译的问题。……这些样本问题能帮助实践者和研究者更清晰地定义所研究的实践的相关方面。问题分为五个部分：（1）适于实践的相对稳定度和清晰度；（2）"意向形式"（也就是禅修是否有对象）；（3）所用的技巧，比如控制呼吸；（4）禅修过程中的预期影响；（5）禅修之后的预期影响。[1]

表37   促进禅修体验的描述的问题列表[2]

1. 关于稳定性和清晰性，可以问：
● 从实践者水平的角度，禅修更偏好稳定性、清晰性或平衡性？
○ 哪些症状表明稳定性需要调节？
○ 哪些症状表明清晰性需要调节？
2. 关于意向形式，可以问：
● 如果禅修包含对象则：
○ 禅修中有一个还是多个对象？
○ 每个对象是动态的还是静态的？
○ 如果对象包含或由视觉形式、声音或感觉组成，那么这个对象是通过感觉被知觉到的，还是通过观想或其他技巧在心中想象的？
● 如果禅修不包含对象，那么实践者还把注意力投向其他的东西吗？

---

① Lutz, A., Dunne, J. D., & Davidson, R. J. (2007), "Meditation and The Neuroscience of Consciousness: An Introduction", in *The Cambridge Handbook of Consciousness*, Philip David Zelazo, Morris Moscovitch and Evan Thompson (edit.), Cambridge University Press, p. 520.

② Ibid..

（续表）

3. 关于禅修技巧，可以问：
●眼睛是开着还是闭着的？
●运用了话语策略吗，比如背诵、记住的描述，或回顾某人论述？
●运用了呼吸调控吗？
●禅修涉及了通过观想专注于身体的不同部分吗？还是用了其他技巧？
●实践要求特定的动作表达或一套体育运动吗？
4. 关于禅修中的预期影响，可以问：
●禅修会预期产生任何生理感觉或心理事件吗？是不间断的还是间歇的？
●实践者期待禅修在认知上产生主观上可觉察的改变吗？这种改变是不间断的还是间歇的？一个例子是一个人的知觉似乎和梦中的表象一样这一印象。
●禅修会导致任何情绪吗？是不间断的还是间歇的？
5. 关于禅修之后的预期影响，可以问：
●希望禅修改变一个人的认知吗？一个例子是人的知觉会变得更生动的印象。
●希望禅修改变一个人的行为吗？一个例子是睡眠减少的倾向。
●希望禅修改变一个人的情绪吗？一个例子是能从情绪的障碍中恢复得更快的印象。

这些问题对于禅修体验的描述，以及促进神经科学研究者和禅修实践者的更好合作无疑是有益的。适当的利用这些问题，不仅能使体验的描述和关于禅修等体验的定义变得更为精确，也能更有效地促进神经科学与禅修实践之间的互动。当然，针对不同的具体禅修实践和具体的实验设计，所提的问题是可以修改与增添的；并且随着研究的不断进步，这方面的问题列表与数据收集方式也必定会得到发展与进步。

第八节　第一人称研究中的复杂性与偏差

根据威尔曼斯的客观性的公式："如果观察者 $E_{1\sim n}$（或主体 $S_{1\sim n}$）在观察条件 $C_{1\sim n}$ 下执行步骤 $P_{1\sim n}$，那么他们可以观察（体验）到结果 R"，对应到体验的研究中，存在更多的复杂性因素。

首先，当然是将结果 R 的转换为报告的过程，由于 R 是一种内部体验，报告的复杂性相较于自然科学的纯粹第三人称观察会变得更大。其次，E 和 S 对彼此的观察对象（即各自的体验）的可通达性是不对称的。进一步，由于个人的内省能力有差异，对 C 的条件控制也存在复杂性（注意力能力不同等，当然这是可以训练并用心理学量表测量的），从而影响 P 的执行质量。

由此，第一人称研究中偏差的出现更难控制。当然，无论多么精确的实验操作都可能存在偏差，但科学方法的协议使得偏差能够尽量减小到可控范围之内。第一人称的研究即便有有效性的保障，也需要规范操作程序，来减小实验偏差造成的影响。

以第二人称方法为例，首先各种第二人称访谈活动都共享了一种三重的研究活动结构：即第一人称报告被嵌入一个第二人称介入的访谈背景中，而这一访谈活动本身又有一个更为广泛第三人称的科学研究背景，来设计整个实验和分析、运用第一人称数据（见图 38）。

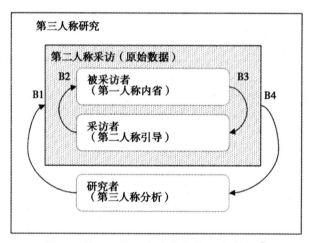

图 38　第一——第二人称方法的三重结构。①

在这三重结构中，分别对应不同环节，会产生各种影响实验最终结论的偏差。例如在 B1 中，实验的第三人称设计从根本上框定了实验的问题、实验样本、研究对象等问题。B2 中，无疑采访者的信念会影响实验数据。反之亦然，B3 中被采访者的信念会影响采访结果。最后，B4 中实验者对数据的最终解释也可能产生实验偏差。

这些潜在的偏差都可能对实验结果造成影响，为此当然需要采取适当的措施来减轻、控制这方面的不利影响。这方面的措施是多样的，（1）首先，

---

① Froese, T., Gould, C., & Seth, A. K.（2011），"Validating and Calibrating First-and Second-person Methods in the Science of Consciousness", in *Journal of Consciousness Studies*, 18（2），38，p. 48.

最根本的，当然是在第一人称方面，如何训练提高被试的内省能力。（2）作为研究者，在 B2 方面，除了熟谙悬搁的态度而尽量减少自身信念的渗透影响之外，研究者更要具有良好的第二人称视角与提高自身访谈技能，以便能刚好的以反身的方式觉知第二人称访谈方法本身的现象学特征。（3）在第三人称数据方面，需要利用各种类型数据的交互测量与相互限制（例如神经现象学方案），除了第一人称数据之外，利用行为测量和神经科学测量等相关数据来约束、验证个体的现象学报告的可靠性、一致性与有效性。

第九节　主体间—神经—现象学验证

最后，在以上论述的基础上，我们需要建立一种对第一人称现象学数据的主体间、神经科学的相互验证，即将同一个体验类的第一人称数据得到主体间的重复以及来自神经科学的支持和约束。

> 孤立的第一人称描述是无效的。我们需要通过建立与第三人称研究的恰当联系，来协调和约束它们。换句话说，我们不关心那个围绕着第一人称/第三人称的分裂的哲学争论（尽管有许多文献）。而是为了使联系得以建立，我们探寻了那些可以给客观实证的描述提供一个开放链接的方法论（这时常意味着一种中间的调解，即一种第二人称的立场，我们下面将会讨论到）。全部结果都应该走向一种心智的整合的或全局的视角，在这种视角中，既不是体验也不是外部机制说了算。全局性视角因此要求明确建立一种相互的约束（mutual constraints），一种相互的影响与规定。①

这种第一和第三人称共同决策与相互验证的过程，将同一个研究的不同研究侧面和不同进路下的研究结果放入一个更大的共同的一致性中，实现了整个实验的更大整合。由此进一步表明第一人称数据达到交互主体程

---

① Varela, F. J., & Shear, J. (1999), "First-person Methodologies: What, Why, How?", in *Journal of Consciousness Studies*, 6 (2—3), p. 2.

度的客观性是可能的：

　　但这种通过相互对质所获得的引导和验证的过程也没什么特别
的。它是整个自然科学大厦的基础。正如奎因和皮亚杰所强调的，自
然科学无法用任何外部保障来对抗怀疑论，因而也无法用任何外部保
证去验证它们的知识内容。它们只有依靠由自身所形成的系统的一致
性以及它们的整体效应所给予的相互保证。这一过程是在根本上提炼
实验数据的最基础的方法。例如，在 18 世纪末，热科学的第一阶段，
人们是如何检查由汞柱和标刻度的玻璃烧杯所制成的温度计的可靠性
和精确度的？对此不存在完全可靠的外部标准，而且也没有好的理由
来怀疑系统的失真：如果玻璃随着温度膨胀，这以一个未知的比例影
响到了汞柱，温度的指示就变得不可信了。但是如果有人使用另一个
温度计装置，同样是不确定的，去评估玻璃的膨胀系数，他就可以校
正（即使不完美，因为第二个装置的不确定性）第一个装置的刻度，
等等。

　　这一过程的延续在于趋同，从互相更正再到互相更正，最终迈向
一种可以被认为是"精确的"温度的公共间隔值。要给予言语的第
一人称报告一致性，所需要的也只是这种相互验证的过程。无论寻找
关于什么的"相符性"都是不存在的。我们在这一点上完全同意香
农的评论：当评估第一人称描述的真值时，应用一致性的真理理论取
代符合性的真理理论。但我们同时也规定了所要寻找那种一致性的本
性：描述与言语/非言语线索的一致性，从体验报告中抽取的结构的
一致性，最终要扩展为神经—体验的一致性。①

---

①　Petitmengin, C. (2009), "The Validity of First-person Descriptions as Authenticity and Coherence", in *Journal of Consciousness Studies*, 16 (10—12), p. 398.

第四章

利用第一人称专门知识研究
体验的神经对应物

对于体验的神经科学研究，来自这样一个根本的假设，即"我们特定的主观体验对应了特定的大脑或生理结构"无论持有什么样的形而上学立场，这一粗糙的基本假设是基本没有问题的并得到公共认同的。由此，关于体验的神经对应物的研究即以这样三个基本议题为基础："神经可塑性"、"心和身的相互作用"，以及"主观体验的神经对应物的可能性"。

在对"习惯"的研究上，詹姆斯最早使用了"神经可塑性"（plastically）一词。"神经可塑性"这个术语，用来描述大脑回应体验所发生的变化——即由体验所诱发，能使大脑皮层发生重新长出新连接到创生新神经元等不同机制的神经改变。随着对神经可塑性的研究的进行，不仅神经可塑性被证明是可能与存在的，并且证明了体验所诱发的大脑改变可以一路下降到达基因表达的水平。而当神经可塑性的框架运用到禅修中时，我们认为禅修的心智训练与诱导大脑可塑性改变的其他技能形式本质上没有什么不同：①

> 从神经科学的角度看，佛教禅修传统所声称的第一个承诺就是体验并不是一个僵硬的、预先决定好的、有边界的实体，而是一个灵活的可转变的过程。从这一观点来，情绪、注意力和内省都是正在进行的不稳定的过程，它们需要被理解和研究，并且作为技能是可以训练的，类似于人的音乐、数学或运动等其他技能。这一原则对佛教禅定

---

① Davidson，R. J.，& Lutz，A.（2008），"Buddha's Brain：Neuroplasticity and Meditation"，in *IEEE signal processing magazine*，25（1），pp. 176 – 172.

实践来说是基本性的，因为这些实践都是以"用这些方法可以锻造心"的这个观点为基础的。因此，佛教禅定实践所应用的方法与被广泛接受的基本认知过程的发展模型产生了共鸣。①

当物理主义坚持精神现象是大脑的随附属性时，实际心理学研究却显示，心理训练能以影响生理指标的方式作用与身体，直白地说即是存在心灵影响身体的作用维度。例如禅修训练表明，心智训练不仅在大脑结构上显示出神经可塑性的变化，也在外围身体系统，例如植物神经系统、内分泌系统和免疫系统中显示出作用结果。

由此，神经科学利用禅修等训练有素的第一人称专门知识来研究体验的神经对应物这一方法论路径的，在科学技术成熟以后变得越发重要与热门起来。

第一节　禅修的神经相关物研究

对禅修的神经科学研究已经进行了快 60 年了，这一风潮开始于 20 世纪五六十年代，90 年代后期就已经开展得如火如荼了。例如，20 世纪 70 年代，生理学家费歇尔（Fischer）就对特殊意识状态及其脑电信号做了一番系统研究（见图 39）。

如今，存在大量的关于禅修及其特殊意识状态的神经相关物研究。根据研究的实验目标不同及其所回应的意识问题不同，实验内容主要可以分为：（1）禅修对脑本身的影响，实践过程中相关脑网络工作情况，神经可塑性的证明，禅修引起神经回路的改变，对脑结构的改变，如增厚相关区域皮层等；（2）禅修对身体健康产生的影响，对个体生理产生何种的身心交互作用，对情绪、自我感、焦虑等心理状态的影响，对呼吸代谢的影响等；（3）禅修活动自身相关认知神经机制的研究，如不同种类、程度禅修对应的脑电、脑成像研究，活动脑区定位，脑电信号特征，神经加

---

① Lutz, A., Dunne, J. D., & Davidson, R. J. (2007), "Meditation and The Neuroscience of Consciousness: An Introduction", in *The Cambridge Handbook of Consciousness*, Philip David Zelazo, Morris Moscovitch and Evan Thompson (edit.), Cambridge University Press, p. 521.

工过程等；（4）禅修与特定心智功能、纯粹意识、自我等关系的研究，如禅修与注意、心理意象、纯粹觉知等心智功能和组分的关系，通过禅修探究心智活动的发生，意识及自我意识的产生等。

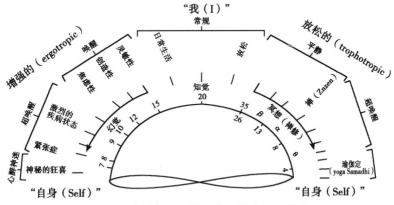

图 39　费歇尔理解禅修状态的生理电模型

研究早期，费歇尔用从副交感神经［放松的（trophotropic）］到交感神经［应激的（ergotrophic）］支配下一种连续的自动唤醒这一理论模型来理解禅修状态和特征的神经生理学。①

综合大量的神经科学研究来看，禅修的脑电相关研究表明，禅修后 θ 波和 α 波整体减缓，并与训练的熟练度相关。对集中注意型禅修的感觉诱发电位的评估显示，在某些实践中产生了振幅和延迟的变化。禅修与认知事件相关联的研究，从电信号中显示了禅修实践改变了认知事件中的注意力分配。在神经成像方面的研究则表明，在禅修过程中可以测量到局部脑血流的增加。在功能区域上，综合起来看，禅修训练在大脑功能区域中的激活作用多表现在前扣带回皮层和背外侧前叶上的反应变化。② 另外，大量禅修实践中的大脑差异还没有能够很好地建立起来，但已经做出了一些成绩，比如识别与特定禅修状态特征相关的结构—功能中枢神经系统、禅修中所涉及的唤醒和注意状态与催眠、瞌睡、睡眠、无意识等关系。但目

① Fischer，R.（1971），"A Cartography of The Ecstatic and Meditative States"，in *Science*，174（4012），pp. 897 – 904.

② Cahn，B. R.，& Polich，J.（2006），"Meditation States and Traits：EEG，ERP，and Neuroimaging Studies"，in *Psychological bulletin*，132（2），pp. 180 – 211.

前为止研究还没有获得禅修状态和特征影响的最优设计。

第二节　神经现象学案例

神经现象学的方法论设想是：对一个特定体验结构的第一人称报告的使用，可以引导神经学分析以及有助于在脑电图（或 fMRI）数据中发现初始结构。而这一事实反过来同时又是该体验结构的第一人称描述的有效性的强证实标准。这里我们可以简要介绍几个运用神经现象学方法的经典案例。

根据这一研究计划，卢茨等人在一个关于认知和情感的神经科学研究中[①]，根据被试自身第一人称描述和自我评价（从中提取出稳定的类属体验范畴或现象不变量），将神经电数据分为三个"现象学群集（phenomenological clusters）"，正是这种分类使得区分三种动态神经构型或"信号"成为可能，从而来揭示体验现象不变量所对应的大脑皮层动力学结构不变量。换言之，正是把体验上的分类作为神经电分析的标准，使得对该水平上的初始结构的探测成为可能，并且通过对这个连贯的数据集的嵌入，反过来又巩固了该分类的关联性[②]。

在派特明金等人对癫痫发作预测的研究中，对新神经—动力学结构（发作前的神经电去同步化）的发现首次容许了对相应的体验动力学（发作前症状以及治疗对策）的意识的提炼。这种被提纯过的体验动力学的意识反过来又使得探测神经动力学（发作的远程神经去同步化）中的初始结构成为可能。[③]

通过这些案例，我们可以看到，要在神经实验研究中实时地将被试的体验与脑活动的复杂性关联起来，对体验的详细、精确的第一人称报告是必不可少，甚至是首要的。它的不可或缺性，在一些神经认知科学的研究

---

① A. Lutz（2002），"Toward a neurophenomenology as an account of generative passages：A first empirical case study", in *Phenomenology and Cognitive Science* 1，pp. 133 – 167.

② Petitmengin, C.（2009），"The Validity of First-person Descriptions as Authenticity and Coherence", in *Journal of Consciousness Studies*, 16（10—12），pp. 363 – 404.

③ Ibid. .

中表现得更为明显。例如，使用"巴赫—利塔视觉触觉转换系统（Bach-y-Rita TVSS）"这新型一仪器时，调查"使用它产生的体验是一种视觉的、触觉的、混合的或者新感觉形态的体验?"，像这样的问题就不可避免地需要第一人称调查，并且只有在该基础上才能展开对仪器以及相关脑神经动力学的研究。

第五章

评估与总结

第一节　第一人称方法的对比评估

在认识到第一人称进路的重要性之后，瓦雷拉敏锐地思考了"如何觉知到我们的体验，如何描述它们"，以及"如何使之成为严格的方法"的问题。这就需要明晰各第一人称方法的操作程序及其背后的心智理论基础，一个良好的第一人称方法中应该"（1）提供一个通达某个现象领域的清晰程序；（2）在谙熟该程序的观察者共同体中，提供一个表达和验证该程序结果的清晰手段"①。以心理学内省、现象学方法和佛教禅修三者为例，瓦雷拉应用这一方法论原则对其进行简要的比较与评估，在他的基础上，我们将文中提到的四种第一人称方法评价如下（见表40）。②

表40　　　　　　　　　　　第一人称方法的评估

方法	程序	对程序的评价	验证	对验证的评价
内省	在规定任务期间保持注意	中等，需要改进	言语描述；间接的（mediated）	中等，很好地使用了协议
现象学	还原—悬搁	中等，需要改进	描述的不变量	中等，有一些有用的例子
禅修	注意训练；非造作的觉知；心智活动的悬搁	优良，精细的方法	传统描述；科学描述	历史材料其丰富，有时过于依靠内在描述，更需要某些良好的科学协议

---

① Varela, F. J., & Shear, J. (1999), "First-person Methodologies: What, Why, How?", in *Journal of Consciousness Studies*, 6 (2—3), p. 6.

② Ibid., p. 7.

（续表）

方法	程序	对程序的评价	验证	对验证的评价
第二人称访谈	研究者访谈引导	中等，需要改进	言语描述；间接的（mediated）	中等，有一些有用的例子

现象学和佛教传统有其各自丰富的历史和文献材料，要使其程序清晰化，首先要恢复其理论的鲜活性——两者首先是作为一种实践的活动而非抽象理论。虽然，在现象学这样的理论体系中，理论和实践活动本身就是即此即彼纠缠在一起的。

对程序结果即体验报告的表达，我们需要考虑如何描述体验，以及如何规范描述活动本身与多种第二人称访谈技巧。另外，任何想要成为"科学的"事物，对程序的结果需要得到个人验证、体验共同体的验证以及神经科学—现象学相互验证。两千年前庄子和惠施的"濠梁之辩"生动地揭示了主体性的困境，面对这一困境除了论证主体间验证的可能性之外，神经现象学的方法论纲领仍然是能让人们有所收获的：对于既定的体验结构的理论设想或体验报告，需要得到来自神经生理学实验的数据所能提供的强有力的验证，使被现象学描述所引导的实验科学反过来强有力的验证了第一人称主体性体验描述的有效性。"神经—现象学"的验证方法与"现象学—神经"的研究思路将互惠互束地一并成为意识科学的两大支柱。

第二节　总结

意识的觉知感是人最亲熟、最不可怀疑的实在，但这种实在是主体性的。主体性使得对意识的认识和研究不可避免地要采取和包含第一人称的视角。然而，与科学史上得到充分发展并受到极度尊崇的对象化的或客观化的（objectified）第三人称研究方法相比，意识的第一人称研究只在最近二三十年间，藉由意识科学的建立，才缓慢地在科学界取得了合法性。本书正是以意识科学这二三十年的发展为背景，力图系统地考察了意识的第一人称方法论的诸方面。

　　首先，本书论述了为什么必须对意识的第一人称方法进行考察。由于意识体验的主体性，意识科学从一开始就遇到了一个障碍，即"难问题"。"难问题"所带来的第一和第三人称视角之间的"解释鸿沟"，使得意识科学即使抛开意识的存在论问题（即心—身问题）不论，也仍然面临着一个方法论问题。事实上，在意识科学试图确立意识体验的相关可观察的物理事实（这些事实可能是神经的，也可能是量子的）之前，我们首先要对意识体验是什么（即体验的类型、结构和内容）有一个清晰、恰当的描述。通常，科学方法要求对物理事件的实验、观察、描述和分析需要达到主体和交互主体（inter - subject）的可重复验证；现在当要把实验、观察、描述和分析的对象变为意识体验本身时，我们需要依靠主体对自身意识体验的自我揭示（self - disclose）和报告。如果说观察物理事件被认为是第三人称的，那么这种体验的自我揭示和报告就是第一人称的。研究意识状态的好的心理学、现象学和认知科学都需要依赖好的第一人称方法。因此，意识科学研究的一个基本环节就是对第一人称方法论作系统的辩护和论证。

　　正如詹姆斯在实验心理学的创始之初就肯定了意识研究的第一人称研究进路："内省这个词几乎不需要界定——它当然是指向里面看我们自己的心智的，并且报告我们在那里发现了什么。所有人都同意，我们在那里发现了意识状态。因此，就我所知，这类状态的存在从未被任何批评者怀疑过，无论他在其他方面曾经是多么的好怀疑。我们能进行某种沉思，这在其大部分其他事实有时都在哲学怀疑的空气中摇摇欲坠的世界中，是不动摇的（inconcussum）。……我将这个信念看作是所有心理学假定中最为基本的一个假定。"① 体验内容是可错的，但"体验"本身是真实的，意识体验是人类生命现象不可或缺的本质部分。第一人称研究方法是决定意识研究是不是偏离航向的一个基本的定位灯塔，因为最终"你只能凭借意识的所有显现才能与这个世界照面。而当意识终止时，世界也终止了"②。

---

　　① ［美］威廉·詹姆斯 著，田平 译，《心理学原理（第一卷）》，中国城市出版社 2003 年版，第 260 页。

　　② Koch, C. (2012), *Consciousness: Confessions of A Romantic Reductionist*, MIT press, p. 23.

当然，单独的第一人称研究仍然有可能是偏颇的甚至是独断的，而真正的"真实"也许应归于第一人称与第三人称的互惠互束原则。在意识科学仍在发展的今天，任何可能的方法论我们都应严肃对待，毕竟开放的视野与胸怀才能使任何研究走得更远。对第一人称方法论的探究，最终目的是要通过提高体验报告的客观性、稳定性和精准性，以引导对第三人称实验数据的解释，从而推进意识科学的更全面的发展：

　　在超过一个世纪的忽视之后，最近二十年见证了意识科学的显著进步。这一旨趣的复苏在很大程度上是由日趋复杂的神经科学方法所推进的。但是，随着该领域的日益成熟，越来越明显的是，进一步的科学发展将不能只依靠大脑测量技术的改进来获得。此外，还存在两个需要解决的主要的突出的挑战：我们依然需要一个更好的意识理论，来告知实验研究的设计与解释。并且我们还需要一个访问和测量意识的现象学，也就是我们的鲜活的体验的更为系统的方法。后一个挑战占据了一个特殊的位置，因为一种获取现象学数据的严密方法，可以证明对于作为整体的该领域是一剂强有力的催化剂。只有关于"成为有意识的是什么样的（what it is like to be conscious）"的口头报告越来越精确，我们才能随之有希望去更好地理解神经科学所提供的作为鲜活体验基础的复杂脑机制的详细数据，以及限定一种意识理论必须考虑的现象事实。于是就有了越来越多的尝试，超出了标准的问卷调查和非正式的实验后听取报告的方式，来努力理解我们的被试们在意识科学中的鲜活体验。[①]

　　其后，本书余下章节论述了建构意识科学第一人称方法论的四个主要方面：

　　（1）第一人称方法的意识理论基础。既然第一人称方法的内容是关

---

① Froese, T., Gould, C., & Seth, A. K. (2011), "Validating and Calibrating First – and Second – person Methods in the Science of Consciousness", in *Journal of Consciousness Studies*, 18 (2), 38, pp. 38.

于意识体验的自我揭示和报告，因此一个需要回答的问题是意识体验何以能够自我揭示和报告，换言之，意识体验的自我揭示和报告的基础是什么？在这一部分中，为从理论上回应这一问题，笔者考察了诸如"反思""注意""无意识""自身觉知"等诸多意识结构的相关理论。笔者认为，意识的单一水平的"自身觉知"特性，从意识结构上给出了意识体验自我揭示的基础。在这方面，佛教传统的心智理论和"自证分"、"见大"等思想也为我们提供了丰富的理论资源——这种自知是心识本身的自反与自明本性所决定的。而通过心智训练，这种"裸露"的纯粹自觉知可以得到开发和显现。

（2）第一人称方法的种类及其相应问题。第一人称方法有哪些种类？如何开展第一人称方法？第一人称方法实践中存在哪些困难？在意识结构的理论探讨的基础上，我们剥析了诸种经历了历史积淀的第一人称方法——主要考察了心理学内省、现象学还原与悬搁、佛教禅定训练和第二人称访谈技巧这些第一人称方法，并试图明晰这些方法的具体操作程序，以及探讨实践操作中的困难。

心理学内省将实验的第三人称视角加入到了内省的操作程序中，以确保其有效性，却忽视了对元内省的反思。现象学提出了良好的第一人称方法，即现象学还原与悬搁。认知科学家、哲学家瓦雷拉，进一步在现象学基础上，用"变得觉知"的范式模型明晰了悬搁的操作程序。在这方面，佛教拥有更多的方法论资源，即其历史悠久的禅修训练系统。我们集中考察了最为核心的禅修范式——止、观实践活动，并试图明晰其心智模型与操作程序。最后，我们介绍了两种时兴的第二人称方法，研究者作为中介，通过介入第一人称报告的过程来训练、引导被试更准确地进行报告。对这些方法论的理论探析和程序分析，使得它们具有更强的可操作性，从而实现该方法下被试的体验类的可重复性。

（3）第一人称方法下产生的第一人称报告的效度问题。作为一种科学的方法，我们需要为第一人称报告的有效性方面作出辩护；以及回答如何评价第一人称方法的科学效度，即它的有效性、稳定性和准确性。

在明晰方法论操作程序的同时，我们更需要辩护第一人称报告的有效性——第一人称数据常常被附上了主观的、不可靠的刻板印象。意识研究长久以来为"唯我论"所攻讦，而后现代思潮从主体到主体间的转换，为意识的主体间性论证给出了思路——现象学"生活世界"理论和对心智的社会、文化进路解读，都预设了一种心智的主体间的本质特性——我们的心智本质上就是主体间性在先的；并且，虽然体验是私人的，但我们可以用公共的语言来表达它，并得到公共的交流与验证，体验类与对这种体验的描述也是公共可通达的。另一方面，库恩之后，一种绝对中立的观察已不复存在，对知识的"客观性"的理解发生了转变——从一种无主体的客观性转变为一种陈述行为一致性的有效性——使得我们的不再困步于对第一人称有效性的质疑，而是转向对第一人称数据准确性的探索。

第一人称报告是有效的，但是是可错的。从而，更为重要的问题是如何避免实验中的误差与给出有效的验证手段，而非质疑有效性的问题。在第一人称数据的效度方面，我们则需要提供更多促进第一人称报告准确表达的手段，例如研究者需要拥有一个熟谙第一人称方法操作程序及其体验的第二人称视角，设计良好的相关问题列表，减小实验偏差，以及实现体验报告的"主体间－神经－现象学"相互验证等。

（4）第一人称方法的应用与研究的现状、展望。本书最后简要展示了根据第一人称方法，利用第一人称专门知识，如何更好地实现了对体验的神经对应物的研究。例如在禅修的神经科学研究、神经现象学研究等方面，利用这些训练有素的第一人称方法与专门的第一人称知识，我们有望能够更准确地研究体验所对应的神经相关物。在此基础上，我们简要对比和评估了各种第一人称方法及其效度，并概述了这个领域研究的现状和未来趋势。

在这些相关问题的探讨上，本书试图勾画出了一个宽泛的关于意识的第一人称方法论研究的视域——它所面临的理论问题，需要解决的目标问题，具体的操作程序，以及实际的应用情况等等。为进一步建设该研究领域，我们需要在此基础上梳理、提出该领域未来可能进一步探究的问题域：

（1）寻找训练被试更好地觉知到体验的方法，并明晰方法的操作程序。例如"变得觉知"的方法及其清晰的步骤，并关注禅修等其他训练心智的方法。

（2）关于意识的结构的现象学理论，例如自觉知、佛教唯识宗理论等的研究，以及意识与注意、记忆、无意识等等之间的关系。

（3）关于特殊意识状态的第一人称报告调查、整理及其对应神经科学的实证研究。

（4）关于意识的第一人称方法论的科学有效性问题：第一人称方法可以是客观的吗？何为客观的？对第一人称体验的描述和言语报告的有效性又如何确保？如何评估各种不同的第一人称方法的效度？

（5）体验与语言之间的哲学问题、实证研究。包括纯粹体验与言语思维之间的鸿沟问题，语言如何从纯粹体验中发生并获得意义，以及无意识对言语思维的影响等。

（6）第二人称视角如何是一种有效的中间视角，在具体实验研究中它如何发挥作用，以及如何规范它？

意识科学的第一人称方法论研究的兴起是在一个跨学科（哲学与科学）和跨传统（东方与西方）的背景下展开的，尽管我们在本书中尽力建构一个全面的框架，但仍然有许多细节研究有待补充。意识科学的第一人称方法论的未来研究空间是广阔的。随着研究的开展，这一问题列表还能继续扩充与改写。同时，我们也能发现这是一个古老而又新颖的问题域：认识自己自古以来就是人类的一大终极问题，而在现代语境中，这一古老的问题邂逅了新技术、新时代、跨文化的冲击。

在这里，笔者认为提出一个心身问题的形而上学立场并不是急迫的，在坚持主体性体验不可还原的立场下，提出一种研究心智（意识）的恰当方法才是迫切需要的，没有后者作为基础，对前者的讨论根本是建立在空中的楼阁，或是一种空洞的理论。意识的第一人称研究的重要性其实无需赘述——哲学反思的真正永久主题应该是人如何"如实知自心"，以及善调伏此心；毕竟"知道自己如何知道"是一件难事。

参考文献

英文文献

1. Austin, J. M. (2006), *Zen- Brain Reflection: Reviewing Recent Development in Meditation and States of Consciousness*, MIT Press.

2. Austin, J. H. (1999), *Zen and the Brain: Toward an Understanding of Meditation and Consciousness*, MIT Press.

3. Baars, B. J. (2009), "History of Consciousness Science", In *Encyclopedia of Consciousness*, edit. by B. P. Banks, Academic Press, pp. 329 – 338.

4. Blackmore, S. (2005), *Conversations on Consciousness*, Oxford University Press.

5. Cahn, B. R., & Polich, J. (2006), "Meditation States and Traits: EEG, ERP, and Neuroimaging Studies", in *Psychological bulletin*, 132 (2), pp. 180 – 211.

6. Carruthers, P. (2007), "Higher- Order Theories of Consciousness", in *The Blackwell Companion to Consciousness*, Edited by Max Velmans, Susan Schneider, Blackwell Publishing Ltd, pp. 277 – 286.

7. Chalmers, D. J. (1995), "Facing Up to the Problem of Consciousness", in *Journal of Consciousness Studies*, 2 (3), pp. 200 – 219.

8. Crick, F., & Koch, C. (2003), "A Framework for Consciousness", in *Nature Neuroscience*, 6 (2), pp. 119 – 126.

9. Damasio, A. R. (2000), *The Feeling of What Happens: Body and E-*

motion in The Making of Consciousness, Random House.

10. Davidson, R. J. , & Lutz, A. (2008), "Buddha's Brain: Neuroplasticity and Meditation", in *IEEE signal processing magazine*, 25 (1), p. 176.

11. Deikman, A. J. (1996), "'I' = awareness", in *Journal of Consciousness Studies*, 3, pp. 350 – 356.

12. Depraz, N. (1999), "The Phenomenological Reduction As Praxis", in *The View from Within: First-Person Approaches to the Study of Consciousness*, 6 (2 – 3), pp. 95 – 110.

13. Depraz, N. , Varela, F. J. , & Vermersch, P. (2000), "The Gesture of Awareness: An Account of Its Structural Dynamics", in *Investigating Phenomenal Consciousness*, pp. 121 – 136.

14. Depraz, N. , Varela, F. J. , & Vermersch, P. (Eds.) (2003), *On Becoming Aware: A Pragmatics of Experiencing* (Vol. 43), John Benjamins Publishing.

15. Dreyfus, G. , & Thompson, E. (2007), "Asian Perspectives: Indian Theories of Mind", in Philip David Zelazo, Morris Moscovitch and Evan Thompson (edit.) (2007), *The Cambridge Handbook of Consciousness*, Cambridge University Press, pp. 89 – 114.

16. Fischer, R. (1971), "A Cartography of The Ecstatic and Meditative States", in *Science*, 174 (4012), pp. 897 – 904.

17. Forman, R. K. (1998), "What Does Mysticism Have to Teach Us About Consciousness?", in *Journal of Consciousness Studies*, 5 (2), pp. 185 – 201.

18. Froese, T. , Gould, C. , & Barrett, A. (2011), "Re-viewing From Within: ACommentary on First-and Second-person Methods in the Science of Consciousness", in Constructivist Foundations, 6 (2), pp. 254 – 269.

19. Froese, T. , Gould, C. , & Seth, A. K. (2011), "Validating and Calibrating First-and Second-person Methods in the Science of Consciousness", in *Journal of Consciousness Studies*, 18 (2), 38, pp. 38 – 64.

20. Gallagher, S., & Zahavi, D. (2012), *The Phenomenological Mind*, Routledge.

21. Humphrey, N. (1999), *A History of the Mind: Evolution and the Birth of Consciousness*, Springer Science & Business Media.

22. James, W. (1890/1983), *Principles of Psychology*, MA: Harvard University Press.

23. James, W. (1975), *The Meaning of Truth*, Harvard University Press.

24. Kandel, E. (2013), "The New Science of Mind and The Future of Knowledge", in *Neuron*, 80 (3), pp. 546 – 560.

25. Koch, C. (2012), *Consciousness: Confessions of ARomantic Reductionist*, MIT press.

26. Korzybski, A. (1951), "The Role of Language in the Perceptual Processes", in *Perception: An Approach To Personality*, edited by Robert R. Blake and GlennV. Ramsey, New York: The Ronald Press Company.

27. Laughlin, C. D. (1999), "Biogenetic Structural Theory and the Neurophenomenology of Consciousness", in *Toward a Science of Consciousness Ⅲ: the Third Tucson Discussions and Debates*, pp. 459 – 473.

28. Laureys, S. (2005), "The Neural Correlate of (Un) Awareness: Lessons from The Vegetative State", in *Trends in cognitive sciences*, 9 (12), pp. 556 – 559.

29. Lavie, N. (2007), "Attention and Consciousness", in *The Blackwell Companion to Consciousness*, Edited by Max Velmans, Susan Schneider, Blackwell Publishing Ltd, pp. 489 – 503.

30. Lutz, A. (2002), "Toward ANeurophenomenology as An Account of Generative Passages: A First Empirical Case Study", in *Phenomenology and the Cognitive Sciences*, 1 (2), pp. 133 – 167.

31. Lutz, A., & Thompson, E. (2003), "Neurophenomenology Integrating Subjective Experience and Brain Dynamics in The Neuroscience of Consciousness", in *Journal of Consciousness Studies*, 10 (9 – 10), pp. 31 – 52.

32. Lutz, A., Dunne, J. D., & Davidson, R. J. (2007), "Meditation

and The Neuroscience of Consciousness: An Introduction", in *The Cambridge Handbook of Consciousness*, Philip David Zelazo, Morris Moscovitch and Evan Thompson (edit.), Cambridge University Press, pp. 499 – 551.

33. Lutz, A., Greischar, L. L., Rawlings, N. B., Ricard, M., & Davidson, R. J. (2004), "Long-term Meditators Self-induce High-amplitude Gamma Synchrony During Mental Practice", in *Proceedings of the National Academy of Sciences of the United States of America*, 101 (46), pp. 16369 – 16373.

34. Lutz, A., Lachaux, J. P., Martinerie, J., & Varela, F. J. (2002), "Guiding The Study of Brain Dynamics by Using First-person Data: Synchrony Patterns Correlate with Ongoing Conscious States During ASimple Visual Task", in *Proceedings of The National Academy of Sciences*, 99 (3), pp. 1586 – 1591.

35. Lutz, A., Slagter, H. A., Dunne, J. D., & Davidson, R. J. (2008), "Attention Regulation and Monitoring in Meditation", in *Trends in Cognitive Sciences*, 12 (4), pp. 163 – 169.

36. Mangan, B. (2009), "Cognition, Fringe Consciousness, and The Legacy of William James", in *The Blackwell Companion to Consciousness*, Edited by Max Velmans, Susan Schneider, Blackwell Publishing Ltd, pp. 673 – 684.

37. Mohanty, N. (1989), *Transcendental Phenomenology*, Oxford: Basil Blackwell, 1989, pp. 12 – 13.

38. Petitmengin, C. (2009), "The Validity of First-person Descriptions as Authenticity and Coherence", in *Journal of Consciousness Studies*, 16 (10—12), pp. 363 – 404.

39. Putnam, R. A. (Ed.) (1997), *The Cambridge Companion to William James*, Cambridge University Press.

40. Siderits, M., Thompson, E., & Zahavi, D. (Eds.) (2010), *Self, No Self? Perspectives from Analytical, Phenomenological, and Indian Traditions*, Oxford University Press.

41. Thomassoin, A. L. (2000), "After Brentano: A One - Level Theory

of Consciousness", in *European Journal of Philosophy*, 8 (2), pp. 190 - 209.

42. Thompson, E. (2004), "Life and Mind: From Autopoiesis to Neuro-phenomenology: A Tribute to Francisco Varela", in *Phenomenology and The Cognitive Sciences*, 3 (4), pp. 381 - 398.

43. Thompson, E. (2005), "Neurophenomenology: An Introduction for Neurophilosophers", in Evan Thompson, Antoine Lutz, and Diego Cosmelli (*Eds.*), *Cognition and the Brain: The Philosophy and Neuroscience Movement*, 40.

44. Thompson, E. (2006), "Neurophenomenology and Contemplative Experience", in *The Oxford Handbook of Science and Religion*, edited by Clayton, P., Oxford: Oxford University Press, pp. 226 - 235.

45. Thompson, E. (2007), *Mind in life: Biology, Phenomenology, and The Sciences of Mind*, Harvard University Press.

46. Travis, F., & Shear, J. (2010), "Focused Attention, Open Monitoring and Automatic Self-transcending: Categories to Organize Meditations from Vedic, Buddhist and Chinese Traditions", in *Consciousness and Cognition*, 19 (4), pp. 1110 - 1118.

47. Varela, F. J., Thompson, E., and Rosch, E. (1992), *The Embodied Mind: Cognitive Science and Human Experience*, MIT press.

48. Varela, F. J. (1996), "Neurophenomenology: A Methodological Remedy for The Hard Problem", in *Journal of Consciousness Studies*, 3 (4), pp. 330 - 349.

49. Varela, F. J., & Shear, J. (1999), "First-person Methodologies: What, Why, How?", in *Journal of Consciousness Studies*, 6 (2—3), pp. 1 - 14.

50. Velmans, M., & Schneider, S. (Eds.) (2008), *The Blackwell Companion to Consciousness*, Oxford: Blackwell Publishing.

51. Vermersch, P. (1999), "Introspection as Practice", in *Journal of Consciousness Studies*, 6 (2—3), pp. 17 - 42.

52. Wallace, B. A. (1999), "The Buddhist Tradition of Samatha: Methods for Refining and Examining Consciousness", in *Journal of Consciousness Studies*, 6 (2—3), pp. 175 – 187.

53. Wallace, B. A. (2007), *Contemplative Science: Where Buddhism and Neuroscience Converge*, Columbia University Press.

54. Wilken, P. (2006), "ASSC – 10 Welcoming Address", In: 10th Annual Meeting of the Association for the Scientific Study of Consciousness, 23 – 36 June 2006, U. K.: Oxford.

55. Zahavi, D. (1999), *Self-awareness and Alterity: A Phenomenological Investigation*, Northwestern University Press.

56. Zahavi, D. (2003), "Inner Time-Consciousness and Pre-reflective Self-awareness", in *The New Husserl: A Critical Reader*, pp. 157 – 180.

57. Zahavi, D. (2003), *Husserl's Phenomenology*, Stanford University Press.

58. Zahavi, D. (2008), *Subjectivity and Selfhood: Investigating the First-Person Perspective*, MIT press.

中文著作

59. ［丹］丹·扎哈维：《主体性和自身性：对第一人称视角的探究》，蔡文菁译，上海译文出版社 2008 年版。

60. ［丹］丹·扎哈维：《胡塞尔现象学》，李忠伟译，上海译文出版社 2007 年版。

61. ［德］埃德蒙德·胡塞尔：《现象学的观念》，倪梁康译，人民出版社 2007 年版。

62. ［德］埃德蒙德·胡塞尔：《现象学的方法》，倪梁康译，上海译文出版社 2005 年版。

63. ［德］埃德蒙德·胡塞尔：《笛卡尔沉思与巴黎讲演》，张宪译，人民出版社 2008 年版。

64. ［德］埃德蒙德·胡塞尔：《苏格拉底—佛陀》，倪梁康译，选自《唯识研究》第一辑，杭州佛学院编，上海古籍出版社 2012 年版。

65. 〔法〕让·保罗·萨特：《自我的超越性》，杜小真译，商务印书馆 2005 年版。

66. 〔加〕埃文·汤普森：《生命中的心智：生物学、现象学和心智科学》，李恒威等译，浙江大学出版社 2013 年版。

67. 〔美〕Michael S. Gazzaniga，Richard B. Lvry，George R. Mangun：《认知神经科学》，周晓林、高定国等译，中国轻工业出版社 2011 年版。

68. 〔美〕安东尼奥·达马西奥：《感受发生的一切》，杨韶刚译，教育科学出版社 2007 年版。

69. 〔美〕布莱克·莫尔：《人的意识》，耿海燕、李奇等译校，中国轻工业出版社 2006 年版。

70. 〔美〕布莱克·莫尔：《意识新探》，薛贵译，外语教学与研究出版社 2007 年版。

71. 〔美〕杜·舒尔兹、西德尼·埃伦·舒尔兹：《现代心理学史》，叶浩生译，江苏教育出版社 2011 年版。

72. 〔美〕杰克·康菲尔德：《慧心自在》，维民译，海南出版社 2011 年版。

73. 〔美〕肯·威尔伯：《意识光谱》，杜伟华、苏健译，万卷出版公司 2011 年版。

74. 〔美〕切斯：《柯日布斯基的普通语义学》，吴棠译，《现代外国哲学社会科学文摘》1961 年第 6 期。

75. 宋晓兰、陶丽霞：《无意识加工浅析》，选自唐孝威编著，《心智的无意识活动》，浙江大学出版社 2008 年版。

76. 〔美〕威廉·詹姆斯：《实用主义：一些旧思想方法的新名称》，陈羽纶、孙瑞禾译，商务印书馆 1979 年版。

77. 〔美〕威廉·詹姆斯：《彻底的经验主义》，庞景仁译，上海人民出版社 2006 年版。

78. 〔美〕威廉·詹姆斯：《心理学原理（第一卷）》，田平译，中国城市出版社 2003 年版。

79. 〔美〕威廉·詹姆斯：《多元的宇宙》，吴棠译，商务出版社 1999 年版。

80. ［美］威廉·詹姆斯：《宗教经验种种》，尚新建译，华夏出版社 2008 年版。

81. ［印］奥修：《静心：狂喜的艺术》，吴畸、顾瑞荣译，顾瑞荣等校，东方出版中心 1996 年版。

82. ［英］卡尔·波普尔：《客观知识》，舒炜光、卓如飞、周柏桥、曾聪明等译，上海译文出版社 2001 年版。

83. ［英］马克斯·威尔曼斯：《理解意识（第二版）》，王森、徐怡译，李恒威校，浙江大学出版社 2013 年版。

84. ［智］瓦雷拉：《神经现象学：一个应对"难问题"的方法论救治》，陈巍译，李恒威校，选自《语言与认知研究》（第五辑），社会科学文献出版社 2011 年版。

85. ［智］瓦雷拉、［加］汤普森、［美］罗施：《具身心智：认知科学和人类经验》，李恒威等译，浙江大学出版社 2010 年版。

86. 陈兵：《佛教心理学》，南方日报出版社 2007 年版。

87. 陈建民：《佛教禅定》，宗教文化出版社 2010 年版。

88. 冯达庵：《佛法要论》（上），宗教文化出版社 2008 年版。

89. 冯达庵：《佛法要论》（下），宗教文化出版社 2008 年版。

90. 顾凡及：《意识的自然科学研究》，未发表。

91. 李恒威：《意识：从自我到自我感》，浙江大学出版社 2011 年版。

92. 罗时宪：《唯识方隅》，中国社会科学出版社 2010 年版。

93. 吕澂：《吕澂集》，中国社会科学出版社 1995 年版。

94. 吕澂：《因明入正理论讲解》，中华书局 2007 年版。

95. 倪梁康：《胡塞尔现象学概念通释》，生活·读书·新知三联书店 2007 年版。

96. 尚新建：《美国世俗化的宗教与威廉詹姆斯的彻底经验主义》，上海人民出版社 2002 年版。

97. 吴信如：《禅定述要》，民族出版社 2002 年版。

98. 吴信如：《法相奥义》，中国藏学出版社 2006 年版。

99. 徐向东：《怀疑论、知识与辩护》，北京大学出版社 2006 年版。

100. 姚南强：《因明辞典》，上海辞书出版社 2008 年版。

101. 宗喀巴：《菩提道次第广论》，法尊译，青海人民出版社 2012 年版。

中文古籍

102.（隋）智顗：《童蒙止观》，李安校释，中华书局 2010 年版。

103.（隋）智顗撰述：《释禅波罗蜜次第法门》，大正藏 No. 1916。

104.（唐）般剌蜜帝译：《大佛顶如来密因修证了义诸菩萨万行首楞严经》，大正藏 No. 0945。

105.（唐）窥基撰：《成唯识论述记》卷第一，大正藏 No. 1830［cf. No. 1585］。

106.（唐）义净译，无著造，世亲释：《六门教授习定论》，大正新修大藏经，第三十一册 No. 1607。

107.（唐）玄奘译：《解深密经》，大正藏 No. 0676。

108.（唐）玄奘译，安慧菩萨糅：《大乘阿毗达磨杂集论》，大正藏 No. 1606。

109.（唐）玄奘译，护法等菩萨造：《成唯识论》，大正藏 No. 1585。

110.（唐）玄奘译，弥勒菩萨说：《瑜伽师地论》，大正藏 No. 1579。

中文期刊论文

111. 方双虎：《威廉·詹姆斯与实验心理学》，《南京师大学报》（社会科学版）2010 年第 5 期。

112. 李恒威、徐怡：《论威廉·詹姆斯的意识研究》，《浙江大学学报》（人文社会科学版）2014 年 4 月。

113. 赵东明：《陈那"自证"理论探析——兼论〈成唯识论〉》，《圆光佛学学报》第 10 期。

电子辞典

114. 慈怡法师主编：《佛光大辞典》（电子版）。

115. 丁福保编：《佛学大辞典》（电子版）。

116. 朱芾煌编：《法相辞典》（电子版）。